Dialogmarketing Perspektiven 2014/2015

Deutscher Dialogmarketing Verband e.V.
(Hrsg.)

Dialogmarketing Perspektiven 2014/2015

Tagungsband 9. wissenschaftlicher interdisziplinärer Kongress für Dialogmarketing

Herausgeber
Deutscher Dialogmarketing Verband e.V.
Frankfurt am Main, Deutschland

ISBN 978-3-658-08875-0   ISBN 978-3-658-08876-7 (eBook)
DOI 10.1007/978-3-658-08876-7

Die Deutsche Nationalbibliothek verzeichnet diese Publikation in der Deutschen Nationalbibliografie; detaillierte bibliografische Daten sind im Internet über http://dnb.d-nb.de abrufbar.

Springer Gabler
© Springer Fachmedien Wiesbaden 2015
Das Werk einschließlich aller seiner Teile ist urheberrechtlich geschützt. Jede Verwertung, die nicht ausdrücklich vom Urheberrechtsgesetz zugelassen ist, bedarf der vorherigen Zustimmung des Verlags. Das gilt insbesondere für Vervielfältigungen, Bearbeitungen, Übersetzungen, Mikroverfilmungen und die Einspeicherung und Verarbeitung in elektronischen Systemen.
Die Wiedergabe von Gebrauchsnamen, Handelsnamen, Warenbezeichnungen usw. in diesem Werk berechtigt auch ohne besondere Kennzeichnung nicht zu der Annahme, dass solche Namen im Sinne der Warenzeichen- und Markenschutz-Gesetzgebung als frei zu betrachten wären und daher von jedermann benutzt werden dürften.
Der Verlag, die Autoren und die Herausgeber gehen davon aus, dass die Angaben und Informationen in diesem Werk zum Zeitpunkt der Veröffentlichung vollständig und korrekt sind. Weder der Verlag noch die Autoren oder die Herausgeber übernehmen, ausdrücklich oder implizit, Gewähr für den Inhalt des Werkes, etwaige Fehler oder Äußerungen.

Redaktion: Bettina Höfner

Gedruckt auf säurefreiem und chlorfrei gebleichtem Papier

Springer Fachmedien Wiesbaden ist Teil der Fachverlagsgruppe Springer Science+Business Media
(www.springer.com)

Editorial

Wissen für und über den Dialog

Mit dem „wissenschaftlichen interdisziplinären Kongress für Dialogmarketing" hat es sich der Deutsche Dialogmarketing Verband (DDV) bereits seit dem Jahr 2006 zur Aufgabe gemacht, einerseits Wissenschaft und Praxis in den konstruktiven Dialog miteinander zu bringen und andererseits auch die verschiedenen Wissenschaftsdisziplinen zu vernetzen. Bei der jährlich im Herbst stattfindenden Tagung präsentieren Wissenschaftler unterschiedlicher Fachrichtungen aktuelle Forschungsergebnisse und diskutieren diese intensiv mit Kollegen und Praktikern.

Der 9. wissenschaftliche interdisziplinäre Kongress für Dialogmarketing fand am 1. Oktober 2014 an der Hochschule Mainz statt. Gastgeber war mit Prof. Dr. Heinrich Holland einer der „Nestoren" der wissenschaftlichen Beschäftigung mit dem Dialogmarketing. Die Tagungsleitung lag wie in den vergangenen Jahren in den Händen von Dr. Heinz Dallmer, der Referenten und Teilnehmer gewohnt kundig und engagiert durch den Tag führte. Der Bogen der Vorträge spannte sich vom Thema Digitale Markenführung über Social CRM und Opinion Mining bis zu Datenschutz beim Cloud Computing, neue Ansätze zur Response-Optimierung sowie der Bedeutung disruptiver Technologien für das Dialogmarketing. Dass die Themen durchaus den „Nerv" der zahlreichen Teilnehmer – Wissenschaftler wie Praktiker – trafen, zeigten die regen Nachfragen und die Diskussionen in den Veranstaltungspausen. Die Vorträge dieser ganztägigen Veranstaltung bilden den Kern des vorliegenden Sammelbandes. Ergänzt werden diese um weitere, aktuelle Aufsätze.

Ein weiteres Highlight der Veranstaltung setzte die Preisverleihung des Alfred Gerardi Gedächtnispreises 2014. Mit diesem Award zeichnet der DDV seit 1986 jährlich die besten Abschlussarbeiten an Akademien und Hochschulen (Dissertationen sowie Diplom-, Master- und Bachelorarbeiten) aus. Die vier Preisträger des Jahres 2014 stellten ihre Arbeiten persönlich vor und bereicherten damit das Programm um die Perspektive der Nachwuchswissenschaftler. Die Referate zeigten deutlich, dass die Jury vier würdige Preisträger bestimmt hatte.

Die Realisierung des Kongresses sowie des vorliegenden Tagungsbandes haben viele einzelne Personen, Institutionen und Unternehmen erst möglich gemacht. Ich möchte deshalb ganz herzlich danken: Prof. Dr. Heinrich Holland und der Hochschule Mainz für die freundliche Einladung. Dr. Heinz Dallmer für die kundige Tagungsleitung und den fachlichen Input zur Gestaltung des Kongresses. Den Referenten und Autoren für ihre spannenden Beiträge zum Kongress und für den Sammelband. Den Teilnehmern des Alfred Gerardi Gedächtnispreises sowie der Jury, die zahlreiche Arbeiten bewertet hat, um die Besten zu ermitteln, sowie der Schirmherrin des Awards, Victoria Gerardi-Schmid, die sich seit Anbeginn für den Wettbewerb einsetzt und alljährlich persönlich die Ehrungen überreicht. Last but not least möchte ich den Partnern und Sponsoren danken, die den Kongress, den vorliegenden Tagungsband und den Alfred Gerardi Gedächtnispreis mit finanzieller Unterstützung oder Sachleistungen ermöglichten: below GmbH Agentur für Below-the-line Marketing, Bürgel Wirtschaftsinformationen GmbH & Co. KG, buw Consulting GmbH, Dorner Print Concept GmbH, gkk DialogGroup GmbH, Jahns and Friends Agentur für Dialogmarketing und Werbung AG, Printus GmbH, Siegfried Vögele Institut GmbH. Verbandspartner waren der BVDW Bundesverband Digitale Wirtschaft, der Dialog Marketing Verband Österreich sowie der Schweizer Dialogmarketing Verband. Als Medienpartner engagierten sich acquisa, Fischers Archiv, marketingBÖRSE, Marketing Review St. Gallen, OnetoOne und Sales Management Review.

Ich wünsche Ihnen eine anregende Lektüre der vorliegenden Publikation und würde mich freuen, Sie beim 10. wissenschaftlichen interdisziplinären Kongress im Herbst 2015 begrüßen zu können!

Reinhard Pranke
DDV-Vizepräsident Bildung und Forschung

Kontakt

Reinhard Pranke
Deutscher Dialogmarketing Verband e.V.
Hahnstraße 70
60528 Frankfurt
info@ddv.de

Inhalt

Editorial 5

Digitale Markenführung – Dialogmarketing vor neuen Herausforderungen 9
Ralf T. Kreutzer

Die zweite Hälfte des Schachbretts – wie disruptive Technologien eine neue
Qualität des Dialogmarketing ermöglichen 37
Bernhard Kölmel, Johanna Wüstemann

Datenschutz – rechtsverträgliches Cloud Computing zwischen Anbietern,
Nutzern und Kunden 49
Steffen Kroschwald

Mobile Marketing im Kaufentscheidungsprozess 71
Heinrich Holland / Beate Koch

Praktischer Einsatz von Social CRM-Systemen 103
Robin Grässel / Jakob Weinberg

Automatische Auswertung von Kundenmeinungen – Opinion Mining am
Beispiel eines Projekts für die Versicherungswirtschaft 129
Dirk Reinel / Jörg Scheidt

Uplift-Modeling: Ein Verfahren zur Response-Optimierung durch
Modellierung der Netto-Response 151
Martin Schmidberger / Carlo Wix

Die Customer Journey – Chance für mehr Kundennähe 165
Jens Böcker

"Gekaufte Sympathie": Eine explorative Untersuchung zur Praxis von
Facebook-Fankäufen 179
Melanie Sellak / Matthias Schulten / Gotthard Pietsch

Kundenbindung im B2B-Marketing: Ergebnisse einer empirischen Untersuchung zum Einfluss der Kundenbindung auf das Kaufverhalten im Business-to-Business-Bereich 195
Peter Lorscheid

Die haptische Gestaltung von Direct Mailings: Konzeptionelle Überlegungen und empirische Befunde zur Kundenwahrnehmung 209
Andrea Barkhof / Andreas Mann

Neue Möglichkeiten im Kundendialog durch Kontextsensitives Marketing 229
Rebecca Bulander / Felix Fries

QR-Codes an Schaufenstern und Fassaden im stationären Einzelhandel – eine Bestandsaufnahme in zwei Städten 261
Hendrik Schröder / Stefanie Hofmann / Sophie König

Alfred Gerardi Gedächtnispreis 277

Dank an die Sponsoren 281

Digitale Markenführung – Dialogmarketing vor neuen Herausforderungen

Ralf T. Kreutzer

Inhalt

1 Kennzeichnung und Notwendigkeit einer digitalen Markenführung 10
2 Rolle des Dialogmarketings in der digitalen Markenführung 24
3 Verankerung der digitalen Markenführung 30

Literatur 34
Der Autor 35
Kontakt 35

Management Summary

> Digitale Markenführung ist ein Prozess, um die inhaltliche und emotionale Aufladung einer Marke durch den Einsatz digitaler Medien als integraler Bestandteil eines ganzheitlichen Markenführungsansatzes zu erreichen. Dabei stellt die digitale Markenführung weitreichende Anforderungen an die Ausgestaltung des Dialogmarketings. Auf diese sind deutsche Unternehmen in vielen Bereichen noch nicht ausreichend vorbereitet. Hier werden Denkanstöße und Lösungsansätze für die Ausgestaltung des Dialogmarketings als Bestandteil der digitalen Markenführung gegeben.

1 Kennzeichnung und Notwendigkeit einer digitalen Markenführung

Die **Machtverhältnisse bei der Markenführung** haben sich signifikant verschoben! Schon heute kann festgestellt werden: Der Anteil an der Markenkommunikation, die vom Unternehmen selbst stammt, umfasst häufig nur noch 20 oder 30 Prozent der online verfügbaren Inhalte. Die große Mehrheit der Beiträge über Marken stammt heute von den Nutzern selbst – als sogenannter User-Generated-Content!

In diesem Kontext stößt man immer wieder auf Zitate wie diese: „Marke ist, was die Kunden über die Marke sagen, und nicht das, was Marketer beschließen, dass die Marke ist". Weitere Aussagen lauten: „Marketer müssen sich von dem Gedanken verabschieden, dass sie eine Marke steuern oder führen oder inszenieren können" (Hermes 2011, S. 36) – oder auch: „Das macht digitale Kanäle zum Mekka der Marktforschung: Diktieren Sie kein in Stein gemeißeltes Marken-Image, definieren Sie es gemeinsam mit Ihren Nutzern" (Mattgey 2013). Andere Aussagen lauten sinngemäß: „Marke ist das, was die Kunden über die Marke sagen." Eine Orientierung an diesen Aussagen würde meines Erachtens eine **Resignation vor der Masse** und der **Verzicht auf eine Markenführung durch das Brand-Management** darstellen. Dies kann und darf nicht im Interesse der Unternehmen liegen.

Die **Verantwortung für die Markenführung** insgesamt sollte und muss meines Erachtens bei den internen Stakeholdern bleiben. Diese sind für eine langfristige und werthaltige Entwicklung der Marke verantwortlich – und dürfen diese Verantwortung nicht an „die Masse" abgeben. Viel zu häufig wurde in der Vergangenheit schon sichtbar, dass sich die Masse schnell anderen Marken zuwendet oder Ideen zur kreativen Markenführung präsentiert, die diametral zu den Anforderungen von gestern stehen. Dies bedeutet allerdings nicht, dass **Anregungen, Wünsche und Ideen der aktiven Brand-Community** im Prozess der Markenführung keine Beachtung finden können und sollten. Nur die Letztentscheidung bleibt auch im „digitalen" Zeitalter den Unternehmensvertretern vorbehalten!

Deshalb darf auch die Verantwortung für Innovationen nicht auf die „(digitale) Fußgängerzone" oder auf eine (anonyme) Masse verlagert werden. Es ist empfehlenswert, die Masse durch ein **Crowd-Sourcing** in Überlegungen und Entscheidungsprozesse der Markenführung einzubeziehen. Und natürlich tun Unternehmen gut daran, die Kunden zur **Schaffung von (positivem) User-Generated-Content** zu motivieren. Dies ist die einfache Aufforderung zu einem

Like, aber auch die Anregung, Bewertungen über die eigenen Leistungen zu verfassen, an Kreativprozessen teilzunehmen oder Ideen der Nutzer oder der Unternehmen selbst bewerten zu lassen.

Aber die Verantwortlichkeit für die finalen Entscheidungen dürfen die Manager nicht abgeben. **Mut zur Innovation** bleibt nach wie vor eine Kernaufgabe der Markenführung. „Das perfekt vermarktbare Produkt braucht Menschen mit unternehmerischem Mut, die ihre Entscheidungen nicht alleine an Marktforschung und Einsparungsmöglichkeiten ausrichten. Sie müssen die Kraft haben, ihren Visionen und Vorstellungen treu zu bleiben, auch wenn vieles erst einmal dagegen spricht" (Mayer-Johannsen 2007, S. 25 f.).

Vor diesem Hintergrund kann die **digitale Markenführung** definiert werden als Prozess der emotionalen Aufladung einer Marke sowie der Kommunikation zentraler Nutzenelemente einer Marke zur Erreichung einer Differenzierung im Wettbewerb durch den Einsatz digitaler Medien bei gleichzeitiger (partieller) Einbindung relevanter Stakeholder (insbesondere der Kunden) – als integraler **Bestandteil eines ganzheitlichen Markenführungsansatzes**. Gerade der letzte Halbsatz ist zu betonen, da noch zu häufig die Online- und Offlineaktivitäten der Markenführung nicht bereits in der Konzeptionsphase integriert werden, sondern oft erst in den Augen der Kunden, und damit deutlich zu spät.

Die **Kernaufgaben der Markenführung** bleiben folglich auch bei der Einbindung von digitalen Plattformen erhalten. Allerdings haben sich die Erfolgsparameter deutlich verschoben. Das **klassische Konzept der Markenführung im „vordigitalen" Zeitalter** zeigt Abbildung 1. Die Aufgabe der internen Stakeholder (Management und Mitarbeiter) bestand und besteht darin, die **Brand Identity** quasi als „Selbstbild der Marke" zu definieren. Die Brand Identity bzw. die Markenidentität umfasst dabei eine Vielzahl von Merkmalen, die aus der Perspektive der internen Zielgruppen den Charakter der Marke prägen. Diese Brand Identity ist über das Konzept der fünf Ps in den Markt hineinzutragen. Das dort zu schaffende **Brand Image** in den Augen der externen Stakeholder (insbesondere der Kunden, aber auch bei Investoren und Vertriebspartnern) stellt gleichsam das „Fremdbild der Marke" dar und sollte der intern definierten Brand Identity möglichst nahe kommen. Das Brand Image bzw. das Markenimage ist dabei ein verdichtetes und häufig auch wertendes Vorstellungsbild der Marke in den Köpfen der externen Zielgruppen. Die **Marke** selbst stellt ein Nutzenbündel dar, welches idealerweise viele – für die Stakeholder und insbesondere für die Kunden – relevante und differenzierende Merkmale beinhaltet. Aus der Gesamtheit des hier „Gelernten" entsteht der **Brand Value**, das heißt der Wert einer Marke für eine Person.

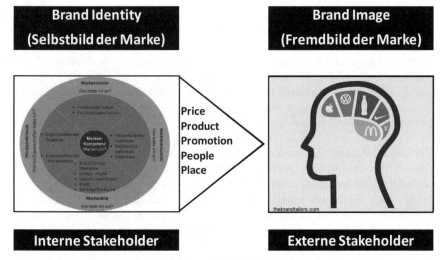

Abbildung 1: Markenführung im „vordigitalen" Zeitalter

Diese Situation hat sich jetzt grundlegend gewandelt. Die Idee, dass es sich bei der Marke um einen umfassend durch das Unternehmen selbst zu kontrollierenden Vermögensgegenstand handelt, gilt schon seit vielen Jahren nicht mehr (vgl. u. a. Allen et al. 2008). Dazu haben sich die Machtverhältnisse zwischen Unternehmen und Kunden in den letzten Jahren zu massiv verschoben.

Das ursprüngliche **Massenmedium Internet** hat sich zu einem massenhaft auch für die **Individual- und Gruppenkommunikation** genutzten Medium weiterentwickelt. Wie sich dadurch die Kommunikation verändert hat, zeigt Abbildung 2. Die klassische **lineare Kommunikation** wurde in vielen Bereichen durch eine **zirkuläre Kommunikation** ergänzt bzw. partiell abgelöst. Dabei folgt auf den ersten Kommunikationsprozess häufig eine Weiterleitung und gegebenenfalls Ergänzung und Verfremdung der initialen Kommunikation auf weiteren Kanälen und an weitere Zielgruppen. Hierbei kann von einer **zweiten Brennstufe der Kommunikation** gesprochen werden, der gegebenenfalls viele weitere folgen können. Vor diesem Hintergrund wird es für Unternehmen immer entscheidender, die „richtige" Initialzündung in der Kommunikation zu erreichen, um gegebenenfalls virale Prozesse auszulösen.

Digitale Markenführung – Dialogmarketing vor neuen Herausforderungen

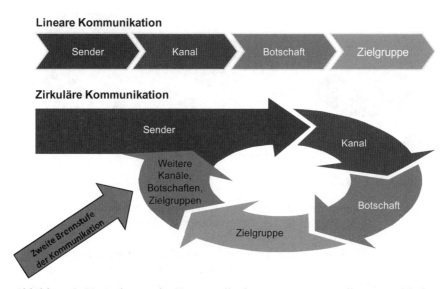

Abbildung 2: Veränderung der Kommunikationsprozesse – von linear zu zirkulär

Bei Dialogen und Diskussionen – nicht nur, aber insbesondere in den sozialen Medien – sollten wir uns als weiteres Grundprinzip um eine **Kommunikation auf Augenhöhe** bemühen (vgl. Abbildung 3). Das belehrende, (vermeintlich) besser informierte und/oder kritisierende Unternehmen bzw. dessen Repräsentanten werden dagegen kaum auf Akzeptanz stoßen. Dies gilt noch stärker für jede Art der monologischen Kommunikation. Bei jeder Anfrage, bei jedem Dialogbeitrag in einer Community, einem Forum oder einem Blog sollten wir vor einer Reaktion darauf zunächst einmal davon ausgehen, dass dahinter vielleicht ein gut vernetzter Kommunikator steht. Diesem – aber nicht nur diesem, sondern auch allen anderen Diskutanten – sollten wir vielmehr mit Wertschätzung und Respekt begegnen. Überzeugt das unternehmerische Engagement in den sozialen Medien nicht, kann dies zu einem sogenannten Backlash (englisch für „Gegenreaktion") und damit verbunden zu einer Verschlechterung der Akzeptanz von Marken, Angeboten und/oder des Unternehmens insgesamt führen. Passen sich die Unternehmen den veränderten Bedingungen und Regeln der sozialen Medien nicht an, besteht ein hohes Scheiterrisiko. Vielleicht kommt sogar die Zeit, in der die Kunden zum **Master of Communication** werden und die Kommunikation dominieren.

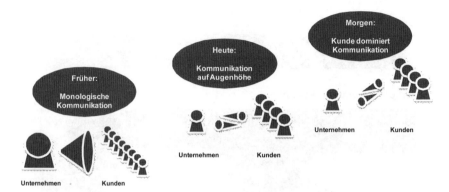

Abbildung 3: Von der monologischen Kommunikation über die Kommunikation auf Augenhöhe zur Kundendominanz in der Kommunikation

Für diese Entwicklung gibt es mehrere Gründe. Eine der wichtigsten Veränderungen bezieht sich auf die von den Kunden in Anspruch genommenen sogenannten Brand-Touchpoints. Unter **Brand-Touchpoints** sind die Berührungspunkte zwischen Interessenten/Kunden und einer Marke zu verstehen. Dazu zählen die Kontakte zum Verkäufer im Einzelhandel genauso wie zum Außendienst oder zu Mitarbeitern im Customer-Service-Center. Auch der Onlineauftritt der Marke mit der eigenen Homepage sowie Rechnungen, E-Mails, E-Newsletter, Werbebanner und Corporate Blogs sowie von einer Marke betriebene Onlineforen und -Communitys stellen solche Brand-Touchpoints dar. Diese Touchpoints können in der Pre-Sales-, Sales- und/oder After-Sales-Phase angesprochen werden.

Die bisherigen Ansätze zum **Management der Brand-Touchpoints** konzentrieren sich auf die **Kontaktpunkte der unternehmenseigenen Sphäre,** die das Unternehmen selbst „betreut". Damit bleiben aber viele (neue) Touchpoints ungenutzt und ungesteuert, auf die ein Interessent oder Kunde im Vorfeld oder parallel zu einem Kauf oder einer Produktnutzung bzw. der Inanspruchnahme einer Dienstleistung zugreift. Hierzu zählt nicht nur der Austausch im privaten Umfeld, sondern auch die Beschäftigung mit Unternehmen und deren Angeboten im Internet – jenseits der unternehmensgesteuerten Auftritte. Für die Informationsgewinnung der Interessenten und Kunden gewinnen aber auch solche Blogs, Communitys und Fangruppen, Bewertungsplattformen oder auch Online-Shopping-Clubs (wie beispielsweise *brands4friends*) sowie die sozialen Medien zunehmend an Bedeutung, die nicht durch die Marke selbst betreut werden (vgl.

Abbildung 4). Deshalb sind auch diese in das **Brand-Touchpoint-Management** zu integrieren.

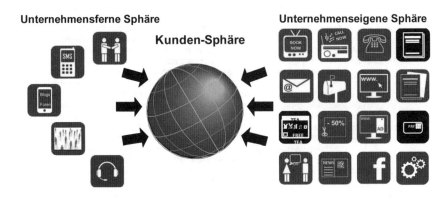

Abbildung 4: Erweitertes Konzept der Brand-Touchpoints

Viele Unternehmen vernachlässigen die **Kontaktpunkte der unternehmensfernen Sphäre** – da sie sich einer direkten Steuerung und Beeinflussung entziehen. Gleichwohl haben diese Kontaktpunkte einen zentralen Einfluss auf das Entscheidungsverhalten der Interessenten und Kunden, weil Statements in Onlineforen eine höhere Glaubwürdigkeit zugeschrieben wird als Inhalten der Unternehmenskommunikation. Folglich ist das Touchpoint-Management entsprechend weiterzuentwickeln, um auch diese weiteren Touchpoints in der Unternehmenskommunikation zu berücksichtigen. Welches Vertrauen den einzelnen Brand-Touchpoints konkret entgegengebracht wird, zeigt eine Studie von Nielsen Media (2013, S. 2). Danach weisen **Empfehlungen von Bekannten** mit 80 Prozent der Nennungen das höchste Vertrauenspotenzial auf („absolut" und „durchaus Vertrauen"). Bereits an zweiter Stelle liegen **Online-Konsumentenempfehlungen,** denen 64 Prozent absolut bzw. durchaus vertrauen. Auf dem dritten Platz liegen **redaktionelle Inhalte** mit 57 Prozent. Mit deutlichem Abstand folgen die **Marken-Websites** mit 47 Prozent bzw. **Anzeigen in Zeitungen** mit je 45 Prozent „absolutem und durchaus Vertrauen". **Online-Werbeformen** liegen abgeschlagen auf den letzten Plätzen (vgl. Abbildung 5).

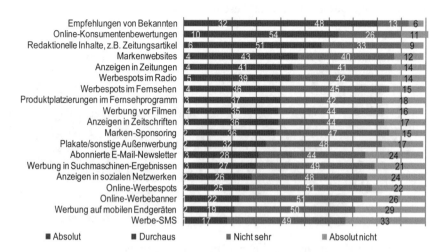

Abbildung 5: Vertrauen in unterschiedliche Informationsquellen – in Prozent, (Mehrfachnennungen möglich; n = 500; „absolutes/durchaus Vertrauen", Deutschland; durch Rundungen können sich Werte über 100 Prozent ergeben), Quelle: Nielsen 2013

Die Vielzahl der Brand-Touchpoints hat zu einer dramatischen Veränderung der **Customer Journeys** geführt. Während früher eine Kernaufgabe in der Markenführung im Aufbau von **Reach** durch Broadcast bestand, müssen neben dieser nach wie vor wichtigen Aufgabe weitere Touchpoints bespielt werden, um für die Nutzer relevant zu werden oder zu bleiben. Außerdem ist TV auf dem Weg, sich von dem reinen Reichweitenkanal zu einem Interaktionskanal weiterzuentwickeln. Die Herausforderung lautet heute: **Markenführung in einer Omnikanal-Welt**. Die damit verbundene Aufgabenstellung hat zwei Aspekte. Zum einen müssen werbende Unternehmen immer mehr Kanäle im Hinblick auf ihre Zielgruppenrelevanz bewerten. Zum anderen findet in zunehmendem Maße eine Parallel- oder Mehrfachnutzung von Kanälen statt. Hier ist statt von Second-Screen-Nutzung immer stärker von einer **Multiple-Screen-Nutzung** zu sprechen. Dabei ist immer weniger vorhersagbar, welcher Screen bei der Mediennutzung gerade der dominante ist.

In diesem Prozess der veränderten Touchpoints sowie der Bedeutungsverschiebung von dort präsentierten Inhalten erfahren die konzeptionellen Überlegungen eine große Relevanz, die unter dem Begriff **Service-Dominant Logic** diskutiert werden. Die Entwicklung dieses theoretischen Konzepts wird getragen von mehreren **Kritikpunkten an der identitätsbasierten Markenführung** (vgl. hierzu Drengner 2014, S. 5; weiterführend Drengner et al. 2013). Der zentrale Kritikpunkt hierbei ist, dass das Markenimage nicht ausschließlich durch die von der Marke selbst ausgesendeten Signalen geprägt wird. Diese Signale müssen zum einen um die **individuellen Erlebnisse von Kunden mit den Marken** selbst ergänzt werden. Dabei muss insbesondere an **Serviceerlebnisse mit der Marke** sowie an die **Nutzungs- bzw. Gebrauchsphase** der Marken bzw. der entsprechenden Produkte und Dienstleistungen gedacht werden. Diese Erfahrungen werden in den First- und den Second-Moment-of-Truth (FMOT und SMOT) genannten Phasen des Kaufprozesses gewonnen.

Der **First-Moment-of-Truth** (FMOT) bezeichnet den Zeitpunkt, zu dem ein potenzieller Käufer ein Produkt oder eine Dienstleistung zum ersten Mal körperlich in Augenschein nehmen kann (vgl. Abbildung 6). Hier treffen die durch Werbung etc. aufgebauten **Markenerwartungen** auf die „harte Realität" des Produktes oder der Dienstleistung. Der **Second-Moment-of-Truth** (SMOT) umfasst den Zeitpunkt, zu dem der Käufer ein Produkt oder eine Dienstleistung tatsächlich nutzt. Hier kontrastieren sich wiederum die durch Werbung sowie die durch die erste Inaugenscheinnahme aufgebauten Markenerwartungen mit den tatsächlichen Leistungen und Erfahrungen der Produktnutzung bzw. der Inanspruchnahme der Dienstleistung. Vom „Moment der Wahrheit" wird deshalb gesprochen, weil sich in diesen beiden „Momenten" zeigt, ob insbesondere die durch die Werbung, die Angebotspräsentation sowie gegebenenfalls durch die Beratung am POS geschaffenen Markenerwartungen tatsächlich auch erfüllt werden.

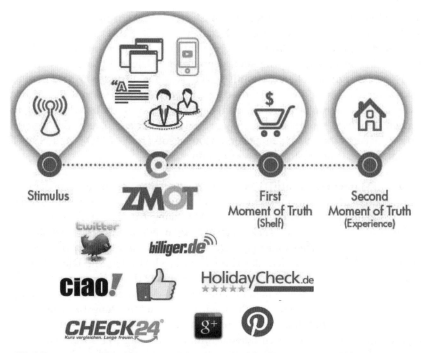

Abbildung 6: Positionierung und Quellen des ZMOT, Quelle: Nach Lecinski 2011, S. 17

Zum anderen wird das Bild einer Marke heute in zunehmendem Maße auch durch die **Erlebnisse anderer mit einer Marke** geprägt. Deren Erfahrungen schlagen sich in dem sogenannten **ZMOT**, dem **Zero-Moment-of-Truth**, nieder (vgl. Abbildung 6). Hiermit ist insbesondere der – den beiden anderen „Momenten" vorgelagerte – Onlinezugriff auf eine nahezu unüberschaubare Vielzahl von Informationen Dritter über die Marke gemeint. Einen Teil dieses sogenannten User-Generated-Contents sind Berichte anderer Personen, die über ihre Erfahrungen vor, während und nach Kauf- und Nutzungsakten von Marken informieren (vgl. vertiefend Kreutzer 2014, S. 30 f.).

Die Informationen aus Blogs, Communitys, Kommentaren bei *Facebook, Pinterest* oder über *Twitter* ermöglichen einem Kaufinteressenten eine **„Selbstbedienung in fremder Erfahrung"**, die diesen ZMOT inhaltlich ausgestaltet. Hierdurch werden eigene mögliche Erfahrungen durch den Zugriff auf Berichte, Fotos und Videos häufig von unbekannten Dritten „antizipiert". Noch bevor der potenzielle Käufer sich eigene Eindrücke einer Marke verschafft, kann folglich eine Vielzahl von Informationen über die Pre-Sales-, Sales-, Post-Sales- und Usage-Phase anderer Personen gewonnen werden. Der ZMOT wird folglich gespeist aus den Erfahrungen anderer entlang deren Kundenbeziehungslebenszyklus (vgl. weiterführend Kreutzer 2009, S. 49-56). Wie wichtig die Berücksichtigung des ZMOT für Unternehmen heute ist, zeigt das Vertrauen in Onlinebewertungen in Abbildung 5. Wenn hier die Online-Konsumentenbewertungen – auch von unbekannten Dritten – das zweithöchste Vertrauen genießen, müssen diese ZMOT-Quellen konsequent in das Marken-Touchpoint-Management integriert werden.

Bei der **Markenführung im „digitalen" Zeitalter** sind die externen Stakeholder nicht mehr auf die reine Rezeption, das heißt die Aufnahme und Verarbeitung der über die fünf Ps übermittelten Botschaften, beschränkt. Neben der eigenen **User Brand Experience** im First- und Second-Moment-of-Truth tritt die **Interaktion Dritter mit der Marke**. Wenn beispielsweise Trainingsanzüge von *Adidas* verstärkt von sozialen Randgruppen getragen werden und nicht nur von den Gewinnern der Fußballweltmeisterschaft, wirkt sich auch dies auf das Markenimage aus. Zusätzlich bieten die digitalen Medien den Stakeholdern – und hier insbesondere den Kunden – eine Vielzahl von Plattformen für eine eigene markenbezogene Kommunikation, die unabhängig vom Unternehmen erfolgen und das Brand Image massiv mitgestalten und mitprägen kann.

Dieser **User-Generated-Content** erfolgt über Likes, Comments, Shares, Tweets, durch Bewertungen auf den entsprechenden Plattformen (beispielsweise *Yelp*, *HolidayCheck*), aber auch über anspruchsvollere Kreationen auf *YouTube*, *Vimeo*, *Flickr* , *Instagram* oder *Pinterest* oder durch Aktivitäten in (kundeneigenen) Blogs oder Communitys. Abbildung 7 verdeutlicht diese Entwicklung. Damit wird deutlich, dass bei der (digitalen) Markenführung weitere Aspekte zu berücksichtigen sind, weil auch diese einen nachhaltigen **Einfluss auf die Entstehung des Brand Value** haben.

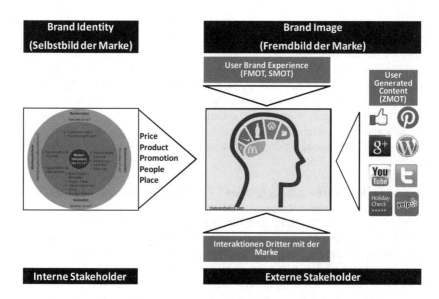

Abbildung 7: Einflussfaktoren des Brand Image im „digitalen" Zeitalter

Diese Entwicklung unterstreicht, warum die klassische identitätsorientierte Markenführung orientiert an ausgewählten Ideen der **Service-Dominant Logic** weiterzuentwickeln ist. Ein erster wichtiger Ansatz liegt bereits darin, dass das **fünfte P für Personal** in den Marketingmix aufgenommen wurde (vgl. erstmalig für Deutschland Kreutzer 2006, S. 12). Auf diese Weise wird berücksichtigt, dass das Markenerlebnis in hohem Maße dadurch geprägt wird, wie „Marken-Personal" agiert – sei es am POS, am Telefon oder in der E-Kommunikation. Deshalb kommt dem Markenservice eine zentrale Bedeutung zu. **Service** kann dabei als Anwendung von Fähigkeiten und Wissen eines anbietenden Unternehmens bzw. dessen Mitarbeitern verstanden werden, um zur Wertschöpfung des Käufers bzw. des Nachfragers beizutragen. Dabei wird bereits deutlich, dass Service nicht als Selbstzweck zu verstehen ist, sondern zur Generierung von zusätzlichem Wert für den Käufer bzw. Nutzer beitragen soll. In welchem Ausmaß eine solche **Wertschöpfung** erfolgen kann, wird auch durch den Nutzungskontext beeinflusst.

Welche **Bedeutung der Serviceerbringung** bei der Markenführung beizumessen ist, hängt von der Serviceintensität der einzelnen Marken bzw. der dadurch ausgezeichneten Produkte und Dienstleistungen ab. In welchen Bereichen eine **Produkt- bzw. eine Servicedominanz** vorliegt, versucht Abbildung 8 zu verdeutlichen. Dabei zeigt sich, dass es nach wie vor viele Markenfelder gibt, bei denen dem Service eine geringere Bedeutung beizumessen ist. Dabei ist zu berücksichtigen, dass auch bei Produktangeboten, die hier eine starke Produktdominanz aufweisen (hier Softdrinks und Zahnpasta), ausgewählte Serviceangebote (insbesondere in den sozialen Medien) zu finden sind. In Summe wird deutlich, dass das Markenimage in hohem Maße auch durch Aktivitäten in der Sphäre der Kunden geprägt wird. Deshalb ist – wie in Abbildung 7 gezeigt – die **User Brand Experience** bei der Markenführung umfassender als bisher zu berücksichtigen.

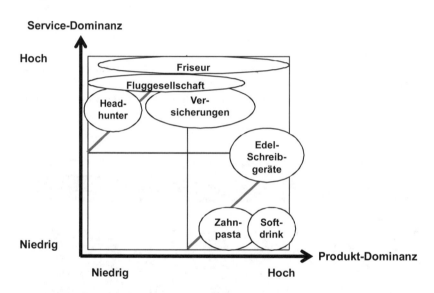

Abbildung 8: Portfolio „Produkt- vs. Servicedominanz"

Außerdem gilt es eine Besonderheit zu berücksichtigen. Die in Abbildung 8 Portfolio aufgezeigte **Positionierung von Angeboten** fokussiert auf die Serviceleistungen, die mit dem Erwerb von Produkten und Dienstleistungen einhergehen. Heute besteht aber in vielen Bereichen die Möglichkeit, mit Unternehmen und Marken in Kontakt zu treten, ohne die entsprechenden Angebote selbst erworben zu haben oder zu nutzen. So dürfte die deutliche Mehrheit der ca. neun Millionen *Porsche*-Fans heute weder einen *Porsche* fahren noch diesen in vielen Jahren erwerben können. Das bedeutet, dass Serviceerwartungen auch von Nicht-Käufern erwartet werden. Und jedes Unternehmen ist gut beraten festzustellen, ob das auch auf das eigene Unternehmen zutrifft.

Ein zweiter wichtiger Aspekt der **Service-Dominant Logic** ist darin zu sehen, dass das Markenimage – wie in Abbildung 7 aufgezeigt – in hohem Maße auch durch die Bereiche **Interaktion Dritter mit der Marke** geprägt wird. Hierzu zählen beispielsweise auch kritische Reportagen, die sich versuchen, Qualitätsmängel bei bekannten Marken zu identifizieren, um diese publikumswirksam zu inszenieren. Dazu zählen Formate wie *Markencheck* der *ARD* oder auch Reportagen des *Team Wallraff* bei *RTL*. Werden dann Berichte unter der Headline „Undercover bei Burger King: Ekel-Zustände und Ausbeutung" ausgestrahlt (vgl. Abbildung 9), ist ein Shitstorm in den sozialen Medien vorprogrammiert. Entsprechende Berichte sind dabei heute an der Tagesordnung: Einmal geht es um Kinderarbeit und unmenschlichen Arbeitsbedingungen in der Textilproduktion in Bangladesch, um großangelegte Rückrufaktionen von Automobilherstellern, um Selbstmorde in chinesischen Produktionsstädten von Unterhaltungselektronik etc. Solche nicht vom Markeninhaber selbst inszenierten **Markenereignisse** können heute weltweit nachhaltige Auswirkungen auf das Brand Image und den Brand Value haben. In welchem Maße dies im Einzelfall erfolgt, ist abhängig vom bisher erreichten Markenwert sowie von der Reaktion des Markeninhabers auf entsprechende Vorhaltungen.

Abbildung 9: RTL – Team Wallraff , Quelle: Schwegler 2014

Außerdem wird das Brand Image auch durch den **User-Generated-Content** geprägt. Zusätzlich besteht die Möglichkeit, dass Nutzer als **Co-Produzenten** – partiell – in die Markenführung eingebunden werden. Diese Facetten sind bei der digitalen Markenführung besonders zu berücksichtigen. Bei der **Bewertung des Engagements der Internetnutzer** müssen wir uns allerdings die **1:9:90-Regel** vor Augen führen (vgl. Abbildung 10). Studien zeigen, dass – länderübergreifend – ca. ein Prozent der Internetnutzer sehr aktiv ist und beispielsweise eigene Beiträge in Blogs oder Online-Communitys postet. Neun Prozent der Internetnutzer reagieren auf solche Einträge – während eine „schweigende Mehrheit" von 90 Prozent lediglich lesend aktiv ist (vgl. Petouhoff 2011, S. 231). Das bedeutet, dass insbesondere die ein Prozent der **digitalen Meinungsführer** im Internet zu erkennen und idealerweise als (positive) Multiplikatoren für die Unternehmen zu gewinnen sind.

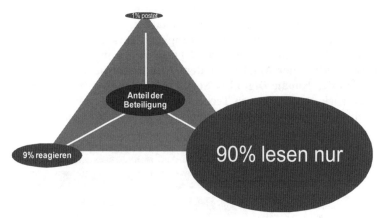

Abbildung 10: Die 1:9:90-Regel, Quelle: Eigene Darstellung nach Petouhoff 2011, S. 231

Folgende **Aspekte der Service-Dominant Logic** sollten bei der Ausgestaltung der digitalen Markenführung berücksichtigt werden (vgl. Drengner 2014, S. 17):

- Unternehmen haben **keine umfassende Kontrolle** mehr über die Einflussfaktoren, die auf das Brand Image und den Brand Value einwirken.
- **Kunden** werden nicht nur als Käufer und Nutzer, sondern **als Wertschöpfungspartner** angesehen, die fallweise in den Prozess der Markenführung integriert werden können.
- **Zusätzliche Stakeholder** sind in den Prozess der Markenführung zu integrieren (beispielsweise digitale Meinungsführer).
- **Mitarbeiter** müssen sich viel stärker als bisher als Markenbotschafter (Brand Ambassadors) begreifen, weil ihr Verhalten in vielen Bereichen nachhaltig auf Brand Image und Brand Value ausstrahlt.

Zusammenfassend kann festgestellt werden, dass im digitalen Zeitalter gilt: Es erfolgt nicht nur eine **Rezeption von Marken** durch die externen Stakeholder; vielmehr ist in vielen Fällen eine Mitwirkung externer Dritter bei der **Kreation von Marken als soziale Systeme** festzustellen.

2 Rolle des Dialogmarketings in der digitalen Markenführung

Welche **Herausforderungen der (digitalen) Markenführung** besteht, zeigt eine aktuelle Umfrage (vgl. Abbildung 11). An erster Stelle stehen – nicht überraschend – weiterhin die **klassischen Aufgaben der Markenführung**: von der **Differenzierung im Wettbewerb**, der **Schaffung eines einheitlichen Markenerlebnisses** sowie die **Implementierung der Markenstrategie** selbst. Schon an vierter Stelle kommt die durch die Digitalisierung immer bedeutsamer werdende **Interaktion der Marke mit dem Kunden** sowie an fünfter Stelle die **Integration der Kanäle Digital & Social in die Markenstrategie**. Schließlich zeigt sich auch, dass die neuen Technologien auch einen von vielen Unternehmen noch zu leistenden Umstrukturierungsprozess zu vollbringen haben.

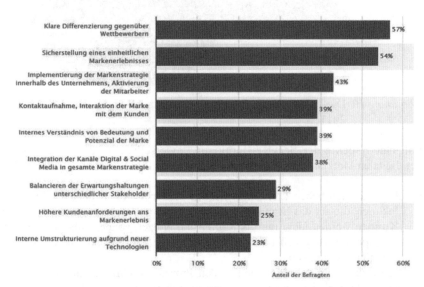

Abbildung 11: Handlungsnotwendigkeit in der Markenführung (Umfrage unter Marketingverantwortlichen zu aktuellen Herausforderungen der Markenführung in Deutschland, n = 410), Quelle: Statista 2014

Digitale Markenführung – Dialogmarketing vor neuen Herausforderungen

Vertieft und ergänzt werden können diese Ergebnisse durch eine Befragung von Managern verschiedener Branchen (vgl. Abbildung 12). Insbesondere die gestiegene **Geschwindigkeit der Kommunikation**, deren **Individualisierung** sowie die **häufige Anpassung der Inhalte** haben hier für viele Befragte die weitreichendsten Veränderungen zur Folge. Gerade mit diesen Ergebnissen ist der **Kern des Dialogmarketings** angesprochen. Gleichzeitig wird sichtbar, dass es noch an Metriken fehlt, um Erfolge und Misserfolge zeitnah erfassen zu können.

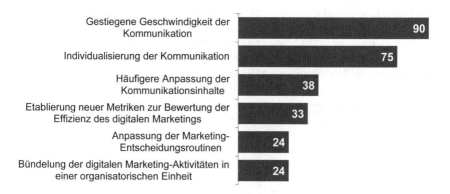

Abbildung 12: Vom Internet besonders betroffene Marketingbereiche – in Prozent (Deutschland, n = 100 Manager, Mehrfachantworten möglich), Quelle: Camelot Management Consultants 2012, S. 19

Dabei sollten wir uns vor Augen führen, dass der Dialog sowohl zum **Wertetreiber** wie auch zum **Wertevernichter** eines Unternehmens werden kann. So kann bei der Analyse der Social-Media-Aktivitäten von Unternehmen immer wieder festgestellt werden, dass die **Dialogkultur** nicht sehr ausgeprägt ist. Wer bei *Amazon* Fragen an das Customer-Service-Center stellt, erhält Antworten häufig mit No-Reply-E-Mail-Absender-Adressen. Wenn dann noch Fragen offen sind, muss man sich durch Standardformulare quälen, bevor man eine erneute Anfrage starten kann. Auch große Markenartikelunternehmen verstehen ihre Social-Media-Aktivitäten eher als Einbahnstraßenkommunikation und lassen sich auf einen Dialog mit den Interessenten und Kunden erst gar nicht ein.

Eine **erfolgreiche dialogische Markenführung** erfordert dagegen zweierlei: Zum einen ist die Zielgruppe zu fragen, an welchen Dialoginhalten diese interessiert ist. Zum anderen sind immer auch neue Wege und Inhalte der Kommunikation auszuprobieren. Wie weit viele Unternehmen noch vom „aktiven Zuhören" und damit von der **Gewinnung relevanter Customer Insights** entfernt sind, zeigt Abbildung 13. Hier bedarf es beispielsweise Antworten auf die Frage, was Konsumenten motiviert, über Social Sites mit Unternehmen in Kontakt zu treten? Es ist spannend zu sehen, wie weit die **Erwartungen der Konsumenten an die Inhalte von Social Sites der Unternehmen** und die entsprechenden **Einschätzungen der Unternehmen** selbst auseinander liegen. Auch wenn dieser Studie nur eine kleine globale Stichprobe zugrunde liegt, können deutliche **Wahrnehmungsdifferenzen** festgestellt werden. Während **Rabatte** und **Einkauf** im Ranking der Konsumenten ganz vorne liegen, nehmen diese bei den „vermuteten Gründen" der Entscheidungsträger die letzten Plätze ein. Dabei wird eines überdeutlich: Auf „Vermutungen" bezüglich der Erwartungen der eigenen Zielgruppen sollte eine digitale Markenführung nicht aufgebaut werden!

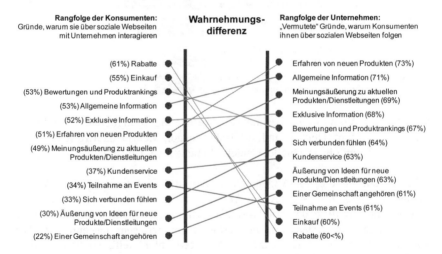

Abbildung 13: Diskrepanzen zwischen Unternehmen und Konsumenten bezüglich der Gründe, warum Konsumenten über Social Sites mit Unternehmen kommunizieren (n = 1.056 Konsumenten, n = 350 Entscheidungsträger, weltweite Untersuchung), Quelle: IBM 2011, S. 9

Die hier gewonnenen Erkenntnisse sind bei der digitalen Markenführung zwingend zu berücksichtigen. Eine weitere, von vielen Unternehmen noch zu meisternde Aufgabe ist die Ausgestaltung der Interaktionen in **Gestalt von Dialogen**, die immer häufiger in der breiten Öffentlichkeit ausgetragen werden. „**Social first**" – so könnte die Antwort auf die Frage lauten, was bei der **digitalen Kommunikation** – und nicht nur in den sozialen Medien – zu berücksichtigen ist.

In den sozialen Medien besteht die Möglichkeit, Aufgabe und sogar Notwendigkeit, die umfassend „enabled customer" in einem möglichst intensiven Dialog einzubinden. Damit die **Emotionalisierung dieser digitalen Dialoge** gelingt, sollten die handelnden Personen transparent werden. Die vielfach geforderte **Authentizität in der digitalen Kommunikation** wird dann erreicht, wenn Menschen und nicht anonyme Unternehmen- und/oder Produktmarken kommunizieren. Es ist doch schade, dass eine emotionale Marke wie *Audi* auf *Facebook* ihre Posts unter „*Audi Deutschland*" versendet, ohne sichtbar zu machen, dass – trotz allem „Vorsprung durch Technik" – letztendlich auch Technik „menschengemacht" ist. Viel stärker „menschelt" es dagegen beim *Twitter*-Dienst „*Telekom hilft*". Hier wird nicht nur das komplette Team mit Foto präsentiert, sondern für den Kunden wird sogar einmal gedichtet (vgl. Abbildung 14). Der Dialog in den sozialen Medien darf eben genau nicht den Regeln der häufig „glattpolierten" Corporate Communications entsprechen – nicht zuletzt, weil die klassischen Kunden ganz andere Erwartungshaltungen an den „sozialen" Dialog haben – vielleicht sogar die Erwartung, einmal mit dem CEO zu kommunizieren.

Abbildung 14: Antwort im Minutentakt bei @Telekom_hilft

Die hohe Wertschätzung und die positive Resonanz auf diesen Service der *Deutschen Telekom* kommen allerdings nicht von ungefähr, sondern stellt das Ergebnis harter Arbeit dar – und eines langen internen **Lernprozesses**.

Die **Notwendigkeit zur Emotionalisierung der Kommunikation** hat 2013 sogar *Ryanair* erkannt und mit dem Ziel aufgegriffen, den eigenen Kundenservice zu verbessern. CEO *Michael O'Leary* (abgekürzt MOL) persönlich hat unter dem wertschätzenden Motto „*Tell MOL!*" zum Dialog aufgefordert. Dass der Dialog dabei über ein auf der Homepage zu findendes **Webformular** geführt werden sollte, zeigt die überzeugende „emotionale" Ausgestaltung des Dialogs (vgl. BizTravel 2013). Um das „Persönliche" der Marke zu unterstreichen, engagierte sich *O'Leary* selbst bei *Twitter*. Mit dem Hashtag #GrillMOL wurden die *Twitter*-Nutzer zur Fragestunde an den CEO aufgefordert – und die Plauderstunde wurde zum Schlagabtausch. Auf eine Frage einer attraktiven Fragestellerin antwortete der *Ryanair*-Chef mit den Worten: „Nice pic. Phwoaaarr! MOL". Wie die Angesprochene selbst reagierte, zeigt Abbildung 15 (vgl. o. V. 2013).

Abbildung 15: „Wertschätzender" Dialog bei *Ryanair* – I, Quelle: o. V. 2013

Die kritischen **Kommentare der Community** folgten. Und auch die Angesprochene selbst war wenig angetan von der Anmache des *Ryanair*-Chefs und schrieb: „Wer auch immer auf @Ryanair twittert ist so langweilig. Sagt MOL, dass er eine Therapie braucht. #Nichtbeeindruckt." Als sich ein Mitarbeiter von *Ryanair* in den Dialog einbrachte, war der Tonfall auch nicht sonderlich wertschätzend (vgl. Abbildung 16). Eine emotionale Ausprägung hatte dieser Dialog ohne Frage – vielleicht sogar eine, die der tatsächlichen **Corporate Culture** von *Ryanair* entspricht (vgl. o. V. 2013).

Abbildung 16: „Wertschätzender" Dialog bei *Ryanair* – II, Quelle: o. V. 2013

Im Gegensatz zu den hier gezeigten Beispielen sollte die **Dialogkommunikation** idealweise eine Verlängerung des emotionalen Erlebens am POS und/oder der Nutzung der eigenen Marke oder eigener Dienstleistungen in den Onlinebereich sicherstellen. Dabei gilt, dass der „digitale" Dialog primär als „emotionaler"

Dialog auszugestalten ist. Wenn dabei noch weitere Informationen über Nutzer gewonnen werden, entsteht sogar eine **Learning Relationship** (vgl. Peppers/Rogers 2011, S. 1). Hier wird die Kundenbeziehung auf eine tragfähige informatorische Grundlage gestellt, die von Wettbewerbern nicht mehr einfach kopiert werden kann.

In Summe zeigt sich allerdings: Auch die **Emotionalisierung der Kommunikation** muss gekonnt erfolgen. Und nicht alle, die sich dazu berufen fühlen, sind mit den notwendigen Fähigkeiten begnadet. Der Vor- und Nachteil der sozialen Medien für den digitalen Dialog ist es dabei, dass die ganze Welt dabei zuschauen kann, wenn Unternehmen und ihre Kommunikation scheitern!

3 Verankerung der digitalen Markenführung

Wichtig ist zunächst, dass unternehmensintern **Guidelines für den digitalen Dialog in der Markenführung** definiert werden. Diese können unter anderem die folgenden Orientierungen vornehmen:
- „Zuhören" ist der Beginn eines wertschätzenden Dialogs!
- Technologie muss die Dialogbereitschaft unterstützen!
- Unternehmen sowie Systeme und Mitarbeiter sind auf den digitalen Dialog vorzubereiten!
- Der digitale Dialog ist als „emotionaler" Dialog auszugestalten!
- Vernetzungsoptionen im Sinne einer Multichannel-Kommunikation verlängern den digitalen Dialog!
- „Relevant Content" ist der Dreh- und Angelpunkt eines erfolgreichen Dialogs!

Der Erfolg der digitalen Markenführung steht und fällt mit der Qualität der organisatorischen Verankerung der Betreuung der sozialen Medien im Unternehmen selbst. Ernüchternd ist deshalb der Blick darauf, welche **Voraussetzungen zur Umsetzung eines Social-Media-Marketings** als Grundvoraussetzung der digitalen Markenführung in den Unternehmen bisher geschaffen wurden (vgl. Abbildung 17; BITKOM 2012, S. 16). So wird deutlich, dass 59 Prozent der Unternehmen die **erforderlichen Mitarbeiter fehlen**. 66 Prozent haben **keine Ziele definiert,** die sie durch die sozialen Medien erreichen wollen. In 81 Prozent der Unternehmen **fehlen interne Social-Media-Guidelines** für die eigenen Mitarbeiter, und 93 Prozent bieten ihren Mitarbeitern auch **keine entsprechenden Weiterbildungen** an. 90 Prozent betreiben **kein Social-Media-Monitoring,** und 98 Prozent haben **keine Kennzahlen zur Evaluation der Zielerreichung** definiert. Damit wird in Summe deutlich, wie wenig Unternehmen auf die **Heraus-**

forderung der sozialen Medien im Allgemeinen und der digitalen Markenführung im Besonderen vorbereitet sind!

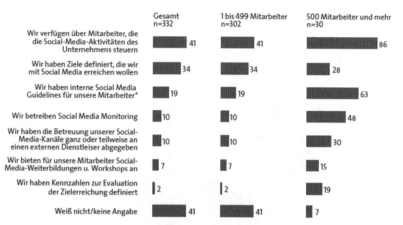

* Interviewer-Hinweis: Das sind Verhaltensweisen für Mitarbeiter bzgl. der beruflichen und privaten Nutzen von Social Media.

Abbildung 17: Organisation von Social-Media-Aktivitäten – nach Unternehmensgröße in Mitarbeiterzahl in Prozent (Frage: „Wenn Sie an die interne Organisation Ihrer Social-Media-Aktivitäten denken – welche Aussagen treffen auf Ihr Unternehmen zu?"; Mehrfachnennungen möglich; n = 332), Quelle: BITKOM 2012, S. 17

Erfolgsstrategien und Erfolgskonzepte für eine digitale Markenführung sind in vielen Bereichen noch nicht entwickelt. Und man muss annehmen, dass es auch längerfristig nicht gelingen wird, universelle Erfolgsmodelle zu finden, weil sich das Umfeld und auch Präferenzen der Zielgruppen laufend ändern. Das Internet ermöglicht Unternehmen und Nutzern eine Arbeit mit einer solchen Vielzahl von Freiheitsgraden bei der konzeptionellen Ausgestaltung, dass Wandel das einzig Stabile sein wird. Deshalb gilt: Jedes Unternehmen ist aufgefordert, mehr oder weniger umfassende **Fingerübungen bei der digitalen Markenführung** zu machen.

Dabei tun Unternehmen gut daran, sich an der **Goldenen Regel der Marketingkommunikation** zu orientieren: **70:20:10** (vgl. Abbildung 18). **70 Prozent des Kommunikationsetats** sollte für **bekannte Medien und Kanäle** eingesetzt werden, die sich bereits in der Vergangenheit bewährt haben. **20 Prozent des Etats** sollte für die **Optimierung des bestehenden Mediamixes** eingeplant werden. Schließlich sollten **zehn Prozent des Etats** für **innovative Formate, Konzepte und/oder Kanäle** verwendet werden, um kreatives Neuland – vorsichtig – zu erschließen. Hier gilt es – basierend auf der Listen – Learn – Act – Control-Konzeption – eine kontinuierliche Verbesserung der eigenen Kommunikationsmaßnahmen sicherzustellen.

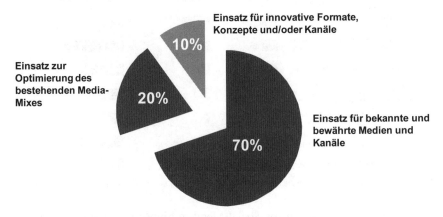

Abbildung 18: Goldene Regel der Marketingkommunikation – 70:20:10

Doch was passiert, wenn Unternehmen hier nicht rechtzeitig Vorsorge treffen und entsprechend agieren? In Abbildung 19 ist aufgezeigt, dass das **Veränderungspotenzial der Wirtschaft** – gefördert durch die bereits diskutierten Trigger – exponentiell weiter wachsen wird. Die Bereitschaft von Unternehmen, auf dieses Potenzial zu reagieren, läuft diesen Möglichkeiten immer hinterher. Die **Bereitschaft zur Veränderung** ist in den Unternehmen immer dann – häufig stoßartig – festzustellen, wenn bestimmte **Break Points** festgestellt werden. Dies können dramatische Gewinn- oder Umsatzeinbrüche, eine Verschlechterung des Brand Images oder der Erfolg von Wettbewerbern sein. Dann werden im Unternehmen Veränderungsprozesse angestoßen, die aber das mögliche Potenzial in der Regel nie ausschöpfen.

Digitale Markenführung – Dialogmarketing vor neuen Herausforderungen

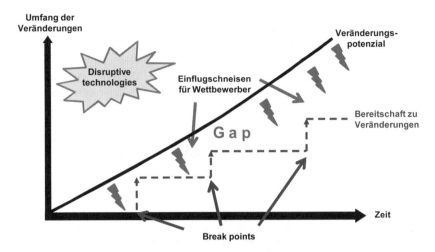

Abbildung 19: Wie groß ist die Einflugschneise für unsere Wettbewerber?

Die sich zwischen dem Veränderungspotential und der Veränderungsbereitschaft auftuende Lücke – hier als **Gap** bezeichnet – stellt die **Einflugschneise für Wettbewerber** dar. In dieses Feld sind häufig branchenfremde oder ganz neue Unternehmen hineingestoßen, die heute unter den Namen *Wikipedia, StepStone, Monster, eBay, Amazon* und *Zalando* mit neu geschaffenen Marken in Märkten dominieren, während etablierte Player mit teilweise jahrzehntelanger Tradition untergegangen sind oder noch ums Überleben kämpfen. Zu denken hierbei ist an *Quelle, Neckermann, Otto, Karstadt, Weltbild, Brockhaus* – und viele kleine Unternehmen, die eher im Verborgenen ihr Dasein beenden.

Keine etablierte Zeitungsmarke hat sich rechtzeitig mit der **Onlinevermarktung von Immobilien** beschäftigt. Neue Onlinemarken wie *immobilienscout24, immowelt.de* und *immonet.de* haben sich diesen Markt erschlossen. Das gleiche gilt für die **Personalanzeigen**, die sukzessiv in den Onlinebereich abgewandert sind – gefördert durch innovative Anbieter wie *monster.de, jobscout24* und *stepstone.de*. Auch die **Partnervermittlung** – früher eine stabile Umsatzquelle der Zeitungen – wird heute von Onlineanbietern wie *parship.de, friendscout24.de, edarling.de* und *elitepartner.de* dominiert. Die *Scout24*-Gruppe besetzt darüber hinaus mit *trendscout.24, finanzscout24* und *autoscout24* weitere interessante Marktfelder und demonstriert so, wie eine **Umbrella-Marke im Onlinemarkt** entwickelt werden kann. Und wer hat sich im Internet für **Onlinebezahlsysteme** etabliert? Auch hier waren es nicht die Banken, die im Zahlungsbereich über eine jahrzehnte- oder jahrhundertlange Tradition verfügten. Mit *PayPal, sofortüberweisung.de, clickandbuy.com, Google Wallet* und *payments.amazon.de* haben sich auch hier neue Marken innovativer Anbieter etabliert.

Dies ist eine Entwicklung, die mit dem treffenden Titel **Digitaler Darwinismus** bezeichnet wird (vgl. vertiefend Kreutzer/Land 2013). Die „disruptive technologies", das heißt Technologie, die einen Quantensprung in den Möglichkeiten mit sich bringen, treiben das Veränderungspotenzial kontinuierlich weiter an. Und nur die Unternehmen und Marken werden langfristig überleben, die sich den neuen Herausforderungen glaubwürdig anzupassen vermögen.

Literatur

Allen, C. T./Fournier, S./Miller, F. (2008): Brands and Their Meaning Makers, in: Haugtvedt, C. P./Herr, P. M./Kardes, F. R. (Hrsg.), Handbuch of Consumer Psychology, New York, S. 781-822.
BITKOM (2012): Social Media in deutschen Unternehmen, Berlin.
BizTravel (2013): O'Leary will Kunden-Service verbessern, biztravel.fvw.de/ryanairoleary-will-kunden-service-verbessern/393/124361/4070, 16.10.2013.
Camelot Management Consultants (2012): Die Veränderungsdynamik des digitalen Marketings, Die vertagte Revolution, Studienergebnisse, Mannheim.
Drengner, J. (2014): Paradigmenwechsel in der Markenführung? – Der Beitrag der Service-Dominant Logic, Mannheim, 22.5.2014.
Drengner, J./Jahn, S./Gaus, H. (2013): Der Beitrag der Service-Dominant Logic zur Weiterentwicklung der Markenführung, in: DBW, 73. Jg., 2/2013, S. 143-160.
Hermes, V. (2011): Wer führt die Marke, in: absatzwirtschaft Marken, S. 34-40.
IBM (2011): From social media to Social CRM, New York.
Kreutzer, R. (2006): Praxisorientiertes Marketing, Grundlagen – Instrumente – Fallbeispiele, Wiesbaden.
Kreutzer, R. (2009): Praxisorientiertes Dialog-Marketing, Konzepte – Instrumente – Fallbeispiele, Wiesbaden.
Kreutzer, R. (2014): Praxisorientiertes Online-Marketing, Konzepte – Instrumente – Checklisten, Wiesbaden.
Kreutzer, R./Land, K.-H. (2013): Digitaler Darwinismus – Der stille Angriff auf Ihr Geschäftsmodell und Ihre Marke, Wiesbaden.
Lecinski, J. (2011): ZMOT – Winning the zero moment of truth, Chicago.
Lensker, P. B. (2008): Marketing als Wachstumstreiber – nur die kundenzentrierte Innovation zählt, in: Kreutzer, R./Merkle, W. (2008, Hrsg.), Die neue Macht des Marketing – Wie Sie Ihr Unternehmen durch Emotion, Innovation und Präzision profilieren, Wiesbaden, S. 111-127.
Mattgey, A. (2013): Digitale Markenführung: Das können Sie von Axe und dm lernen, lead-digital.de/aktuell/social_media/digitale_markenfuehrung_das_koennen_sie_von_axe_und_dm_lernen, 28.4.2014.

Mayer-Johannsen, U. (2007): Über Identität, Berlin.

Nielsen Media (2013): Vertrauen in Werbung: Bestnoten für Persönliche Empfehlung und Online-Bewertungen, nielsen.com/de/de/insights/presseseite/2013/vertrauen-in-werbung-bestnoten-fuer-persoenliche-empfehlung-und-online-bewertungen.html, 10.4.2013.

o. V. (2013): *Ryanair-Chef auf Twitter* „Wir fliegen mit Bullshit", in: Handelsblatt, handelsblatt.com/unternehmen/handel-dienstleister/ryanair-chef-auf-twitter-wir-fliegen-mit-bullshit-seite-all/8968550-all.html, 22.10.2013.

Peppers, D./Rogers, M. (2011): Managing Customer Relationships, A Strategic Framework, Second Edition, Hoboken/New Jersey.

Petouhoff, N. I. (2011): Crowd Service: Customers Helping Other Customers, in: Peppers, D./Rogers, M. (2011), S. 227-234.

Schwegler, P. (2014): „Ekel-Zustände und Ausbeutung": RTL und Wallraff entlarven Burger King, wuv.de/medien/ekel_zustaende_und_ausbeutung_rtl_und_wallraff_entlarven_burger_king, 29.4.2014.

Statista (2014): Welche Herausforderungen sind bei der Messung des Return on Social Media besonders relevant?, de.statista.com/statistik/daten/studie/272681/umfrage/umfrage-zu-den-herausforderungen-bei-der-messung-des-return-on-social-media/, 26.03.2014.

Der Autor

Prof. Dr. Ralf T. Kreutzer ist seit 2005 Professor für Marketing an der Hochschule für Wirtschaft und Recht (HWR), Berlin, und Marketing und Management Consultant. Er war 15 Jahre in verschiedenen Führungspositionen bei Bertelsmann, Volkswagen und der Deutschen Post tätig, bevor er als Professor für Marketing berufen wurde

Kontakt

Prof. Dr. Ralf T. Kreutzer
Hochschule für Wirtschaft und Recht
Badensche Str. 50-51
10825 Berlin
ralf.kreutzer@hwr-berlin.de

Die zweite Hälfte des Schachbretts – wie disruptive Technologien eine neue Qualität des Dialogmarketing ermöglichen

Bernhard Kölmel, Johanna Wüstemann

Inhalt

1	Motivation	38
2	Disruptionen und die zweite Hälfte des Schachbretts	38
2.1	Disruptionen	38
2.2	Die zweite Hälfte des Schachbretts	39
2.3	Auswirkungen auf die reale Wirtschaft	39
3	Beispiele potenzieller disruptiver Technologien für das Dialogmarketing	40
3.1	Mobiles Marketing	40
3.2	Marketing nach Stimmungslage	41
3.3	3-D-Brillen	42
3.4	Roboter als Kundenkontaktmitarbeiter	43
4	Fazit	43
	Literatur	45
	Die Autoren	46
	Kontakt	47

Management Summary

> Im ersten Teil dieses Beitrags werden disruptive Technologien und ihre Auswirkungen auf die Wirtschaft erläutert. Unter dem Begriff der disruptiven Technologien werden technische Innovationen, die ältere Technologien, Vorgehensweisen sowie organisatorische Konzepte stören oder vollständig verdrängen, verstanden. Mit zunehmender Vernetzung entstehen neue Interakti-

onskanäle zwischen ehemals getrennten Bereichen, Wertschöpfungsprozesse verändern sich und die Arbeitsteilung wird neu organisiert. Im zweiten Teil des Beitrags werden Beispiele zu potenziellen disruptiven Technologien mit Bezug zum Dialogmarketing aufgezeigt.

1 Motivation

Die zunehmende Digitalisierung der Arbeitswelt stellt die Menschheit vor riesige Herausforderungen. Sie bietet uns aber auch einmalige Chancen. Vorausgesetzt, wir kontrollieren die Maschinen – und nicht sie uns.

Aktuelle Studien (vgl. Brynjolfsson/McAfee 2014) prognostizieren, dass die Geschwindigkeit, in der die Digitalisierung dank immer besserer und günstigerer Technologien voranschreitet, rasanter ist als weitläufig angenommen. Die Kombination aus Forschung und Entwicklung in verwandten Gebieten ist dabei oder kurz davor, durch ihre Synergie zu einem Technologieschub zu führen.

2 Disruptionen und die zweite Hälfte des Schachbretts

2.1 Disruptionen

Unter dem Begriff der disruptiven Technologie („ablösende Technologie") werden technische Innovationen, die ältere Technologien, Vorgehensweisen sowie organisatorische Konzepte stören oder vollständig verdrängen, verstanden (vgl. McKinsey Global Institute 2013). Disruptive Technologien sind Technologien, die einen bekannten Pfad der Leistungsverbesserung in etablierten Leistungskriterien unterbrechen und komplett neue Leistungsdimensionen abdecken. Disruptive Technologien unterbrechen den bereits vorhandenen Entwicklungspfad der Leistungsverbesserung oder sie definieren die Bedeutung von Leistung neu (vgl. Christensen/Bower 1996).

Disruptionen werden verstanden als nicht-lineare Abweichungen vom Status Quo, also als Diskontinuitäten, externe Schocks, die nicht auf einer bewussten Entscheidung der betroffenen Akteure beruhen. Eine Disruption ist irreversibel, sie überrascht die Akteure und sie beeinflusst in hohem Maße ihre Zukunft. Sie weist somit eine hohe Veränderungsdynamik, eine hohe Wirkungsstärke und vollständig neuartige Wirkungen auf (vgl. Christensen/Bower 1996).

2.2 Die zweite Hälfte des Schachbretts

Die Entwicklungsgeschwindigkeit ist bereits auf der zweiten Hälfte des Schachbretts angelangt. Die Metapher von der zweiten Hälfte des Schachbretts entspringt der Legende vom Erfinder des Schachspiels: Als Belohnung wurde auf seinen Wunsch der Reihe nach auf jedes Feld des Schachbrettes immer die doppelte Menge an Weizenkörnern des vorgehenden Feldes gelegt. Grob gerechnet sind dies knapp 1.000 Milliarden Tonnen Weizen, ca. das Tausendfache der aktuellen Weltproduktion. Aufgrund dieser Wirkung von exponentiellem Wachstum wird erwartet, dass sich die Entwicklungsgeschwindigkeit noch weiter beschleunigt. Die Beschleunigung verhält sich auch wie es schon im Moorschen Gesetz festgestellt wurde: gemäß diesem verdoppelt sich die Anzahl der Schaltkreiskomponenten mit minimalen Komponentenkosten alle 12 bis 24 Monate (vgl. Brynjolfsson/McAfee 2011).

Brynjolfsson und McAfee zeigen anhand des Schachbrettbeispiels, dass Menschen ab einem gewissen Grad schlecht den exponentiellen Wachstumsfaktor abstrahieren können. Die Fehleinschätzung der Synergie verschiedener Technologiebereiche ist am selbststeuernden Auto zu beobachten: Vor gut zehn Jahren war die Meinung weit verbreitet, autonom fahrende Straßenfahrzeuge gebe es erst in 30-50 Jahren; erst dann würden Prozessor-, Sensor- sowie Softwareleistung den Einsatz solcher Fahrzeuge im Alltag ermöglichen. Tatsächlich sind nun bereits seit 2012 in einigen Bundesstaaten der USA unter bestimmten Bedingungen selbststeuernde Autos für den Straßenverkehr zugelassen. Diese Entwicklung kann als potenzielle disruptive Technologie angesehen werden.

2.3 Auswirkungen auf die reale Wirtschaft

Mit zunehmender Vernetzung entstehen neue Interaktionskanäle zwischen ehemals getrennten Bereichen, Wertschöpfungsprozesse verändern sich und die Arbeitsteilung wird neu organisiert, komplett neue Paradigmen der Wertschöpfung werden entstehen. Paradigmenwechsel werden als durch das Zusammenspiel verschiedener Disruptionskontexte bzw. Einzeldisruptionen hervorgerufene neue Muster der industriellen Wertschöpfung auf globaler Ebene verstanden. Die damit verbundene Änderung von Wertschöpfungsketten und das Entstehen neuer Wertschöpfungscluster erfordert eine vorausschauende Anpassung.

Als Ergebnis der nahtlosen Verbindung entsteht ein „Internet of Everything" – mit tiefgreifenden Auswirkungen auf Wirtschaft und Gesellschaft. Die Vernetzung nimmt weiter exponentiell zu – auf globaler, lokaler sowie mikrolokaler Ebene – und mündet zukünftig in eine informationstechnische „Superkonvergenz": Im Netz der Zukunft sind Menschen mit Menschen verbunden, Dinge und Maschinen mit anderen Dingen und Maschinen, Menschen mit Dingen und Maschinen als auch umgekehrt.

„When wireless is perfectly applied, the whole earth will be converted into a huge brain, [...] and the instruments through which we shall be able to do this will be amazingly simple, compared with our present telephone. A man will be able to carry one in his vest pocket" (Kennedy 1926).

Was Nikola Tesla vor knapp 100 Jahren der Welt in unbestimmter Zukunft attestierte, wird nun Wirklichkeit. Viele beschriebene und teilweise bereits realisierte Szenarien spiegeln seinen Grundgedanken zur globalen Vernetzung über alle Lebensbereiche hinweg wieder.

3 Beispiele potenzieller disruptiver Technologien für das Dialogmarketing

Beispiele für disruptive Technologien bzw. potenzielle disruptive Technologien gibt es viele, z. B. 3-D-Druck, „Advanced Robotics" oder „Internet of Things" (vgl. McKinsey Global Institute 2013). Einige Beispiele mit Bezug zum Dialogmarketing werden in den folgenden Kapiteln vorgestellt.

3.1 Mobiles Marketing

Die Bedeutung von digitalen, mobil einsetzbaren Medien wird weiter zunehmen (vgl. Gerdes 2013, S. 356), was sich wiederum positiv auf das mobile bzw. standortbezogene Marketing auswirken wird. Es ermöglicht den Unternehmen, ihr Kundenbeziehungsmanagement zielorientierter auszurichten und zu verbessern (vgl. Schäfer/Toma 2008, S. 29).

Um diese Form des Marketings zu ermöglichen, werden Technologien zur Analyse von Big Data und das mobile Internet benötigt. Big Data bezieht sich hierbei auf Dateien, die für die Erfassung, Speicherung, Verwaltung und Analyse durch klassische Datenbankwerkzeuge zu groß sind (vgl. McKinsey 2011, S. 1).

Zusätzlich zu diesen potenziell disruptiven Technologien werden für das mobile Marketing digitale Medien wie Smartphones, Tablets und Wearables benötigt. Wearables sind beispielsweise Smartwatches, Datenbrillen oder Armbänder, welche die Anwender dabei unterstützen sollen, mehr auf ihre Fitness und Gesundheit zu achten.

Ein Anwendungsbeispiel des mobilen Marketings im Bereich des Dialogmarketings sind Werbebotschaften basierend auf dem Kontext und dem jeweiligen vorherigen Verhalten des Kunden. Ein Kunde könnte sich z. B. für Angebote von Grillfleisch in seiner Umgebung interessieren, wenn es laut Wettervorhersage ein warmer Tag werden soll (Kontext) und der Kunde vor Kurzem einen Grill gekauft hat (Verhalten). Eine weitere Möglichkeit ist Werbung basierend auf dem Standort, der Zeit und dem vorherigen Verhalten des Kunden. Befindet sich ein Kunde z. B. in der Nähe eines Einkaufzentrums (Standort) und hat er schon mehrmals in einem dort ansässigen Geschäft eingekauft (Verhalten), könnte ihm dieses das Angebot machen, in den nächsten 20 Minuten 30 Prozent Rabatt auf seinen Einkauf zu erhalten (vgl. Ignite 2013).

3.2 Marketing nach Stimmungslage

Eine Erweiterung des mobilen Marketings könnte Werbung in Abhängigkeit der Stimmungslage der jeweiligen Person darstellen (vgl. Gerdes et al. 2013, S. 356). Auch hier spielen die Technologien zur Analyse von Big Data und das mobile Internet sowie die im vorherigen Kapitel 3.1 beschriebenen digitalen Medien eine wichtige Rolle.

In diesem Bereich forscht Appel und hat im Jahr 2012 dazu ein Patent eingereicht (vgl. Greenzeiger et al. 2012). Zur Bewertung der Stimmung einer Person sollen verschiedene Kriterien herangezogen werden (vgl. Chip 2014; Reidel 2014; Macerkopf 2014):

- Pulsschlag, Blutdruck, Körpertemperatur usw.,
- Gesichtserkennung mithilfe einer Kamera,
- aktuelle Aktivitäten in sozialen Medien, aktueller Medienkonsum,
- Standort, Wetter.

Die mithilfe der verschiedenen Kriterien gesammelten Daten sollen mit einer Grundstimmungsdatenbank abgeglichen werden, um daraus ein aktuelles Stimmungsbild abzuleiten. Um zur Stimmung passende Werbung der Unternehmen schalten zu können, muss diese im Vorhinein klassifiziert werden, z. B. nach Alter, Geschlecht, Wohnort und Stimmung. Aktuell forscht Apple nur in diesem Bereich – in einem konkreten Produkt wurde diese Form des Marketings noch nicht umgesetzt (vgl. Chip 2014; Reidel 2014; Macerkopf 2014).

Im Bereich der Gefühlserkennung hat das Fraunhofer Institute für Integrierte Schaltungen vor Kurzem die erste Gefühlserkennungs-App in Echtzeit für Google Glass entwickelt. Hierbei wird mit Hilfe der Kamera der Datenbrille der Gesichtsausdruck einer gegenüberstehenden Person analysiert und dadurch ungefähres Alter, Geschlecht und Stimmungslage bestimmt. Die Identität der Person wird dabei nicht festgestellt. Diese App ermöglicht es z. B. auch Personen mit Autismus die Gefühle anderer Personen leichter zu erkennen, um dadurch besser mit diesen interagieren zu können (vgl. Fraunhofer 2014).

3.3 3-D-Brillen

Ein ganz neues Erleben von Produkten und Werbung könnten 3-D-Brillen ermöglichen. Sie zählen zu den immersiven Technologien. „Diese Technologien lassen die Grenzen zwischen realen und virtuellen Welten zunehmend verschwimmen und ermöglichen dem Anwender, mit der digital erzeugten Umgebung in Interaktion zu treten" (MFG 2010).

Immersive Technologien umfassen Anwendungen sowohl für die virtuelle Realität (Virtual Reality) als auch für die erweiterte Realität (Augmented Reality). Wird eine Person komplett in eine andere Welt versetzt und die Realität so weit wie möglich ausgeblendet, wird von virtuellen Realitäten gesprochen. Eine erweiterte Realität entsteht dagegen, wenn Ausschnitte einer virtuellen Welt in die reale Welt eingebunden werden (vgl. Dörner et al. 2013, S. 10-11).

Ein Beispiel für eine 3-D-Brille im Bereich der erweiterten Realität ist die Meta 1 von dem an der Columbia University in the City of New York gegründeten Start-up Meta. Das Entwicklungsset der Brille ist momentan für ca. 534 Euro vorbestellbar (vgl. Meta o. J.; Computerwoche 2014).

Mit diesen Brillen sollen sich beispielsweise 3-D-Skulpturen mit Hilfe von Gesten erstellen und daraufhin per 3-D-Drucker ausgeben lassen. Eine weitere denkbare Anwendungsmöglichkeit wäre z. B. Einrichtungsgegenstände vor dem Kauf virtuell in der eigenen Wohnung auszuprobieren (vgl. SmartGlasses o. J.; Majica 2013; Atheer Labs 2013).

3.4 Roboter als Kundenkontaktmitarbeiter

Als letztes Beispiel wird in diesem Kapitel der Roboter Pepper aus dem potenziell disruptiven Technologiebereich „Advanced Robotics" vorgestellt.

Pepper wurde von dem Unternehmen Aldebaran Robotics entwickelt. Er ist ein sozialer Roboter, der mit Menschen kommunizieren, Gefühle erkennen und entsprechend auf sie reagieren kann. Er erkennt z. B. ob jemand sich freut, überrascht oder ärgerlich ist. Dafür analysiert er mit Hilfe mehrerer Sensoren Gesichtsausdruck, Körpersprache und die von einer Person verwendeten Worte (vgl. Aldebaran o. J.).

Der 120 cm große und 28 kg schwere Roboter kann sich ebenfalls mit dem Internet verbinden, um sein Wissen zu erweitern oder dieses mit anderen Robotern zu teilen. Die Kosten für einen Pepper Roboter sollen bei ca. 1.500 Euro liegen und er soll ab Anfang 2015 auf dem Markt verfügbar sein (vgl. Aldebaran o. J.; AFP 2014; Borchers 2014).

Der Roboter wurde für das Unternehmen SoftBank Mobile in Japan entwickelt. Hier ist Pepper schon in einigen Filialen des Telekommunikationsanbieters als Ansprechpartner anzutreffen. Gegen Ende des Jahres soll er in allen 2.600 Geschäften des Unternehmens vorhanden sein. Auch für Nestlé soll der Roboter ab Dezember 2015 als Verkäufer für Kaffeemaschinen in Japan eingesetzt werden. Er schaut dabei nicht nur nach den Kunden während der Wartezeit, sondern er informiert, macht Werbung für das Unternehmen und tritt dabei in einen Dialog mit den Kunden (vgl. Aldebaran o. J.; AFP 2014).

4 Fazit

Digitale Technologien können in Zukunft viele unserer kognitiven Fähigkeiten ersetzen, ähnlich wie die Dampfmaschine die menschliche Muskelkraft ablöste. Die Automatisierung des menschlichen Geistes hat längst begonnen, von digital vernetzten Produktionsketten über softwaregesteuerte Logistik bis hin zum kontextbasierten Dialogmarketing. Neben der klassischen Gestaltung des Dialogmarketings gewinnen zunehmend der Aufbau und die Pflege von Reputation und Beziehungen (Reputations- und Beziehungsmanagement) sowie vor allem auch die systematische Beeinflussung aktueller und künftiger Rahmenbedingungen (Kontextmanagement; Kontext kann als eine Ansammlung von Informationen angesehen werden, die eine Person, ein Gerät oder eine räumliche Umgebung charakterisiert (vgl. Chen 2004) an Gewicht.

Computeralgorithmen werden in immer mehr Bereichen das menschliche Urteil ergänzen oder gar selbständig Entscheidungen treffen und so eine neue Qualität des Dialogmarketings ermöglichen. „Neurale Netzwerke", „deep learning" und „künstliche Intelligenz" – digitale Technologien werden in der vollständig vernetzten Welt immer besser und fähiger. Damit wird es endlich realisierbar, das intensiv gewünschte Kontextmanagement zu ermöglichen.

Disruptive Technologien bedeuten nicht das Ende des traditionellen Dialogmarketings. Menschliche Fähigkeiten wie Kreativität, Risikobereitschaft und Innovation werden uns auch in Zukunft Vorteile gegenüber den Computerprogrammen verschaffen – und zugleich ermöglichen, mit den Algorithmen produktiv zusammenzuarbeiten. Diese Interaktion wird aber nur dann zu unserem Vorteil sein, wenn sie in menschengerechte Praktiken eingebettet ist. Zugleich werden wir einsehen müssen, dass es Bereiche gibt, in denen die Algorithmen besser sind als wir. Das sollten wir jedoch nicht als digitale Kränkung sehen, sondern als neue Form gesellschaftlicher Arbeitsteilung. Was die Algorithmen besser können, das sollten in Zukunft auch die Algorithmen machen. Im Idealfall schafft die Digitalisierung Raum für bessere Arbeit, die unseren menschlichen Fähigkeiten entspricht.

Unsere Wirtschaft und Gesellschaft stehen in der kommenden Dekade vor tiefgreifenden Herausforderungen. Unternehmen müssen sich entsprechend vorbereiten, um den Herausforderungen gewachsen zu sein. Dies bedeutet, dass sie weg von der Betrachtung einzelner Trends und technologischer Neuerungen hin zur Analyse vernetzter Wechselwirkungen kommen müssen, um eine robuste Strategie bzw. ein Portfolio – unter der Bedingung potenzieller Umbrüche und der Berücksichtigung kurz-, mittel- und langfristiger Perspektiven – entwickeln zu können. Dieser Wandel der Betrachtungsweise kann auch zur Ableitung von Geschäftsmodell-Innovationen und Besetzung nachhaltiger Zukunftsmärkte führen.

Literatur

AFP (2014): Nestlé will 1000 Roboter als Verkäufer in Japan einsetzen. Online unter: http://www.afp.com/de/node/2995790 (Abgerufen am 31.10.14).

Aldebaran (o. J.): A-Robots. Pepper. Online unter: http://www.aldebaran.com/en/a-robots/who-is-pepper (Abgerufen am 20.09.14).

Atheer Labs (2013): A vision of the future through immersive 3D glasses, by Atheer Labs. Online unter: http://www.youtube.com/watch?v=T0onzbGNJIQ (Abgerufen am 31.10.14).

Borchers, D. (2014): Service-Roboter. Pepper, die mechanische Meerjungfrau auf Rädern. Online unter: http://heise.de/-2217305 (Abgerufen am 31.10.14).

Brynjolfsson, E./McAfee, A. (2011): Race against the machine. How the digital revolution is accelerating innovation, driving productivity, and irreversibly transforming employment and the economy. Lexington, Mass: Digital Frontier Press.

Brynjolfsson, E./McAfee, A. (2014): The Second Machine Age. Work, Progress, and Prosperity in a Time of Brilliant Technologies. New York: W. W. Norton & Company.

Chen, H. (2004): An Intelligent Broker Architecture for Pervasive Context-Aware Systems. University of Maryland, College Park, MD.

Chip (2014): Apple. Werbung nutzt Gefühle der Nutzer. Online unter: http://business.chip.de/news/Apple-Werbung-nutzt-Gefuehle-der-Nutzer_66738783.html (Abgerufen am 15.09.14).

Christensen, C. M./Bower, J. L. (1996): Customer Power, Strategic Investment, and the Failure of Leading Firms, In: Strategic Management Journal, 1996, 17, S. 197-218.

Computerwoche (2014): Die Alternativen zu Google Glass. Online unter: http://www.computerwoche.de/a/die-alternativen-zu-google-glass,2546312 (Abgerufen am 31.10.14).

Dörner, R./Jung, B./Grimm, P./Broll, W./Göbel, M. (2013): Einleitung. In: Dörner, R./Broll, W./Grimm, P./Jung, B. (Hrsg.): Virtual und Augmented Reality (VR / AR). Grundlagen und Methoden der Virtuellen und Augmentierten Realität. Berlin, Heidelberg: Springer, S. 1-31.

Fraunhofer Institute for Integrated Circuits IIS (2014): Pressemeldung. A visionary world premier. Fraunhofer IIS presents world's first emotion detection app on Google Glass. Online unter: http://www.iis.fraunhofer.de/en/pr/2014/20140827_BS_Shore_Google_Glas.html (Abgerufen am 31.10.14).

Gerdes, J./Hesse, J./Vögele, S. (2013): Dialogmarketing im Dialog. Wiesbaden: Springer Fachmedien.

Greenzeiger, M. F./Phulari, R./Sanghavi, M. K. (2012): Inferring user mood based on user and group characteristic data. Online unter: http://appft.uspto.gov/netacgi/nph-Parser?Sect1=PTO2&Sect2=HITOFF&u=%2Fnetahtml%2FPTO%2Fsearch-adv.html&r=2&p=1&f=G&l=50&d=PG01&S1=%28706%2F47.CCLS.+AND+201 40123.PD.%29&OS=ccl/706/47+and+pd/1/23/2014 (Abgerufen am 31.10.14).

Ignite (2013): Marketing & payment on the move. Online unter: http://www.javelingroup.com/wp-content/uploads/2013/11/Ignite_from_Javelin_ Group_and_Paythru_SHOPPING_CENTRES_low.pdf (Abgerufen am 31.10.14).
Kennedy, J. B. (1926): When Woman Is Boss. An interview with Nikola Tesla by John B. Kennedy. In: Collier's. Online unter http://www.tfcbooks.com/tesla/1926-01-30.htm (Abgerufen am 14.10.14).
Macerkopf (2014): Werbung die auf die Gemütslage reagiert, neues Apple Patent zeigt die Möglichkeiten. Online unter: http://www.macerkopf.de/2014/01/24/werbung-die-auf-die-gemuetslage-reagiert-neues-apple-patent-zeigt-die-moeglichkeiten/ (Abgerufen am 31.10.14).
Majica, M. (2013): Datenbrillen. Google Glass bekommt Konkurrenz. Online unter: http://www.zeit.de/digital/mobil/2013-08/datenbrillen-meta-spaceglasses-oculus-rift (Abgerufen am 31.10.14).
McKinsey Global Institute (2011): Big data. The next frontier for innovation, competition, and productivity.
McKinsey Global Institute (2013): Executive summary. Disruptive technologies. Advances that will transform life, business, and the global economy.
Meta (o. J.): Pre Order. Meta 1 Developer Kit. Online unter: https://www.spaceglasses.com/buy (Abgerufen am 31.10.14).
MFG Innovationsagentur Medien- und Kreativwirtschaft (2010): Pressemitteilung. Heidelberger Innovationsforum. Mit simulierten Umgebungen real durchstarten. Online unter: http://innovation.mfg.de/de/ueber-die-mfg/presse/heidelberger-innovationsforum-mit-simulierten-umgebungen-real-durchstarten-1.854 (Abgerufen am 31.10.14).
Reidel, M. (2014): Der gläserne Verbraucher. Apple plant stimmungsabhängige Werbung. Online unter: http://www.horizont.net/marketing/nachrichten/Der-glaeserne-Verbraucher-Apple-plant-stimmungsabhaengige-Werbung-118722 (Abgerufen am 15.09.14).
Schäfer, J./Toma, D. (2008): Trends und Strategien im Mobile Marketing. In: Bauer, H. H./Bryant, M. D./Dirks, T. (Hrsg.): Erfolgsfaktoren des Mobile Marketing. Berlin, Heidelberg: Springer, 17-31.
SmartGlasses (o. J.): META. Die Zukunft ist da – Augmented Reality Smart Glasses von META. Online unter: http://www.smartglasses24.com/hersteller/meta/ (Abgerufen am 31.10.14).

Die Autoren

Prof. Dr. Bernhard Kölmel lehrt und forscht im Fachgebiet Global Process Management an der Hochschule Pforzheim - Gestaltung, Technik, Wirtschaft und Recht. Einen besonderen Schwerpunkt legt er dabei auf die Vermittlung der Hintergründe global vernetzter Organisationsstrukturen und zukunftsorientierter Technologiekonzepte. Nach seinem Studium und der Promotion am KIT arbeitete er lange Zeit als Bereichsleiter Strategie, Innovation und Business Design bei der CAS Software AG in Karlsruhe. Er koordiniert zahlreiche internationale Forschungs- und Entwicklungsprojekte im Bereich vernetzter Informationssysteme in der Schnittmenge Internet of Services and Things und ist als Gutachter und Fachexperte für nationale Ministerien und die Europäische Kommission im Umfeld zukünftiger IKT-Systeme tätig.

Johanna Wüstemann arbeitet als akademische Mitarbeiterin an der Fakultät für Technik im Studiengang Wirtschaftsingenieurwesen der Hochschule Pforzheim in den Themenbereichen Customer Relationship Management und Prozessmanagement. Daneben absolviert sie den Master in Wirtschaftswissenschaften an der FernUniversität in Hagen. Sie hat an der Hochschule Karlsruhe – Technik und Wirtschaft International Management studiert.

Kontakt

Prof. Dr. Bernhard Kölmel
Hochschule Pforzheim
Tiefenbronner Str. 65
75175 Pforzheim
bernhard.koelmel@hs-pforzheim.de

Johanna Wüstemann, BBA
Hochschule Pforzheim
Tiefenbronner Str. 65
75175 Pforzheim
johanna.wuestemann@hs-pforzheim.de

Datenschutz – rechtsverträgliches Cloud Computing zwischen Anbietern, Nutzern und Kunden

Steffen Kroschwald

Inhalt

1	Cloud Computing	50
2	Cloud Computing und Dialogmarketing	50
3	Datenschutzrechtliche Bedingungen	52
4	Werbliche Nutzung von Daten aus der Cloud	54
4.1	Bestands- und Nutzungsdaten nach dem Telemediengesetz	54
4.2	Inhaltsdaten nach dem Bundesdatenschutzgesetz	55
5	Nutzung von Cloud-Diensten durch die Dialogmarketingbranche	60
5.1	Keine zulässige Datenübermittlung in die Cloud	60
5.2	Cloud Computing als Auftragsdatenverarbeitung	61
5.3	Internationales Cloud Computing	64
5.4	Cloud-Dienste zur Kommunikation und Kooperation	64
5.5	Technische Lösungsansätze	65
6	Fazit	66

Literatur ... 67
Der Autor ... 70
Kontakt ... 70

Management Summary

Informationstechnische Prozesse werden zunehmend in die Cloud verlagert. Dabei entstehen ungeahnte Informationsmengen mit Bezug zu potenziellen oder bestehenden Kunden. Die Verwendung dieser Informationen zu Zwecken des Dialogmarketings ist jedoch datenschutzrechtlich streng reglementiert. Die Cloud könnte aber für das Dialogmarketing selbst als leistungsfähige und flexible IT-Ressource genutzt werden. Zum gesetzlich geforderten Schutz der

Betroffenen, zugleich aber auch aus eigenem Interesse, sollten dabei Maßnahmen zur technischen Sicherheit, insbesondere die Datenverschlüsselung und -versiegelung berücksichtigt werden.

1 Cloud Computing

Cloud Computing ist ein „IT-Bereitstellungsmodell, bei dem Ressourcen in Form von IT-Infrastruktur, Software, Entwicklungsplattformen und Speicherplatz als verteilter Dienst über das Internet durch einen oder mehrere Leistungserbringer bereitgestellt werden" (Böhm et al. 2009, S. 8). Privatanwendern wie auch Unternehmen und Behörden wird dabei ermöglicht, IT-Dienste aus dem Internet zu beziehen. Sie können etwa Daten online auf den Servern des Cloud-Anbieters speichern, Software, die auf diesen Servern betrieben wird, online verwenden oder Rechenprozesse auf diesen Servern online durchführen lassen. Für die Speicherung und Verarbeitung von Daten musste bislang eigene IT vorgehalten oder der Prozess von einem Dienstleister fremdbezogen werden. Im Rahmen des Cloud Computing kann der Cloud-Nutzer den Dienst nunmehr bei Bedarf einfach anmieten (Wicker 2012, S. 783), flexibel und beinahe unbegrenzt erweitern, an unterschiedlichen Orten und zusammen mit weiteren Anwendern parallel nutzen und bei Bedarf wieder abbestellen.

2 Cloud Computing und Dialogmarketing

Unter Dialogmarketing wird die Summe der „Marketinginstrumente, die eingesetzt werden, um eine gezielte und direkte Interaktion mit Zielpersonen aufzubauen und dauerhaft aufrecht zu erhalten, mit dem Ziel eine messbare Reaktion (Response) auszulösen" verstanden (Holland 2008, S. 16). Dialogmarketing lebt dabei von einer möglichst individuellen Ansprache der richtigen Person, zum richtigen Zeitpunkt, auf dem richtigen Weg, mit dem auf das Bedürfnis dieser Person zugeschnittenen Angebot (Holland 2008, S. 16; Wilsberg 2008, S. 22; Jandt/Roßnagel 2011, S. 87).

Für einen solch hohen Grad an Individualisierung bedarf es insbesondere dreier Faktoren. Wer Dialogmarketing betreiben möchte, benötigt zunächst möglichst umfassende, individuelle und dennoch vergleichbare Informationen über potenzielle Kunden, die durch das Dialogmarketing angesprochen werden sollen. Nur mit möglichst viel gewonnenen Informationen können höchst individuelle Bedürfnisprofile der anzusprechenden Kunden gebildet werden, die dann Grundlage für einen Marketingdialog sind (vgl. Brändli 2008, S. 355). Neben der Informationsgewinnung werden für das Dialogmarketing aber auch Verfahren und Infrastrukturen zur Verwaltung und Auswertung dieser „Rohdaten" benötigt.

Einmal erhobene Kundeninformationen sind solange nichts wert, wie sie nicht aus- und bewertet sind und in die verschiedenen Kontexte eingebettet werden. Nur so können Bedürfnisse verstanden und Kundengruppen und/oder individuelle Ansprachestrategien und -algorithmen abgeleitet werden. Hierzu müssen enorme Datenmengen verarbeitet werden. Solche Analysevorgänge beruhen beispielsweise auf Big-Data-Verfahren, nutzen solche Verfahren oder sind mit ihnen zumindest vergleichbar. Unternehmen, die Dialogmarketing betreiben, müssen folglich über erhebliche IT-Ressourcen, also Datenspeicherplatz, Rechenleistung und Verwaltungs- sowie Analysesoftware, verfügen oder aber diese IT-basierten Verarbeitungsprozesse an Dienstleister auslagern (vgl. Wilsberg 2008, S. 25; zum CRM: Link/Gary 2008, S. 307-312). Zur Aufnahme eines Dialogs bedarf es schließlich eines Mediums, über das der Kunde erstmals werblich angesprochen oder ein Kontakt aufrechterhalten werden kann.

Hinsichtlich aller drei Faktoren – der Datengewinnung, ihrer Auswertung und Verwaltung sowie der Kundenansprache – könnte Cloud Computing für das Dialogmarketing von Interesse sein. Im Rahmen einer Cloud-Nutzung fallen regelmäßig enorme Informationsmengen über den Nutzer, sein Nutzungsverhalten und, je nach Cloud-Dienst, auch über seine Persönlichkeit an. Werden in einer Cloud darüber hinaus noch Daten von Dritten übertragen, etwa wenn ein cloud-nutzendes Unternehmen seine Kundendatenbank in einem Cloud-Dienst speichert und dort verarbeitet, erweitert sich die Informationsmenge noch um ein Vielfaches. Indem Cloud-Dienste und ihre Nutzung ausgewertet werden, könnte so eine Art unerschöpfliche Quelle für Informationen für das Dialogmarketing etabliert werden. Vorstellbar ist die werbliche Verwendung von Informationen aus den Nutzerprofilen, Drittprofilen oder die Analyse des individuellen Nutzungsverhaltens.

Cloud-Dienste könnten aber auch zusätzlich als Dialogmedium dienen. So könnte – als ein Beispiel unter vielen – während der Cloud-Nutzung eine auf den Nutzer individualisierte Werbung in der Nutzeroberfläche des Cloud-Dienstes eingeblendet werden und so möglicherweise ein idealer Bedarfszeitpunkt zum Marketingdialog fruchtbar gemacht werden. Ein Beispiel hierfür wäre die Werbeeinblendung eines Steuerberaters während der Nutzung einer cloud-basierten Steuererklärungssoftware.

Nicht zuletzt könnte die Nutzung von Cloud-Diensten auch für werbende Unternehmen und die Dialogmarketingbranche selbst von Interesse sein. Gerade für Unternehmen, die selbst über keine entsprechenden IT-Ressourcen verfügen oder die Anschaffung dieser Ressourcen unverhältnismäßig aufwändig und teuer wäre, bietet die Nutzung von Cloud-Diensten ein beachtliches Potenzial. Anstatt Speicherplatz und Rechenkapazität sowie die entsprechende Verwaltungs- und Analysesoftware anzuschaffen oder den gesamten Geschäftsprozess auszulagern, bieten Cloud-Dienste die Möglichkeit, IT-Ressourcen gewissermaßen „anzumieten" (zum rechtlichen Begriff der Miete beim Cloud Computing, Wicker 2012, S. 783) und über das Internet zu nutzen, wenn sie benötigt werden. Hierdurch sind auch kleinere Unternehmen in der Lage, große Datenmengen zu speichern und mit aktueller, hochwertiger, gut gewarteter und redundant verfügbarer Software zu verwalten oder zu analysieren und mit hochleistungsfähigen Servern berechnen zu lassen (Böhm et al. 2009, S. 8; Weiss 2014, 1A Rn. 27). Für die Nutzung des Cloud-Dienstes benötigt das Unternehmen lediglich beliebige internetfähige Endgeräte sowie eine leistungsstarke Internetverbindung. Solche Dienste können – je nach Geschäftsmodell – flexibel hinzugebucht oder abbestellt werden. Insbesondere bei saisonal auftretenden Bedarfen (beispielsweise größeren Werbeaktionen vor dem Weihnachtsgeschäft) können die Ressourcen erweitert und im Anschluss wieder abbestellt werden, sodass die Nutzung von teurer IT durch die zeit- oder volumengenaue Abrechnung auch für kleinere Unternehmen möglich wird (Bedner 2013, S. 7 und 85).

3   Datenschutzrechtliche Bedingungen

Wo Informationen zum Zwecke einer Interaktion mit Menschen gesammelt und analysiert, gegebenenfalls auch weitergegeben werden sollen, kommt es unweigerlich zum Umgang mit personenbezogenen Daten (vgl. Jandt/Roßnagel 2011, S. 87). Gerade die Sammlung und Analyse von Informationen zur Erstellung von Profilen im Rahmen des Dialogmarketings trifft jedoch einen neuralgischen Punkt der grundrechtlich geschützten Persönlichkeit und informationellen Selbstbestimmung des Einzelnen. Das Bundesverfassungsgericht sieht im „Aufbau integrierter Informationssysteme", die mit „anderen Datensammlungen zu einem teilweise oder weitgehend vollständigen Persönlichkeitsbild zusammengefügt werden, ohne daß der Betroffene dessen Richtigkeit und Verwendung zureichend kontrollieren kann", eine erhebliche Gefahr für das Persönlichkeitsrecht des Einzelnen (BVerfGE 65, 1, S. 42). Die Erstellung von Persönlichkeitsprofilen könne zu einer Fremdbeschreibung und zu Verhaltensprognosen führen, die den Betroffenen in seiner freien Entfaltung hemmen oder gar ein gewisses Verhalten des Betroffenen determinieren. Der Betroffene habe deshalb aus Art. 2 Abs. 1 i. V. m. Art 1 Abs. 1 GG ein Recht auf informationelle Selbstbestimmung, das ihm die „Befugnis [gibt,] grundsätzlich selbst über die Preisgabe und Verwendung seiner persönlichen Daten zu bestimmen" (BVerfGE 65, 1, S. 43).

Das Bundesverfassungsgericht ist sich jedoch durchaus bewusst, dass ein Gemeinwesen von der Interaktion der Menschen untereinander lebt. Das Recht auf informationelle Selbstbestimmung kann daher durch ein Gesetz auch eingeschränkt werden (BVerfGE 65, 1, S. 43 f.). Der Gesetzgeber muss dabei beispielsweise entgegenstehende, durch die Verfassung ebenso garantierte Rechte und Gewährleistungen anderer berücksichtigen. Zu diesen Positionen gehören unter anderem auch die Berufsfreiheit nach Art. 12 GG sowie das Eigentum aus Art. 14 GG und damit „unternehmerische Grundrechte" (hierzu Simitis 2014, § 1 BDSG Rn. 3).

Das einfachgesetzliche Datenschutzrecht, auf nationaler Ebene etwa das Bundesdatenschutzgesetz, bringt diese gegenläufigen Verfassungsgüter zum Ausgleich. Es verfolgt gemäß § 1 Abs. 1 BDSG den Zweck, den einzelnen davor zu schützen, dass er durch den Umgang mit seinen personenbezogenen Daten in seinem Persönlichkeitsrecht beeinträchtigt wird. Entsprechend dem Schutzgedanken des Rechts auf informationelle Selbstbestimmung ist jeglicher Umgang mit personenbezogenen Daten zunächst untersagt. Eine Zulässigkeit kann sich jedoch nach § 4 Abs. 1 BDSG ausnahmsweise ergeben, wenn der Betroffene in den Datenumgang einwilligt und damit über den Umgang mit seinen Daten selbstbestimmt verfügt oder aber eine Rechtsvorschrift den konkreten Datenumgang erlaubt (hierzu statt vieler: Simitis 2014, § 4 BDSG, Rn. 1-7).

Soweit, wie festgestellt, im Rahmen der Nutzung des Cloud Computing durch oder für Dialogmarketing personenbezogene Daten erhoben, verarbeitet oder genutzt werden, stellt sich die Frage, inwiefern ein solcher Datenumgang durch eine entsprechende Einwilligung oder gar eine gesetzliche Erlaubnis legitimiert ist. Liegt keine umfassende Legitimation vor, ist zu überprüfen, wie das Potential der Cloud für das Dialogmarketing durch technische und rechtliche Gestaltung dennoch fruchtbar gemacht werden kann, ohne das Recht auf informationelle Selbstbestimmung der Betroffenen zu missachten.

4 Werbliche Nutzung von Daten aus der Cloud

Zunächst steht die Frage im Raum, inwiefern Cloud-Anbieter die Daten des Cloud-Nutzers, die Informationen über sein Nutzungsverhalten sowie die von ihm während der Cloud-Nutzung in der Cloud gespeicherten oder verarbeiteten Daten auswerten und zum Zwecke des Dialogmarketings verwenden oder gar weitergeben dürfen. Hierzu ist zu unterscheiden zwischen dem Umgang mit Bestands- und Nutzungsdaten nach dem Telemediengesetz sowie dem Umgang mit Inhaltsdaten, der regelmäßig durch das Bundesdatenschutzgesetz geregelt wird.

4.1 Bestands- und Nutzungsdaten nach dem Telemediengesetz

Soweit Cloud-Dienste, wie häufig der Fall, als Telemediendienste einzuordnen sind, sind die Beteiligten an die speziellen datenschutzrechtlichen Regelungen des § 11 ff. TMG gebunden (Boos et al. 2013, S. 206 f.). Dort ist der Umgang mit sogenannten Bestandsdaten (§ 14 TMG) und Nutzungsdaten (§ 15 TMG) abweichend von und vorrangig vor den allgemeinen Regelungen des Bundesdatenschutzgesetzes geregelt. Bestandsdaten sind etwa die bei Buchung eines Cloud-Dienstes vom Cloud-Nutzer angegebenen Kundendaten, wie Anschrift, E-Mail-Adresse oder Zahlungsdaten. Nutzungsdaten sind demgegenüber Daten, die bei der Erbringung des Dienstes anfallen, also etwa Informationen über die Nutzungsdauer oder die IP-Adresse des Nutzers (Boos et al. 2013, S. 207).

Solche Bestands- und Nutzungsdaten dürfen nur erhoben, verarbeitet oder genutzt werden, wenn der Nutzer als Betroffener nach den Anforderungen des Telemediengesetzes in den Datenumgang eingewilligt hat oder sich aus § 14 oder § 15 TMG eine gesetzliche Erlaubnis hierfür ergibt. Sowohl § 14 TMG als auch § 15 TMG beschränken jedoch die gesetzliche Zulässigkeit zunächst darauf, dass die Daten für die Begründung, inhaltliche Ausgestaltung oder Änderung eines Vertragsverhältnisses zwischen dem Diensteanbieter und dem Nutzer über die Nutzung von Telemedien beziehungsweise für die Ermöglichung und Abrechnung der Inanspruchnahme von Telemedien *erforderlich* sind. Der Cloud-Anbieter darf damit meist den Namen, die Anschrift sowie das Nutzungsverhalten des Cloud-Nutzers speichern und verarbeiten, um ein Nutzungsentgelt zu berechnen und dem Cloud-Nutzer in Rechnung stellen zu können. Eine Datennutzung zur Werbung oder zur Übermittlung an Dialogmarketingagenturen ist aber nicht erforderlich und ergibt sich deshalb daraus nicht (vgl. Jandt/Roßnagel 2011, S. 89).

Eine Ausnahme sieht lediglich § 15 Abs. 3 Satz 1 TMG vor, wonach der Diensteanbieter für Zwecke der Werbung, der Marktforschung oder zur bedarfsgerechten Gestaltung der Telemedien Nutzungsprofile bei Verwendung von Pseudonymen erstellen darf, sofern der Nutzer dem nicht widerspricht (hierzu Spindler/Schuster 2011, § 15 TMG, Rn. 7; Roßnagel 2013, § 15 TMG Rn. 61). Der Cloud-Anbieter könnte also beispielsweise Nutzungsprofile anlegen oder Cookies einsetzen und die Erkenntnisse hieraus zur Werbung gegenüber diesem Cloud-Nutzer verwenden – etwa indem automatisiert eine individuelle Werbeanzeige auf der Nutzeroberfläche während der Cloud-Nutzung erscheint. Die Profile und hierzu verwendete Daten dürfen jedoch nicht einer bestimmten Person zugeordnet werden. Sie dürfen auch nicht an Dritte übermittelt werden (Dix/Schaar 2013, § 15 TMG Rn. 61), sodass das Instrument auf die automatisierte pseudonyme Ansprache des Kunden durch den Cloud-Anbieter beschränkt bleibt und dabei lediglich Nutzungsdaten im Sinne des § 15 TMG, keineswegs aber Adressdaten oder andere Bestandsdaten, verwendet werden dürfen.

4.2 Inhaltsdaten nach dem Bundesdatenschutzgesetz

Daten, die im Rahmen der Cloud-Nutzung vom Cloud-Nutzer in die Cloud übertragen, dort gespeichert oder verarbeitet werden, sind weder Bestands- noch Nutzungsdaten. Es handelt sich vielmehr um eine im Gesetz nicht näher definierte Datenkategorie. Da diese Daten aber den Inhalt der eigentlichen Nutzung zum Gegenstand haben, also etwa die bei einem Cloud-Speicherdienst gespeicherten Urlaubsfotos eines Cloud-Nutzers, wird häufig von „Inhaltsdaten" gesprochen. Das Telemediengesetz beschränkt sich auf die Regelung von Bestands- und Nutzungsdaten. Soweit die hier genannten Inhaltsdaten betroffen sind, ergeben sich die datenschutzrechtlichen Regelungen deshalb nicht aus dem speziellen Telemediengesetz, sondern in der Regel aus dem allgemeinen Bundesdatenschutzgesetz (zur Abgrenzung auch Boos et al. 2013, S. 207 ff.).

Hinsichtlich einer werblichen Nutzung von Inhaltsdaten ist danach zu unterscheiden, ob der Cloud-Nutzer diese Daten im Rahmen einer Auftragsdatenverarbeitung nach § 11 BDSG weitergegeben hat oder im Sinne des § 3 Abs. 4 Nr. 3 BDSG übermittelt hat.

4.2.1 Der Cloud-Anbieter als Auftragnehmer des Cloud-Nutzers

Im Falle einer Auftragsdatenverarbeitung ist der Cloud-Anbieter als Auftragnehmer an die Weisungen und die Kontrollen des Cloud-Nutzers gebunden. Er speichert und verarbeitet Daten *im Auftrag* des Cloud-Nutzers, ohne eine eigene Verfügungsgewalt über diese Daten zu erlangen. Die Verfügungsgewalt über die Daten verbleibt ausschließlich beim Cloud-Nutzer als Auftraggeber (Wedde 2014, § 11 BDSG Rn. 5).

Die Nutzung einer Cloud mit Daten, die sich nicht nur auf den Cloud-Nutzer selbst, sondern auch auf betroffene Dritte beziehen, ist für den Cloud-Nutzer in der Regel nur im Rahmen einer solchen Auftragsdatenverarbeitung und nicht als Datenübermittlung zulässig. Wenn der Cloud-Nutzer somit beispielsweise als gewerblicher Nutzer seine eigene Kundenverwaltung in einer Cloud betreiben möchte, ist er in der Regel nicht befugt, dem Cloud-Anbieter durch eine Übermittlung der Daten eine eigene Verfügungsgewalt einzuräumen. Er darf folglich Daten betroffener Dritter lediglich im Rahmen einer Auftragsdatenverarbeitung in die Cloud übertragen und dort nach seinen Weisungen und Kontrollen speichern und verarbeiten lassen (Weichert 2010, S. 682 f.). Für diesen, vor allem im gewerblichen Bereich überwiegend auf das Cloud Computing zutreffenden Fall, dass der Cloud-Nutzer nicht nur eigene Daten, sondern auch Daten, die sich auf andere beziehen, in die Cloud überträgt, bestehen auf Seiten des Cloud-Anbieters somit auch keine Verfügungsbefugnisse über die Daten. Solche Inhaltsdaten sind einer Weitergabe oder einer eigenen werblichen Nutzung durch den Cloud-Anbieter vollständig entzogen.

4.2.2 Der Cloud-Anbieter als verantwortliche Stelle

Für die potenzielle werbliche Nutzung von Inhaltsdaten verbleibt lediglich ein kleiner Bereich. Eine mögliche Zulässigkeit könnte sich nur für Inhaltsdaten in der Cloud ergeben, über die der Cloud-Anbieter als eigene verantwortliche Stelle eine eigene Verfügungsgewalt besitzt.

Beziehen sich Inhaltsdaten auf betroffene Dritte, ist der Cloud-Nutzer mangels einer Einwilligung dieser Betroffenen oder einer gesetzlichen Erlaubnis selbst in der Regel nicht befugt, die Daten an den Cloud-Anbieter zu übermitteln und dem Cloud-Anbieter dadurch Verfügungsgewalt über diese „fremden" Daten einzuräumen. Damit kommen als potenzielle Werbegrundlage lediglich Daten infrage, die sich nachweislich ausschließlich auf den Cloud-Nutzer beziehen und die der

Cloud-Nutzer an den Cloud-Anbieter übermittelt hat oder die rechtmäßig vom Cloud-Anbieter zur Bereitstellung und Erbringung des Dienstes erhoben wurden. Eine solche Konstellation kann beispielsweise vorliegen, wenn der Cloud-Nutzer eine cloud-basierte „App" nutzt und hierbei eigene Daten eingibt oder diese Daten mit seiner Einwilligung vom Cloud-Anbieter (etwa der aktuelle Standort durch Messung über das Smartphone des Nutzers) erhoben werden. Die Zulässigkeit einer Datenerhebung und Verarbeitung zum Zwecke des Dialogmarketings könnte sich dann möglicherweise aus dem Listenprivileg ergeben.

4.2.3 Listenprivileg

Nach § 28 Abs. 3 BDSG ist eine Verarbeitung oder Nutzung personenbezogener Daten für Zwecke des Adresshandels oder der Werbung ohne Einwilligung zulässig, wenn es sich um sogenannte Listendaten handelt. Das sogenannte „Listenprivileg" ermöglicht es, Daten werblich zu verwenden, wenn diese Daten listenmäßig in Personengruppen zusammengefasst sind und sich ausschließlich auf die Zugehörigkeit des Betroffenen zu dieser Personengruppe, seine Berufs-, Branchen- oder Geschäftsbezeichnung, seinen Namen, Titel, akademischen Grad, seine Anschrift und sein Geburtsjahr beschränken (hierzu Jandt/Roßnagel 2011, S. 88; Drewes 2010, S. 760 ff.; Drewes 2012, S. 116; Hanloser 2010, S. 16). Eine werbliche Verwendung dieser Listendaten ist allerdings nach § 28 Abs. 2 Satz 2 BDSG nur zulässig, wenn der Datenumgang zu Werbezwecken für eigene Angebote der verantwortlichen Stelle gegenüber dem Betroffenen oder aber für Berufs- oder Spendenwerbung erfolgt.

Das Potenzial einer Verwendung von Inhaltsdaten aus Cloud-Diensten ohne die Einwilligung des Betroffenen ist allerdings denkbar klein. So ist es zwar nach § 28 Abs. 3 Satz 2 Nr. 1 BDSG zulässig, Daten aus dem Vertragsverhältnis sowie aus öffentlichen Verzeichnissen werblich zu verwenden und sogar gemäß § 28 Abs.3 Satz 3 BDSG Daten hinzuzuspeichern. Auch ist die Verwendung von Inhaltsdaten aus Cloud-Diensten als Listendaten zur Werbung im beruflichen Kontext nach § 28 Abs. 3 Satz 2 Nr. 2 BDSG sowie als sogenannte „Beipackwerbung" nach § 28 Abs. 3 Satz 5 BDSG oder gar nach § 28 Abs. 3 Satz 4 BDSG zur Übermittlung an weitere Werbepartner möglich. Die wesentlichen Daten zur Identifizierung des Cloud-Nutzers, also dessen Name und Anschrift, gegebenenfalls auch E-Mail-Adressen und Telefonnummern, sind allerdings bei cloud-basierten Diensten häufig gar keine Inhaltsdaten, sondern Bestands- und Nutzungsdaten nach dem vorrangigen Telemediengesetz – Rechnungsdaten etwa, die der Cloud-Nutzer bei der Buchung beziehungsweise Nutzung des

Dienstes angegeben hat. Deren werbliche Verwendung ist, wie unter 4.1 festgestellt, trotz des Listenprivilegs aufgrund der vorrangigen Regelungen des Telemediengesetzes nicht oder nur pseudonymisiert zulässig.

Im Einzelfall könnten zwar Szenarien gebildet werden, bei denen „echte" Inhaltsdaten aus der Cloud-Nutzung gewonnen werden und eine Gruppenbildung oder auch die werbliche Ansprache im beruflichen Kontext mit aus Listendaten gewonnenen Informationen möglich ist. So wäre beispielsweise vorstellbar, dass der Cloud-Anbieter die Anschrift des Cloud-Nutzers ermittelt, indem er die vom Cloud-Nutzer gespeicherten Dokumente – etwa Schriftstücke – ausliest. Bei den hierbei gewonnenen Daten würde es sich dann um keine Bestandsdaten nach dem Telemediengesetz handeln, sondern um inhaltsgleiche Inhaltsdaten. Diese könnten als Listendaten zur Werbung im beruflichen Kontext oder zur Beipackwerbung genutzt werden. Allerdings muss gemäß § 28 Abs. 3 Satz 6 BDSG die werbliche Verwendung nach § 28 Abs. 3 Satz 2 bis 4 BDSG immer noch mit den schutzwürdigen Interessen des Betroffenen abgewogen werden (hierzu mit Beispielen Gola/Schomerus 2012, § 28 BDSG Rn. 50; Simitis 2014, § 28 BDSG Rn. 245). Diese schutzwürdigen Interessen werden häufig einer digitalen „Durchforstung" der vom Cloud-Nutzer in einer Cloud gespeicherten Daten entgegenstehen und damit das Listenprivileg ins Leere laufen.

4.2.4 Dialogmarketing aus der Cloud nur mit Einwilligung oder anonymen Daten

Im Ergebnis dürfen personenbezogene Daten, die im Rahmen des Cloud Computing an einen Cloud-Dienst übertragen werden, ohne Einwilligung werblich nicht verwendet werden. Vorstellbar wäre jedoch, dass der Cloud-Nutzer bei der Buchung eines Cloud-Dienstes ausdrücklich darin einwilligt, dass die von ihm übertragenen, in der Cloud gespeicherten oder im Rahmen der Cloud-Nutzung bei ihm erhobenen Daten, die sich ausschließlich auf ihn beziehen, zu Werbezwecken verwendet werden dürfen. Allerdings sind die Bedingungen einer wirksamen Einwilligung nach § 4a BDSG sowie die speziellen Vorschriften des § 28 Abs. 3a BDSG und für Bestands- und Nutzungsdaten nach Telemediengesetz auch § 13 Abs. 2 und 3 TMG zu berücksichtigen. Für den Umgang mit Inhaltsdaten bedarf eine Einwilligung demnach regelmäßig der Schriftform und muss, wenn sie ausnahmsweise in Textform erfolgt, nach § 28 Abs. 3a Satz 1 BDSG protokolliert werden sowie jederzeit abrufbar und widerrufbar sein. Überdies muss die Einwilligung freiwillig und informiert erfolgen und unterliegt dem Kopplungsverbot nach § 28 Abs. 3b BDSG (hierzu Patzak/Beyerlein 2009, S. 528). Die Einwilligung nach dem Telemediengesetz ist zwar gemäß § 13 Abs. 2 TMG auch elektronisch möglich. Darüber hinaus kann sie auch eine werbliche Nutzung von Bestandsdaten legitimieren. Eine Einwilligung, die die nicht-pseudonyme Verwendung von Nutzungsdaten erlaubt, ist jedoch zumindest umstritten (hierzu Simitis 2014, § 29 BDSG Rn. 34). Gerade die individualisierbare und personifizierte Auswertung des Nutzerverhaltens mit Nutzungsdaten bleibt somit im Zweifel verschlossen. Überdies steht die Einwilligungspraxis von cloudbasierten oder vergleichbaren Onlinediensten, etwa von sozialen Netzwerken, immer wieder im Fokus der Kritik und der rechtlichen Überprüfungen durch Datenschutzbehörden und Verbraucherschutzverbänden.

Eine Erhebung, Verarbeitung und Nutzung von Daten ist demgegenüber datenschutzrechtlich unbedenklich, sofern sie vollständig ohne personenbezogene Daten auskommt. Die Analyse von Nutzungsverhalten zu statistischen oder Marktforschungszwecken als Grundlage für Marketingaktivitäten ist vom Datenschutzrecht – abgesehen von der Ausnahmevorschrift des § 30 BDSG – dann nicht reglementiert, wenn der konkrete Nutzer für die verantwortliche Stelle vollkommen anonym bleibt. Problematisch ist allerdings, dass sich ein Personenbezug nicht zwingend nur aus dem Namen und der Anschrift des Nutzers ergeben muss. Ein Cloud-Nutzer könnte auch durch die Zusammenführung mehrerer für sich nicht zuordenbaren Informationen bestimmbar werden. Mit Informationen aus anonymen Inhalten und Nutzungsverhalten könnte so in der Summe ein Rückschluss auf eine natürliche Person ermöglicht und die Daten personenbezogen werden (zur Bedeutung des „Zusatzwissens" Roßnagel/Scholz 2000, S. 723). Es muss also sichergestellt sein, dass die Daten auch unter Zusammenführung mit anderen Daten anonym sind – also nach § 3 Abs. 6 BDSG die Einzelangaben über persönliche oder sachliche Verhältnisse nicht mehr oder nur mit einem unverhältnismäßig großen Aufwand an Zeit, Kosten und Arbeitskraft einer bestimmten oder bestimmbaren natürlichen Person zugeordnet werden können. Nur dann ist eine Erhebung, Verarbeitung oder Nutzung dieser Daten (etwa zu Marktforschungszwecken) auch ohne datenschutzrechtliche Einwilligung oder gesetzliche Erlaubnis zulässig (hierzu auch Weichert 2014, § 3 BDSG Rn. 49; Plath 2013, § 3 BDSG Rn. 59).

Die werbliche Verwendung eines gigantischen und kaum versiegenden Datenstroms, der durch die Nutzung von Cloud-Diensten generiert wird, beschränkt sich folglich in der Regel auf nicht-personenbezogene Nutzungen, etwa durch anonyme oder pseudonyme Daten, wie etwa automatisierte Cookies, sowie auf Fälle, in denen der Betroffene in den Datenumgang zu Werbezwecken wirksam, das heißt formgerecht, freiwillig, informiert und jederzeit widerrufbar, eingewilligt hat. Cloud Computing bietet damit – zumindest aufgrund gesetzlicher Erlaubnis – im Vergleich zu bestehenden Onlinediensten rechtlich keine erweiterten Möglichkeiten zur Gewinnung personenbezogener Daten. Allenfalls nach der Einholung von gesetzlich wiederum streng reglementierten Einwilligungen jedes einzelnen Betroffenen oder durch die Nutzung vollständig anonymer Daten erweitert sich dieses Potenzial.

5 Nutzung von Cloud-Diensten durch die Dialogmarketingbranche

Die Cloud könnte für Unternehmen der Dialogmarketingbranche selbst ein attraktives Modell sein, informationstechnische Ressourcen zur Durchführung eigener Datenverarbeitungsprozesse auszulagern. Vorstellbar wäre, dass werbende Unternehmen oder Dialogmarketingagenturen ihre eigenen IT-Prozesse in die Cloud verlagern und als Cloud-Nutzer Daten vollständig oder zumindest zu Redundanzzwecken in der Cloud speichern oder mithilfe von cloud-basierten Softwareanwendungen analysieren und verwalten.

Allerdings kommt es auch im Rahmen einer solchen Cloud-Nutzung zu Datenverarbeitungsprozessen. So könnte die Nutzung einer Cloud durch ein werbendes Unternehmen oder eine Dialogmarketingagentur beispielsweise dazu führen, dass personenbezogene Daten betroffener Dritter, etwa die der Zielkunden, an einen Cloud-Dienst übertragen und auf öffentlichen Cloud-Servern gespeichert oder verarbeitet werden. Fraglich ist deshalb, ob werbende Unternehmen oder Dialogmarketingagenturen als Cloud-Nutzer solche rechtmäßig erhobenen Werbedaten zu Speicher- oder Verarbeitungszwecken an einen Cloud-Anbieter übertragen dürfen und inwiefern folglich eine Cloud-Nutzung für die Dialogmarketingbranche zulässig ist.

5.1 Keine zulässige Datenübermittlung in die Cloud

Um als Cloud-Nutzer Daten an einen Cloud-Dienst übermitteln und dem Cloud-Anbieter Verfügungsgewalt über die Daten einräumen zu dürfen, müsste wiederum eine gesetzliche Erlaubnis oder eine Einwilligung des betroffenen Dritten vorliegen. Eine Zulässigkeit könnte sich hier – neben der Einwilligung – im Einzelfall auch aus § 28 Abs. 1 BDSG ergeben, da die Übermittlung zu eigenen Geschäftszwecken – also zur Durchführung der eigenen Geschäftstätigkeit und Verwaltung – erfolgen würde. Eine Datenübermittlung an einen Cloud-Anbieter, etwa nach § 28 Abs. 1 Satz 1 Nr. 2 BDSG wird jedoch regelmäßig an den überwiegenden entgegenstehenden Interessen der Betroffenen scheitern (so zum

Beispiel Heidrich/Wegener 2010, S. 806; Niemann/Paul 2009, S. 449; wohl auch Weichert 2010, S. 683). Eine Einwilligungslösung ist zwar grundsätzlich denkbar, die Einholung von Einwilligungen vieler Betroffener bei großen Datenbeständen jedoch nur schwer realisierbar (hierzu ausführlich Kroschwald/Wicker 2013, S. 12 f.).

5.2 Cloud Computing als Auftragsdatenverarbeitung

Eine Datenweitergabe und Datenverarbeitung beim Cloud Computing erfolgt regelmäßig als Auftragsdatenverarbeitung im Sinne des § 11 BDSG (statt vieler: Plath 2013, § 11 BDSG Rn. 49). Bei einer Auftragsdatenverarbeitung überlässt ein Auftraggeber einem (externen) Auftragnehmer die Durchführung von Datenverarbeitungsprozessen. Anders als bei einer Datenübermittlung erhält der Auftraggeber keine eigene Verfügungsbefugnis über die von ihm verarbeiteten Daten und unterliegt der gesetzlich angeordneten Weisung und Kontrolle durch den Auftraggeber (Wedde 2014, § 11 BDSG Rn. 5).

Nach § 3 Abs. 8 Satz 3 BDSG ist der Auftragnehmer einer Auftragsdatenverarbeitung kein Dritter im Sinne des Datenschutzrechts. Vereinzelt wird er vielmehr sogar der auftraggebenden Stelle datenschutzrechtlich zugerechnet (Weichert 2014, § 3 BDSG Rn. 61). Dementsprechend können Daten ohne Beschränkung zwischen Auftraggeber und Auftragnehmer zirkulieren und beim Auftragnehmer verarbeitet sowie gespeichert werden. Die Weitergabe von Daten innerhalb eines Auftragsverhältnisses führt nicht zu einer erlaubnispflichtigen Datenübermittlung.

Gleichzeitig ist der Auftraggeber nach § 11 Abs. 1 BDSG aber auch alleinige verantwortliche Stelle für den gesamten Datenumgang – gleich als würde er die Daten selbst verarbeiten (Müthlein 1992, S. 64; Simitis 2014, § 3 BDSG Rn. 246). Dabei unterliegt er den zusätzlichen Vorgaben des § 11 BDSG. Er trägt nach § 11 Abs. 2 BDSG zum Beispiel die Pflicht, seinen Auftragnehmer sorgfältig auszuwählen, ihn anzuweisen, ihn zu kontrollieren und die Vorgänge zu protokollieren. Insbesondere ist aber nur er allein gegenüber Aufsichtsbehörden und Betroffenen datenschutzrechtlich verantwortlich.

5.2.1 Auswahl und Kontrolle einer Dialogmarketing-Cloud

Als Cloud-Nutzer und Auftraggeber einer Auftragsdatenverarbeitung sind werbende Unternehmen oder Dialogmarketingagenturen nach § 11 Abs. 2 Satz 1 BDSG verpflichtet, ihren Auftragnehmer, also ihren Cloud-Anbieter, unter besonderer Berücksichtigung der Eignung der von ihm getroffenen technischen und organisatorischen Maßnahmen sorgfältig auszuwählen. Über die sorgfältige Auswahl hinaus hat sich der Auftraggeber nach § 11 Abs. 2 Satz 4 BDSG vor Beginn der Datenverarbeitung und sodann regelmäßig von der Einhaltung der beim Auftragnehmer getroffenen technischen und organisatorischen Maßnahmen zu überzeugen. Historisch betrachtet hatte der Gesetzgeber hier einen umfassenden Auswahlprozess und hieran anschließend regelmäßige, höchstpersönliche Vor-Ort-Kontrollen des Auftraggebers beim Auftragnehmer vor Augen. Für Auftragsverhältnisse beim Cloud Computing ist diese Vorstellung überholt und praktisch nicht erfüllbar (hierzu etwa Trusted Cloud AG Rechtsrahmen 2012, S. 6 f.; Selzer 2013, S. 216; Plath 2013, § 11 BDSG Rn. 55). Das Modell standardisierter IT-Leistungen aus dem Internet richtet sich an eine Vielzahl von Nutzern. Diese können die Dienste flexibel nach ihrem Bedarf hinzubuchen oder abbestellen. Einem Cloud-Anbieter stehen so häufig zahlreiche „kleine" und regelmäßig wechselnde Cloud-Nutzer gegenüber (Trusted Cloud AG Rechtsrahmen 2012, S. 6). Nicht nur die Anbieter-Nutzer-Konstellation kann sich schnell ändern. Auch die gespeicherten und verarbeiteten Daten sind nicht an einzelne Server gebunden, sondern können im Ganzen oder in Einzelteilen über verschiedene Server des Cloud-Anbieters und Unterauftragnehmer verteilt und in kürzester Zeit beinahe weltweit verschoben werden. Vor diesem Hintergrund sind individuelle Auswahlprozesse und Vor-Ort-Kontrollen beim Cloud Computing nicht nur für beide Seiten ineffektiv, sondern auch praktisch schlicht unmöglich (Stichwort des „Prüftourismus", Eckhardt/Kramer 2014, S. 150).

Auswahl und Kontrollvorgänge müssen nicht zwingend durch jeden einzelnen Auftragnehmer vor Ort erfolgen. Mittlerweile besteht Einigkeit darüber, dass die Kontrolle auch durch externe Expertise in Form einer Zertifizierung erfolgen kann. Der auftraggebende Cloud-Nutzer soll sich dann vom beauftragten Cloud-Anbieter ein Zertifikat einer unabhängigen Stelle vorlegen lassen und so seiner Pflicht zur gewissenhaften Auswahl und Kontrolle nachkommen können (Selzer 2013, S. 217; Opfermann 2012, S. 135 f.). Allerdings besteht derzeit in einem geradezu wuchernden Zertifizierungsmarkt noch der Bedarf nach einem gesetzlich geregelten Testat, auf dessen Qualität als Kontrollsurrogat sich der Cloud-Nutzer auch rechtssicher verlassen darf (hierzu beispielsweise Trusted Cloud AG Rechtsrahmen 2012, S. 13).

5.2.2 Weisungen und schriftlicher Auftrag

Als verantwortliche Stelle ist der auftraggebende Cloud-Nutzer darüber hinaus auch verpflichtet, die Einhaltung datenschutzrechtlicher Vorgaben beim Cloud-Anbieter durch entsprechende Weisungen sicherzustellen. § 11 Abs. 2 Satz 2 BDSG gibt überdies datenschutzrechtliche Vertragspflichten vor, die der Auftraggeber mit dem Auftragnehmer in einem schriftlichen Auftragsdatenverarbeitungsvertrag zu vereinbaren hat.

Für das Cloud Computing von besonderer Relevanz sind neben Vereinbarungen zum Vertragsgegenstand insbesondere Regelungen zur Weisung und der Kontrollpraxis, dem Vertragsende inklusive der Datenrückgabe bei Vertragsende sowie die Berechtigung zur Begründung von Unterauftragsverhältnissen. Sehr häufig bedient sich der Cloud-Anbieter zur Erfüllung seiner Vertragspflichten weiterer Serverbetreiber, die er selbst bei Bedarf kurzfristig unterbeauftragt (Eckhardt 2013, S. 587; Opfermann 2012, S. 136). Im Rahmen des Auftrags nach § 11 Abs. 2 Satz 2 BDSG müssen potenzielle Unterauftragnehmer zwar noch nicht festgelegt sein. Es muss aber zum einen eine grundsätzliche Berechtigung zur Unterbeauftragung geregelt werden. Zum anderen muss vertraglich sichergestellt sein, dass der Auftragnehmer dieselben Pflichten, die ihn selbst aus dem Auftragsverhältnis treffen, an den Unterauftragnehmer weitergibt und der Auftraggeber auch in diesem Verhältnis eine uneingeschränkte Weisungs- und Kontrollmacht behält (statt vieler Plath 2013, § 11 BDSG Rn. 106).

Auch diese Auftrags- sowie Weisungserteilung ist in individualisierter Form durch jeden einzelnen Cloud-Nutzer praktisch nicht vorstellbar (in diese Richtung Gaul/Köhler 2011, S. 2232). In der Realität wird vielmehr der Cloud-Anbieter dem Cloud-Nutzer einen standardisierten Auftragsdatenverarbeitungsvertrag vorlegen, den er gegenüber allen Cloud-Nutzern verwendet. Auch wird weder der Cloud-Anbieter in der Lage sein, individuelle Weisungen über technische und organisatorische Maßnahmen von jedem Cloud-Nutzer in Empfang zu nehmen noch der Cloud-Nutzer imstande sein, diese präzise zu formulieren. Um dennoch seiner gesetzlich geforderten Weisungsmacht als verantwortliche Stelle nachkommen zu können, muss dem Cloud-Nutzer als Auftraggeber zumindest in standardisierter Form eine Bestimmungsmöglichkeit über die Mittel und Zwecke der Datenverarbeitung beim Cloud-Anbieter verbleiben. Dies könnte beispielsweise über standardisierte Optionsmöglichkeiten erfolgen, die der Cloud-Anbieter dem Cloud-Nutzer bei Vertragsabschluss und fortlaufend eröffnet. Durch die Wahl einer Verarbeitungsoption (beispielsweise verschiedene technisch-organisatorische Sicherheitslevels) kann der Cloud-Nutzer, wenn auch auf standardisierter Basis, eine tatsächliche Entscheidungsmacht ausüben (hierzu Weichert 2010, S. 685; Niemann/Hennrich 2010, S. 692).

5.3 Internationales Cloud Computing

Cloud Computing macht an nationalen Grenzen nicht halt. Eine Datenübertragung in andere Länder oder Speicherung und Verarbeitung von Daten auf Cloud-Servern im Ausland ist technisch sogar wahrscheinlich. Insbesondere die derzeit großen und bedeutenden Cloud-Anbieter, wie etwa Amazon, befinden sich in Drittländern und speichern Daten auf Cloud-Servern weltweit.

Die Auftragsdatenverarbeitung erlaubt eine Weitergabe personenbezogener Daten im Rahmen des Cloud Computings innerhalb der Europäischen Union und des Europäischen Wirtschaftsraums. Sollen Daten an Auftragnehmer darüber hinaus, in Drittländer, übertragen werden, gelten diese Auftragnehmer nach § 3 Abs. 8 BDSG wieder als Dritte. Eine Auftragsdatenverarbeitung nach § 11 BDSG ist im Drittland nicht möglich. Die Datenweitergabe an Auftragnehmer in Drittländern ist vielmehr eine erlaubnispflichtige Datenübermittlung, die aufgrund des Auslandsbezugs überdies noch den Voraussetzungen der §§ 4b und 4c BDSG unterliegt (statt vieler Plath 2013, § 4b BDSG, Rn. 16).

Um Daten ohne Einwilligung des Betroffenen in einer Cloud speichern und verarbeiten zu können, müssen Cloud-Nutzer folglich sicherstellen, dass die Daten ausschließlich von europäischen Anbietern innerhalb der Europäischen Union oder des europäischen Wirtschaftsraums verarbeitet werden und nicht an Server in Drittstaaten übertragen werden (vgl. auch Weichert 2010, S. 686).

5.4 Cloud-Dienste zur Kommunikation und Kooperation

Für eine informationsbasierte Branche wie das Dialogmarketing kann die Nutzung einer Cloud auch zum brancheninternen Austausch mit anderen Mitgliedern oder zur Kommunikation mit Kunden und Unternehmen interessant sein. Durch den ortsungebundenen Zugriff können mehrere Nutzer zum selben Zeitpunkt auf Dokumente oder Anwendungen in der Cloud zugreifen. Cloud-Dienste können somit eine kooperative und interaktive Zusammenarbeit ermöglichen (hierzu Bedner 2013, S. 36). Werden dabei personenbezogene Daten – etwa aus dem Datenbestand eines Unternehmens – übermittelt, bedarf es auch für diese Übermittlung wieder einer gesetzlichen Erlaubnis oder einer Einwilligung. Für die

Übermittlung personenbezogener Daten betroffener Dritter zu Werbezwecken, etwa von Kundendaten, gilt dabei das zuvor Ausgeführte – sie ist nur aufgrund einer Einwilligung oder sehr begrenzt aufgrund des Listenprivilegs zulässig.

Eine Besonderheit ergibt sich jedoch aus dem Umstand, dass im Rahmen einer solchen Cloud-Nutzung gegebenenfalls auch personenbezogene Daten der Mitarbeiter des Cloud-nutzenden Unternehmens erhoben, gespeichert und übermittelt werden. Diese könnten nicht zuletzt als Grundlage für die Überwachung und Bewertung der Mitarbeiter missbraucht werden. Mangels einer gesetzlichen Grundlage wird für die Einführung solcher Cloud-Nutzungen deshalb regelmäßig auch eine Betriebsvereinbarung erforderlich sein (hierzu Wytbul 2014, S. 225 ff.).

5.5 Technische Lösungsansätze

Angesichts rechtlicher und technischer Risiken schrecken viele Unternehmen, auch in der Dialogmarketingbranche, vor der Nutzung einer Cloud noch zurück. Zu unwägbar erscheint ihnen häufig die Sicherheit ihrer Daten, zu groß das Risiko eines unbefugten Zugriffs auf sensible Daten – seien es eigene vertrauliche Dokumente des Unternehmens oder datenschutzrechtlich geschützte Informationen über betroffene Dritte (siehe hierzu KPMG/BITKOM 2013, S. 23 f.). Aktuelle Berichte über Zugriffe auf Cloud-Datenbestände durch ausländische Geheimdienste verstärken diese Bedenken zu Recht. Gerade hier stößt das geltende nationale Recht jedoch an seine nationalen Grenzen. Bei Unternehmen der Dialogmarketingbranche könnten im Falle einer Cloud-Nutzung wertvolle, geradezu unternehmenskritische Datenbestände sowie häufig sensible personenbezogene Daten über Zielkunden über das Internet an Cloud-Server übertragen werden. Ein unbefugter Zugriff auf diese Datenbestände beschädigt nicht nur das Unternehmenskapital sowohl des Cloud-Nutzers als auch des Cloud-Anbieters. Ein „Datenskandal" kann auch einen erheblichen Imageschaden für beide Unternehmen bedeuten.

Durch technische Mittel lässt sich ein solcher unbefugter Zugriff möglicherweise verhindern. § 9 BDSG i. V. m. der Anlage zu § 9 BDSG schreibt technische und organisatorische Maßnahmen zur Datensicherheit vor. Neben ortsbezogenen Maßnahmen wie der Zutrittsschutz zu Cloud-Servern ist vor allem die Datenverschlüsselung als Sicherheitsmaßnahme von Bedeutung.

Werden Daten noch beim Cloud-Nutzer sicher verschlüsselt, anschließend verschlüsselt in die Cloud übertragen und dort unverändert verschlüsselt gespeichert, kann niemand außer dem Cloud-Nutzer den Inhalt der Daten zur Kenntnis nehmen (hierzu Kroschwald 2014, S. 75 ff.). Sollen Daten allerdings in der Cloud nicht nur gespeichert, sondern etwa bei der Nutzung von cloud-basierten Softwarediensten auch verarbeitet werden, ist dies technisch derzeit nur im unverschlüsselten Zustand möglich – der Cloud-Nutzer müsste deshalb dem Cloud-Anbieter den Schlüssel mitteilen, sodass dieser die Daten entschlüsseln und sodann unverschlüsselt verarbeiten kann.

Auch für die Weitergabe von Daten zwischen Nutzern einer Cloud-Nutzergruppe, beispielsweise zwischen Mitgliedern der Dialogmarketingbranche in einem brancheninternen Cloud-Dienst, müssten die Schlüssel mitgeteilt werden. Für die sichere Datenverarbeitung, einen geschützten Datenaustausch sowie die vertrauliche Kommunikation könnten zukünftig aber neuartige Cloud-Dienste zur Verfügung stehen, die eine Kenntnisnahme des Dateninhalts durch den Cloud-Anbieter oder durch unbefugte Dritte während einer unverschlüsselten Datenverarbeitung und des Kommunikationsvorgangs verhindern können (hierzu Jäger/Ernst 2014, S. 2 f.; Kroschwald 2013, S. 301 ff.).

6 Fazit

Dialogmarketing lebt von der Erhebung, Verarbeitung und Nutzung großer Datenmengen, auf deren Grundlage individuelle Kundenwünsche und Ansprachestrategien für den Dialog mit dem Kunden abgeleitet werden können. Gleichwohl schränkt ein ausdifferenziertes Datenschutzrecht die beliebige Verwendung dieser Daten als Grundlage für Dialogmarketingprozesse ein. Die digitale Durchforstung privater und gewerblicher Cloud-Speicher sowie die Auswertung des Nutzerverhaltens ist in der Regel nur mit Einwilligung des jeweils Betroffenen möglich. Eine solche Einwilligung ist angesichts der strengen gesetzlichen Anforderungen an ihre Wirksamkeit nur beschränkt praxistauglich. Nur soweit sichergestellt werden kann, dass die Datenerhebung, -verarbeitung oder -nutzung ohne personenbezogene Daten erfolgt, können diese anonymen Daten zu Werbe- oder Marktforschungszwecken uneingeschränkt genutzt werden.

Cloud Computing bietet für die Dialogmarketingbranche jedoch ein noch wesentlich aussichtsreicheres Potenzial als die bloße Nutzung der Cloud als Datenquelle. Werbende Unternehmen und Dialogmarketingagenturen könnten Cloud-

Dienste auch zur Bewältigung eigener informationstechnischer Herausforderungen nutzen. Cloud-basierte Datenbanken, Analyseinstrumente und Infrastrukturen sind nur einige der potenziellen Anwendungsgebiete. Da hierbei jedoch auch personenbezogene Daten verarbeitet werden, ist eine Cloud-Nutzung derzeit regelmäßig nur auf Grundlage einer Auftragsdatenverarbeitung unter den Voraussetzungen des § 11 BDSG zulässig. Bei Vereinbarung des Klauselkatalogs aus § 11 Abs. 2 BDSG sollte ein besonderes Augenmerk auf die vertraglichen Festlegungen zum Vertragsgegenstand, seiner Dauer, der Datenrückgabe und Regelungen zur Unterbeauftragung liegen. Bei der Buchung einer Cloud-Ressource und danach ist darüber hinaus regelmäßig auf das Vorliegen umfassender, auf die Auftragsdatenverarbeitung nach § 11 BDSG bezogener Zertifikate oder Testate von seriösen Kontrollstellen (etwa des BSI) zu achten und diese Vorgehensweise auch zu protokollieren. Überdies sollte der Cloud-Nutzer im Vorfeld sicherstellen, dass der Cloud-Anbieter seinen Sitz innerhalb der Europäischen Union oder des Europäischen Wirtschaftsraums hat und die Datenspeicherung sowie -verarbeitung ausschließlich in diesem Gebiet garantiert.

Gerade für die Dialogmarketingbranche gilt es – nicht nur zur Einhaltung datenschutzrechtlicher Anforderungen, sondern auch bereits aus eigenem Interesse am Schutz sensibler und wertvoller Datenbestände – technische und organisatorische Maßnahmen zur Datensicherheit zu ergreifen. Die Verschlüsselung von Daten sollte hierbei an erster Stelle stehen. Sollen Daten in der Cloud nicht nur gespeichert, sondern verarbeitet werden oder auch Kommunikations- und Interaktionsvorgänge über die Cloud erfolgen, können auch sogenannte „versiegelte" Clouds eine zukunftsweisende Option sein (vgl hierzu das BMWi-Forschungsprojekt „Sealed Cloud", www.sealedcloud.de).

Literatur

Bedner, M. (2013): Cloud Computing – Technik, Sicherheit und rechtliche Gestaltung. Kassel: Kassel University Press.
Böhm, M./Leimeister, S./Riedl, C./Krcmar, H. (2009): Cloud Computing: Outsourcing 2.0 oder ein neues Geschäftsmodell zur Bereitstellung von IT-Ressourcen? In: Information Management und Consulting 2/2009, S. 6-14.
Boos, C./Kroschwald, S./Wicker, M. (2013): Datenschutz bei Cloud Computing zwischen TKG, TMG und BDSG, Datenkategorien bei der Nutzung von Cloud-Diensten. In: Zeitschrift für Datenschutz (ZD), S. 205-209.
Brändli, D. (2008): Marketing Intelligence – Komplexität beherrschen. In: Schwarz, T. (Hrsg.): Leitfaden Dialogmarketing. Waghäusel: marketing-Börse Verlag, S. 354-360.

Drewes, S. (2010): Dialogmarketing nach dem neuen Listenprivileg. In: Computer und Recht (CR), S. 759-764.

Drewes, S. (2012): Werbliche Nutzung von Daten – die Implosion der BDSG-Novelle und Auswirkungen der EuGH-Rechtsprechung. In: Zeitschrift für Datenschutz (ZD), S. 115-119.

Eckhardt, J. (2013): Auftragsdatenverarbeitung – Gestaltungsmöglichkeiten und Fallstricke. In: Datenschutz und Datensicherheit (DUD), S. 585-591.

Eckhardt, J./Kramer, R. (2014): Auftragsdatenverarbeitung – Datenschutzrechtliches Gestaltungselement zwischen Recht und Technik. In: Datenschutz und Datensicherheit (DUD), S. 147-152.

Gaul, B./Köhler, L.-M. (2011): Mitarbeiterdaten in der Computer Cloud: Datenschutzrechtliche Grenzen des Outsourcing. In: Betriebs-Berater (BB), S. 2229.

Gola, P./Schomerus, R. (2012), BDSG – Bundesdatenschutzgesetz – Kommentar. 11. Auflage, München: Verlag C.H. Beck.

Hanloser, S. (2010): Dialogmarketing und Adresshandel nach den BDSG-Novellen. In: Datenschutz-Berater (DSB) 5/2010, S. 16.

Heidrich, J./Wegener, C. (2010): Sichere Datenwolken – Cloud Computing und Datenschutz, Multi-Media-Recht (MMR), S. 803-807.

Holland, H. (2008): Grundlagen des Dialogmarketings. In: Schwarz, T. (Hrsg.): Leitfaden Dialogmarketing. Waghäusel: marketing-Börse Verlag, S. 15-20.

Jäger, H./Ernst, E. K. (2014): Telekommunikation, bei der nicht nur Inhalte, sondern auch Metadaten geschützt sind. In: Schartner, P./Lipp, P. (Hrsg.): D-A-CH Security 2014. Klagenfurt: ssysec Verlag, S. 191.

Jandt, S./Roßnagel, A. (2011): Rechtskonformes Dialogmarketing – Gestaltungsanforderungen und neue Strategien für Unternehmen. In: Multi-Media-Recht (MMR), S. 86-91.

KPMG AG/BITKOM e.V. (2013): Cloud Monitor 2013 – Cloud-Computing in Deutschland – Status quo und Perspektiven. Düsseldorf: KPMG AG/BITKOM e.V.

Kroschwald, S. (2013): Verschlüsseltes Cloud Computing – Anwendung des Daten- und Geheimnisschutzrechts auf „betreibersichere" Clouds am Beispiel der „Sealed Cloud". In: Taeger, J. (Hrsg.): Law as a Service (LaaS) – Recht im Internet- und Cloud-Zeitalter. Edewecht: OWiR, S. 289-308.

Kroschwald, S. (2014): Verschlüsseltes Cloud Computing – Auswirkungen der Kryptografie auf den Personenbezug in der Cloud. In: Zeitschrift für Datenschutz (ZD), S. 75-80.

Kroschwald, S./Wicker, M. (2013): Einwilligung des Betroffenen in den Umgang mit seinen Daten als Lösung für das Cloud Computing. In: Datenschutzberater (DSB) Newsletter zum 15. Euroforum Datenschutzkongress 2014 (DSB Newsletter 2013), S. 12-13.

Link, J./Gary, A. (2008): Grundlagen und rechtliche Aspekte von Kundendatenbanken. In: Schwarz, T. (Hrsg.): Leitfaden Dialogmarketing. Waghäusel: marketing-Börse Verlag, S. 307-320.

Müthlein, T. (1992): Probleme der Auftragsdatenverarbeitung für Auftraggeber und Auftragnehmer. In: Recht der Datenverarbeitung (RDV), S. 63-74.

Niemann, F./Hennrich, T. (2010): Kontrolle in den Wolken? – Auftragsdatenverarbeitung in Zeiten des Cloud Computings. In: Computer und Recht (CR), S. 686-692.

Niemann, F./Paul, J.-A. (2009): Bewölkt oder wolkenlos - rechtliche Herausforderungen des Cloud Computings. In: Kommunikation und Recht (K&R), S. 444-452.

Opfermann, E. (2012): Datenschutzkonforme Vertragsgestaltung im "Cloud Computing". In: Zeitschrift für Europarechtliche Studien (ZEuS), S. 121-160.

Patzak, A/Beyerlein, T. (2009): Adressdatenhandel unter dem neuen BDSG. In: Multi-Media-Recht (MMR), S. 525-531.

Plath, K.-U. (2013): BDSG – Kommentar zum BDSG sowie den Datenschutzbestimmungen von TMG und TKG. 1. Auflage, Köln: Verlag Dr. Otto Schmidt.

Roßnagel, A. (2013): Beck'scher Kommentar zum Recht der Telemediendienste – Telemediengesetz, Jugendmedienschutz-Staatsvertrag (Auszug), Signaturgesetz, Signaturverordnung, Vorschriften zum elektronischen Rechts- und Geschäftsverkehr. München: Verlag C.H. Beck.

Roßnagel, A./Scholz, P. (2000): Datenschutz durch Anonymität und Pseudonymität – Rechtsfolgen der Verwendung anonymer und pseudonymer Daten. In: Multi-Media-Recht (MMR), S. 721-731

Selzer, A. (2013): Die Kontrollpflicht nach § 11 Abs. 2 Satz 4 BDSG im Zeitalter des Cloud Computing – Alternativen zur Vor-Ort-Kontrolle des Auftragnehmers durch den Auftraggeber. In: Datenschutz und Datensicherheit (DuD), S. 215-219.

Simitis, S. (2014): Bundesdatenschutzgesetz. 8. Auflage, Baden-Baden: Nomos Verlag.

Spindler, G./Schuster, F. (2011): Recht der elektronischen Median – Kommentar. 2. Auflage, München: Verlag C.H. Beck.

Trusted Cloud, Arbeitsgemeinschaft Rechtsrahmen des Kompetenzzentrums Trusted Cloud im Technologieprogramm Trusted Cloud des Bundesministeriums für Wirtschaft und Energie (2012): Datenschutzrechtliche Lösungen für Cloud Computing – Ein rechtspolitisches Thesenpapier der AG Rechtsrahmen des Cloud Computing. Berlin: BMWi.

Wedde, P. in: Däubler, W./Klebe, T./Wedde, P./Weichert, T. (2014): Bundesdatenschutzgesetz – Kompaktkommentar zum BDSG. 4. Auflage, Frankfurt a. M.: BUND-Verlag.

Weichert, T. (2010):Cloud Computing und Datenschutz. In: Datenschutz und Datensicherheit (DuD), S. 679-687.

Weichert, T. in: Däubler, W./Klebe, T./Wedde, P./Weichert, T. (2014): Bundesdatenschutzgesetz – Kompaktkommentar zum BDSG. 4. Auflage, Frankfurt a. M.: BUND-Verlag.

Weiss, A. (2014): Einführung, Begrifflichkeiten und Marktentwicklung. In: Hilber, M. (Hrsg.), Handbuch Cloud Computing, 1. Auflage, Köln: Verlag Dr. Otto Schmidt, S. 1-29.

Wicker, M. (2012): Vertragstypologische Einordnung von Cloud Computing-Verträgen – Rechtliche Lösungen bei auftretenden Mängeln. In: Multi-Media-Recht (MMR), S. 783-788.

Wilsberg, K. (2008): Dialogmarketing im Zeitalter der Informationsgesellschaft. In: Schwarz, T. (Hrsg.): Leitfaden Dialogmarketing. Waghäusel: marketing-Börse Verlag, S. 21-26.

Wytbul, T. (2014): Neue Spielregeln bei Betriebsvereinbarungen und Datenschutz. In: Neue Zeitschrift für Arbeitsrecht (NZA), S. 225-232.

Der Autor

Steffen Kroschwald, LL.M. studierte Wirtschaftsrecht an der Hochschule Pforzheim (LL.B.) und europäisches und internationales Wirtschaftsrechts an der Universität Kassel (LL.M.). Seit 2012 wissenschaftlicher Mitarbeiter an der Universität Kassel in der Projektgruppe für verfassungsverträgliche Technikgestaltung von Prof. Dr. A. Roßnagel. Laufendes Promotionsprojekt zur "informationellen Selbstbestimmung in der Cloud". Aktuelle Forschungsgebiete umfassen das Daten- und Geheimnisschutzrecht mit Bezug zu Internetanwendungen, insbesondere Cloud Computing. Steffen Kroschwald ist Autor mehrerer datenschutzrechtlicher Beiträge in Fachzeitschriften und Tagungsbänden sowie zweier Monographien zu Themen aus dem Bereich des öffentlichen Rechts.

Kontakt

Steffen Kroschwald, LL.M.
Universität Kassel
Fachbereich Wirtschaftswissenschaften
Pfannkuchstraße 1
34109 Kassel
steffen.kroschwald@gmx.de

Mobile Marketing im Kaufentscheidungsprozess

Heinrich Holland / Beate Koch

Inhalt

1	Kaufentscheidungen von Konsumenten	72
1.1	Käuferverhalten	72
1.2	Ablauf von Kaufentscheidungsprozessen	73
2	Bedürfnisrelevantes Mobile Marketing entlang des Kaufentscheidungsprozesses	75
2.1	Vorüberlegungen	75
2.2	Phase 1: Bedarfserkennung	79
2.3	Phase 2: Informationssuche	87
2.4	Phase 3: Alternativenbewertung	89
2.5	Phase 4: Kauf	91
2.6	Phase 5: Nachkaufphase	94
3	Fazit	96

Literatur ... 97
Die Autoren ... 101
Kontakt ... 102

Management Summary

Die Mobile-Marketing-Maßnahmen sollten an den Konsumentenbedürfnissen entlang des Kaufentscheidungsprozesses orientiert werden. Interessant für Werbetreibende ist daher die Frage, welche Relevanz mobile Endgeräte im Kaufentscheidungsprozess haben und wozu sie eingesetzt werden. Dieser Beitrag zielt daher darauf ab zu untersuchen, ob es für Konsumgüterhersteller sinnvoll ist, ihre Mobile-Marketing-Aktivitäten an den Konsumentenbedürfnissen entlang des Kaufentscheidungsprozesses auszurichten. Zudem sollen Empfehlungen abgegeben werden, welche Mobile-Marketing-Instrumente in den einzelnen Phasen geeignet sind, um die jeweiligen Konsumentenbedürfnisse zu befriedigen bzw. relevante Botschaften zu senden.

1 Kaufentscheidungen von Konsumenten

1.1 Käuferverhalten

Kaufprozesse umfassen sämtliche Vorgänge von der Erkennung eines Bedarfs über die Kaufentscheidung bis hin zur Nachkaufbewertung. Eine Kaufentscheidung, als Teil des Kaufprozesses, ist die Auswahl eines von mehreren Angeboten von (vergleichbaren) Gütern, Dienstleistungen, Rechten oder Vermögenswerten zum freiwilligen Austausch gegen Geld.

So komplex wie das Konsumentenverhalten, so vielfältig sind auch die Faktoren, die es beeinflussen. Auch wenn das Marketing auf die meisten Determinanten nicht einwirken kann, bedarf es doch der Kenntnisse der Einflussfaktoren und ihrer Wirkungszusammenhänge, um Konsumentenverhalten erklären und prognostizieren zu können. Abbildung 1 gibt hierzu einen Überblick, wobei die Determinanten den Bestandteilen des SOR-Modells (Stimulus-Organismus-Response) zugeordnet werden, sodass ihre Beziehungen untereinander erkennbar sind (Holland/Koch 2014, S. 460 ff.).

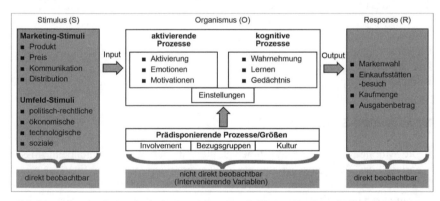

Abbildung 1: Neobehavioristisches SOR-Modell, *Quelle:* Foscht/Swoboda 2007, S. 30

1.2 Ablauf von Kaufentscheidungsprozessen

Den Mittelpunkt des Modells zur Erklärung der Kaufentscheidungsprozesse von Konsumenten von Blackwell, Miniard, Engel bildet ein fünfstufiger, in der Regel sequentiell ablaufender, extensiver Kaufentscheidungsprozess. Daneben laufen Informationsverarbeitungs- und Bewertungsprozesse ab. Wie in Abbildung 2 dargestellt, ist der Ausgangspunkt des Entscheidungsprozesses ein wahrgenommenes Bedürfnis bzw. ein Mangelempfinden, also eine Abweichung von Ideal- und Ist-Zustand. Ein Bedarf ist ein konkretisiertes, mit Kaufkraft ausgestattetes Bedürfnis, welches im Rahmen eines Kaufentscheidungsprozesses vorausgesetzt werden kann. Mangelt es an Kaufkraft, wird der Entscheidungsprozess erst gar nicht ausgelöst. Dies kann durch aktivierende Motive und unterschiedliche Stimuli ausgelöst werden.

Hat ein Konsument keine unmittelbare Problemlösung parat, beginnt die Informationssuche. Zunächst werden interne Informationen aus dem Gedächtnis abgerufen und, falls nötig, wird die Suche extern ausgeweitet. Im Rahmen der Informationsverarbeitung werden als relevant erachtete Informationen aufgenommen und fortlaufend selektiert, sodass es gegebenenfalls zu Informationsverzerrungen kommt. Zudem werden sie mit den eigenen Überzeugungen, Einstellungen und Verhaltensabsichten abgeglichen, was die Grundlage für den darauffolgenden Bewertungsprozess von Produktalternativen bildet. Beeinflusst wird dieser Prozess durch die individuellen Merkmale des Konsumenten sowie externe Umwelteinflüsse.

Nachdem eine Entscheidung getroffen und das ausgewählte Produkt gekauft wurde, beginnt die Nachkaufbewertung. Die Ge- bzw. Verbrauchserfahrungen und der Abgleich mit den zuvor gestellten Erwartungen an das Produkt bestimmen über Zufriedenheit oder Unzufriedenheit mit dem Kauf. Diese Information wird wiederum im Gedächtnis gespeichert und dient als Grundlage für künftige Kaufentscheidungen. Zufriedenheit (Konsonanz) kann zu Loyalität führen. Bei Unzufriedenheit (Dissonanz) hingegen versuchen Konsumenten die Kaufentscheidung durch eine weitere externe Suche zu rechtfertigen.

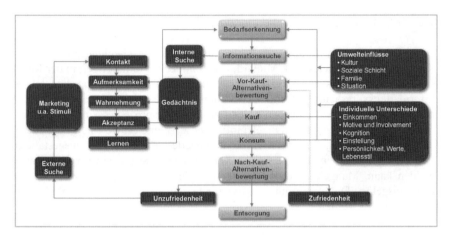

Abbildung 2: Strukturmodell des Konsumentenverhaltens nach Blackwell, Miniard, Engel, *Quelle:* Eigene Darstellung in Anlehnung an Blackwell et al. 2001, S. 83

In der Literatur hat sich die Ansicht etabliert, dass Kaufentscheidungsprozesse aus den fünf beschriebenen Phasen Bedarfserkennung, Informationssuche, Alternativenbewertung, Kauf und Nachkaufphase bestehen (Hawkins/Mothersbaugh 2010, S. 467). Konsum und Entsorgung werden nicht weiter berücksichtigt.

Je nach Produktkategorie und Involvement sowie der damit verbundenen Art der Kaufentscheidung lassen sich unterschiedliche Abläufe identifizieren. So durchlaufen Konsumenten den dargestellten Prozess gewöhnlich nur bei extensiven Entscheidungen mit hohem Involvement wie bei Speciality Goods komplett. Bei habitualisierten Kaufentscheidungen ist der Prozess weniger komplex und Phasen werden verkürzt oder übersprungen, z. B. die Alternativenbewertung. Die Ablaufschemen der unterschiedlichen Prozesse können Abbildung 3 entnommen werden. Da Impulskäufe unmittelbar reizgesteuert ablaufen, folgen sie keinem derartig kognitiv gesteuerten Entscheidungsprozess.

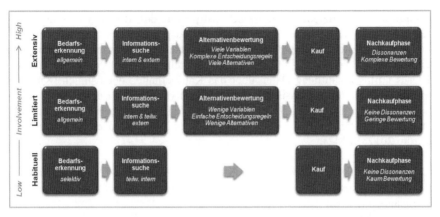

Abbildung 3: Kaufentscheidungsprozesse nach -typen, *Quelle:* Eigene Darstellung in Anlehnung an Hawkins/Mothersbaugh 2010, S. 497; Solomon et al. 2001, S. 249-253

Grundsätzlich ist zu unterscheiden, ob Güter über das (mobile) Internet bestellt oder im stationären Handel erworben werden, wobei Letzteres im Konsumgüterumfeld den größten Anteil ausmacht. Der Kaufprozess im mobilen Internet gleicht grundlegend demjenigen im stationären Handel. Die Unterschiede liegen darin, dass Konsumenten sich mit mobilen Endgeräten und dem mobilen Internet auskennen müssen, um eine Produktauswahl treffen und eine Qualitätsbeurteilung vornehmen zu können (Wiedmann/Frenzel 2004, S. 102).

2 Bedürfnisrelevantes Mobile Marketing entlang des Kaufentscheidungsprozesses

2.1 Vorüberlegungen

Bei der Konzeption der Mobile-Marketing-Maßnahmen ist zunächst festzulegen, welchen Mehrwert sie bieten sollen. Der Mehrwert kann aus Informationen, Funktionalitäten, Unterhaltung oder einem geldwerten Vorteil bestehen. Je nach der erwarteten Zahlungsbereitschaft der Zielgruppe können die Mehrwerte kostenpflichtig oder frei angeboten und eventuell durch Werbung finanziert werden. Gesteigert werden können diese Mehrwerte und somit auch Involvement und Werbewirkung durch Personalisierung, Interaktion und Individualisierung (Holland/Koch 2014, S. 432 ff.).

Zum möglichst effizienten Einsatz der Instrumente des Mobile Marketings sollten möglichst viele Kundendaten gewonnen, ausgewertet und angewendet werden. Um die Daten erfolgreich einsetzen zu können, bedarf es ihrer Integration in eine zentrale Datenbank, z. B. ein Data Warehouse bzw. Preference Center. Dieses umfasst sämtliche Daten über das Kaufverhalten der Kunden (Kundenprofile) und bildet die Basis für die Datenanalyse, die zu Beginn jeder Kampagnenplanung stattfinden sollte – gerade bei Push-Kampagnen. Sie ermöglicht zudem, Cross-Selling-Potenziale zu ermitteln und Angebote zu personalisieren (Krum 2012, S. 142).

Ebenso ist zu entscheiden, ob es sich um losgelöste (stand-alone) Maßnahmen handeln soll oder ob eine crossmediale Einbindung gewünscht ist. Crossmedia-Kampagnen weisen eine höhere Effektivität und Werbewirksamkeit auf und vermögen das Involvement zu steigern (Wurster 2010, S. 15 f.). 27 Prozent der Unternehmen lehnen mobile Kampagnen eng an andere Werbemaßnahmen an, weitere 35 Prozent zumindest teilweise (o. V. 2011, S. 30).

Das höhere Involvement ergibt sich unter anderem aus der häufigen Parallelnutzung mobiler Endgeräte zu anderen Medien. 43 Prozent der Konsumenten sehen parallel fern, 25 Prozent nutzen das stationäre Internet und 13 Prozent lesen Zeitungen/Zeitschriften. So hat bereits ca. jeder Sechste (59 Prozent) als Reaktion auf TV-Spots oder Anzeigen eine mobile Suche durchgeführt (Täubrich 2006, S. 32-38; Google/Ipsos OTX Media CT 2012, S. 20, 35).

Bei der Konzeption ist auch auf die technische und rechtliche Umsetzbarkeit der Maßnahmen zu achten. M-Commerce-Dienste können zudem nur für bestimmte Produktkategorien angeboten werden. Konsumenten möchten die Qualität einiger Produkte zunächst physisch beurteilen, bevor sie eine Kaufentscheidung treffen. Auch Lebensmittel, die gekühlt werden müssen, oder jene mit kurzem Mindesthaltbarkeitsdatum sind ungeeignet, da sie beim Versand verderben könnten. Wichtig ist zudem, dass die Produkte transportiert werden können. Dabei sind Größe, Gewicht und Beschaffenheit entscheidend. Über E- bzw. M-Commerce werden primär Produkte vertrieben, die nur wenig erklärungsbedürftig sind und einen hohen Standardisierungsgrad aufweisen (Bauer/Sauer 2004, S. 39; Billen 2004, S. 340).

Zudem sollten die Bedürfnisstruktur der Zielpersonen und ihr Nutzungsverhalten mobiler Endgeräte im Entscheidungsprozess bei der Konzeption berücksichtigt werden. Dabei sind die Produktkategorie und damit einhergehend das Involvement sowie der Typ der Kaufentscheidung entscheidend. Die Konsumgüterkategorien lassen sich den Kaufentscheidungstypen zuordnen. Nicht alle Prozessphasen werden bei allen Kategorien gleich intensiv durchlaufen. Je höher das Involvement, desto größer die Bereitschaft von Konsumenten, sich mit Werbebotschaften auseinanderzusetzen. Dennoch eignet sich M-Marketing grundsätzlich auch für Low-Involvement-Produkte – Instrumente und Inhalte unterscheiden sich jedoch (Wurster 2010, S. 86 f.).

Auch die Erkenntnis, dass in den einzelnen Kaufentscheidungstypen unterschiedliche psychische Prozesse dominieren, sollte bei der Konzeption beachtet werden. Tabelle 1 gibt hierzu einen Überblick – so sollte der Fokus bei dominierenden kognitiven Prozessen auf der Informationsvermittlung liegen. Bei dominierenden affektiven Prozessen empfiehlt sich hingegen der Einsatz emotionaler Stimuli. Daneben sind auch Kombinationen mit Elementen aus beiden Extremen möglich (Kroeber-Riel et al. 2009, S. 637). Dies hat Auswirkungen auf die Auswahl der Instrumente, die Gestaltung der Botschaften und die zu vermittelnden Inhalte.

Marketingstrategie	Strategischer Fokus/Ziel	Maßnahmen
Kognitiv	Beeinflussung von Wahrnehmung, Wissen/ Informationsverbesserung	Informationen über die objektiven Produktvorteile und Eigenschaften
Aktivierend	Beeinflussung von Emotionen, Werten, Einstellungen/Imageaufbau	Emotionalisierende Stimuli zur Aktivierung/ klass. Konditionierung
Verhaltensorientiert	Beeinflussung des Verhaltens/Steigerung der Kaufabsicht	Promotionaktivitäten oder Rabatte

Tabelle 1: Marketingstrategien nach Fokus, *Quelle:* Eigene Darstellung in Anlehnung an Peter/Olson 1999, S. 226; Bauer/Grether 2004, S. 238 f.

In der Durchführungsphase empfiehlt sich eine kontinuierliche Konversionsoptimierung – insbesondere bei Maßnahmen im mobilen Internet. Es genügt nicht, dass Konsumenten die mobile Website eines Unternehmens aufrufen, sie sollen je nach Zielsetzung eine hohe Verweildauer aufweisen oder sofern möglich einen Einkauf tätigen. Aus diesem Grund sollten direkte Response-Möglichkeiten integriert und kontinuierlich optimiert werden.

Nach Ablauf der Kampagne sollte eine abschließende Erfolgsmessung der Aktivitäten erfolgen, indem die Response bezogen auf zuvor definierte Ziele ermittelt wird. Die Erkenntnisse finden wiederum Einsatz bei der Konzeption zukünftiger Maßnahmen oder im Rahmen des mobilen Kundenbeziehungsmanagements (mCRM) (mobile Customer Relationship Management). Es ist zu unterscheiden, ob der Erfolg von M-Marketing-Kampagnen selbst gemessen wird oder ob M-Marketing-Instrumente eingesetzt werden, um den Erfolg von Offlinekampagnen zu ermitteln. Durch mobile Befragungstools oder die Analyse des Nachfrageverhaltens können wertvolle Kundendaten gesammelt werden. Dazu bietet sich die Messung von Kennzahlen wie Teilnahme- oder Einlösequoten, Seitenaufrufen (Page Impressions) oder Transaktionsquoten im M-Commerce an. Auch die Kapitalrendite (Return on Investment, ROI) von M-Marketing-Kampagnen kann ermittelt werden. Dazu muss jeder Handlung von Konsumenten, z. B. einer Registrierung oder einem Download, ein monetärer Wert, das heißt den relativen Wert der Konversion, zugewiesen werden (Holland/Bammel 2006, S. 115 f.; Krum 2012, S. 65 ff.). Mithilfe des ROI oder des Tausenderkontaktpreises (TKP) lassen sich zudem verschiedene Dialogmarketinginstrumente vergleichen.

Durch die Orts- und Zeitbezogenheit können unmittelbar Rückschlüsse auf die Effizienz unterschiedlicher Werbeformen, -inhalte oder -orte gezogen werden. Nutzungsintensität und Attraktivität bestimmter Medien oder Angebote lassen sich unter anderem durch die Click-Through-Rate (CTR) oder die Verweildauer bestimmen. Durch die Interaktionsmöglichkeit mit dem Nutzer ist die Messung im Vergleich zu Offlinemedien deutlich einfacher. Laufende Kampagnen können permanent überwacht und an veränderte Rahmenbedingungen oder Nutzerinformationen angepasst werden (Täubrich 2006, S. 40).

Mit Hilfe von sogenannten „A/B-Tests" können durch direkten Vergleich die effektivsten Parameter ausgewählt werden. Dabei werden zwei Kampagnen mit unterschiedlichen Parametern parallel geschaltet und nach der Testphase diejenige mit der geringeren Konversion eingestellt (Dushinski 2009, S. 92 f.). Verglichen mit anderen Medien können Anpassungen schnell und mit geringerem Aufwand erfolgen. Etwa die Hälfte (54 Prozent) der M-Marketing betreibenden Unternehmen führt eine Überwachung (Monitoring) der Maßnahmen durch (Coremetrics 2011, S. 5).

Es muss differenziert werden, ob Hersteller ihre Produkte über einen eigenen Onlineshop, über Onlineshops von Drittanbietern oder über den stationären Handel vertreiben. Je nach Vertriebsweg bestehen unterschiedliche Möglichkeiten, den Produktkauf mittels M-Marketing zu forcieren bzw. andere Subzielsetzungen zu verfolgen. Einige der nachfolgenden Maßnahmen ähneln dem klassischen Online-Marketing, da mobile Endgeräte oftmals für den mobilen Internetzugriff genutzt werden.

2.2 Phase 1: Bedarfserkennung

Mobile-Marketing-Maßnahmen in dieser Phase sind relevant für Shopping Goods (extensive Kaufentscheidung) sowie für Speciality Goods oder Convenience Goods dringenden Bedarfs (limitierte Kaufentscheidungen) und in Teilen für Convenience Goods regelmäßigen Bedarfs (habitualisierte Kaufentscheidung). Um Konsumenten bereits am Point of Interest (POI) abzufangen, ihre Aufmerksamkeit zu erlangen und ins Relevant-Set aufgenommen zu werden, sollten die Maßnahmen aktivierend sein, also emotionalisierende Stimuli beinhalten. Die nachfolgenden Maßnahmen verfolgen demnach primär das Ziel, Kunden zu gewinnen oder ein bestimmtes Produkt- bzw. Markenimage aufzubauen.

- Optimierung der Internetpräsenz für mobile Endgeräte

Grundlage für sämtliche M-Marketing-Aktivitäten im mobilen Internet ist die Optimierung der eigenen Internetpräsenzen für mobile Endgeräte. Es ist möglich, Websites reaktionsfähig (responsive) anzulegen. Responsive (Web)Design ermöglicht die automatische Skalierung einer Website auf verschiedene Bildschirmgrößen. Durch Media Queries wird der Endgerätetyp erkannt und die Website reagiert dynamisch für eine optimale Darstellung.

71 Prozent der Konsumenten erwarten von mobilen Websites eine ähnlich hohe Nutzerfreundlichkeit wie von herkömmlichen Websites. Wichtig dabei ist, Dateien so kompakt bzw. klein wie möglich zu halten, damit sie vom mobilen Browser schnell dargestellt werden können. Dies ist insbesondere bei Konsumenten mit Datentarif nach Volumen vorteilhaft. Mehr als 80 Prozent der Konsumenten würden öfter mit ihrem Mobilgerät auf Websites zugreifen, wenn diese mobilfähig wären. 78 Prozent laden Websites höchstens zweimal und wandern andernfalls auf die Seiten der Konkurrenz ab (Compuware 2011, S. 4, 9). Unternehmen mit mobil optimierten Websites weisen eine um 43 Prozent höhere Konversion auf ihrer Website auf (Google/BVDW 2011, S. 24). Allerdings verfügen derzeit zwei Drittel der Top 500 Online-Marketing betreibenden Unternehmen nicht über Websites, die für mobile Endgeräte optimiert sind. Demnach besteht

seitens der Anbieter auf diesem Gebiet Nachholbedarf (Krum 2012, S. 204; metapeople 2013, S. 9).

- Mobile Suchmaschinen

Sobald eine mobile Website existiert, sollten Maßnahmen ergriffen werden, um eine gute Platzierung in mobilen Suchmaschinen zu erreichen, denn die meisten Aktivitäten im mobilen Internet beginnen mit einem Suchvorgang (Kreimer et al. 2011, S. 9).

40 Prozent der Smartphone-Nutzer suchen täglich mobil (Google/Ipsos OTX Media CT 2012, S. 14). Die Anzahl mobiler Suchvorgänge ist seit 2010 um 400 Prozent angestiegen (Google o. J., 0:15 sec). Die mit Abstand am häufigsten genutzte Suchmaschine in Deutschland ist Google (96 Prozent Marktanteil) (ComScore 2013a, S. 43). Um Reichweite und Wirkung der Website auf mobilen Endgeräten zu verbessern, sollte mobile Suchmaschinenoptimierung (Mobile Search Engine Optimization, mSEO) durchgeführt werden. Die Herausforderung im mSEO liegt darin, die eigene Website unter die ersten drei Suchergebnisse zu bringen, da auf den kleinen Bildschirmen deutlich weniger Ergebnisse angezeigt werden (Dushinski 2009, S. 147 ff.). Die Platzierung der Websites wird jedoch auch von den technischen Daten des mobilen Endgeräts, dem bisherigen Suchverhalten einer Person sowie deren Standort beeinflusst und variiert daher.

Die Click-Through-Rate (CTR) nimmt mit sinkender Position ab – Platz 1 der Google-Ergebnisse weist eine CTR von 18,2 Prozent auf, Platz 10 nur noch ein Prozent (Slingshot SEO 2012, S. 10). 45 Prozent sehen sich nur die erste Ergebnisseite an (Google/Ipsos OTX Media CT 2012, S. 36). Auf die Positionierung wirken ca. 200 Faktoren ein, welche die Relevanz der Website für die Suchbegriffe beeinflussen. Dabei werden interne (On-site)SEO-Faktoren, wie Text oder Architektur der Website, und externe (Off-site)SEO-Faktoren wie eingehende Links (Backlinks) unterschieden (Krum 2012, S. 210 ff.).

- Suchanwendungen für Mobilgeräte

Eine andere Möglichkeit, um gefunden zu werden, ist es, Teil von Suchanwendungen für Mobilgeräte zu werden und sich in die Suchergebnisse eintragen zu lassen. Suchanwendungen werden auf das Gerät geladen und ermöglichen, Kategorien von Informationen zu suchen, ohne das ganze Internet zu durchstöbern. Wichtig ist auch hier eine gute Platzierung in der eigenen Sparte. Ähnlich funktionieren mobile Webverzeichnisse, das heißt Portale, die mobile Websites zu bestimmten Themen auflisten. Sind Unternehmen in derartigen Portalen vertreten, wirkt sich dies positiv auf die Platzierung in Suchmaschinen aus (Krum 2012, S. 155, 173 f.).

- Mobile Search Engine Advertising

Kann in beiden Fällen keine gute Platzierung erreicht werden, kann auch Mobile Search Engine Advertising (mSEA) eine Alternative darstellen. Da beim Stöbern im Netz selten nach konkreten Produkten gesucht wird, sind themenspezifische oder bedürfnisorientierte Keywords sinnvoller. Zudem wird mobil aufgrund der kleineren Tastaturen/Displays meist gezielt nach prägnanten Begriffen gesucht. Keywords sollten daher möglichst kurz gewählt werden.

- Mobile Kontextwerbung

Einen ähnlichen Ansatz verfolgt mobile Kontextwerbung, wobei Banner oder sonstige Werbeformate auf themenspezifischen Seiten geschaltet werden. Verglichen mit Bannern in Desktop-Browsern sind einige technische und gestalterische Limitationen zu beachten. Neben ausreichendem Kontrast ist auch textliche Kreativität nötig, damit die Werbung trotz kleiner Darstellungsfläche auffällt und angeklickt wird. Zudem ist auf geringe Download-Zeiten zu achten. Demnach eignen sich nur Textwerbung und statische Banner problemlos für den Einsatz im mobilen Internet. Alle anderen Bannerformen erfordern eine Ausweichlösung. So unterstützen z. B. Geräte mit den Betriebssystemen iOS oder Windows Phone 7 kein Flash. Adobe Flash ist eine Software, die die multimediale und interaktive Gestaltung von Websites ermöglicht. Dem stehen eine höhere Werbewirkung und eine um 79 Prozent höhere Interaktionsrate von interaktiven Bannern im Vergleich zu statischen Bannern gegenüber (comScore et al. 2013, S. 9, 12). Auch die Integration von Produktbewertungen (sofern vorhanden) kann die Click-Through-Rates um bis zu 7,5 Prozent steigern (metapeople 2013, S. 6).

Generell liegt die durchschnittliche CTR für mobile Banner deutlich höher (1-3 Prozent) als diejenige für klassische Online-Banner (0,02-0,05 Prozent). Auch die Konversionsraten sind im mobilen Umfeld fünfmal höher. Mobile Display Ads können auch Teil von mobilen Anwendungen oder Spielen sein (In-App Advertising). Abgerechnet wird Banner- und Display-Werbung in der Regel pro 1.000 Sichtkontakte (Impressions) oder nach Klicks (Krum 2012, S. 109-112).

- Targeting

Wichtig bei diesen Maßnahmen ist eine effektive Zielgruppenansprache (Targeting). Darunter wird das zielgruppenorientierte Einblenden von Werbung verstanden. Die Inhalte müssen für die Zielpersonen relevant sein, wobei verschiedene Segmentierungskriterien genutzt werden können, z. B. sprachbasierte, technikbasierte, demografische oder verhaltensbasierte Kriterien. Nach dem Klick auf die Werbung sollte der Konsument auf eine Unterseite geleitet werden, die nicht zwingend zur primären mobilen Website des Unternehmens gehören muss, sondern möglichst direkt auf das Angebot zugeschnitten ist (Landing Page). Im Idealfall stehen dort Interaktions- oder Kaufmöglichkeiten bereit (Hass/Willbrandt 2011, S. 14).

- Apps und mobile Games

Eine andere Möglichkeit, Konsumenten am Point of Interest anzusprechen, ist die Entwicklung eigener Apps bzw. das Schalten von Werbung in Apps Dritter (In-App Advertising). Bedeutendstes Beispiel sind mobile Spiele (mobile Games). Sie eignen sich besonders, um emotionalisierende Elemente einzubinden. Mobile Spiele machen rund ein Drittel aller Downloads aus und zählen zu den beliebtesten Apps. 2012 betrug der Umsatz mit mobilen Spielen für Smartphones und Mobiltelefone 38 Millionen Euro – ein Anstieg von 38 Prozent zum Vorjahr (BIU 2013). Der Umsatz setzt sich aus Werbung, Verkaufserlösen und kostenpflichtigen Zusatzleistungen bei Freemium-Spielen (kostenlosen Spielen) zusammen. Zudem versprechen sie eine große Reichweite: 72 Prozent spielen zumindest monatlich auf dem Mobilgerät, 18 Prozent sogar regelmäßig (ComScore 2013b, S. 15). Unternehmen können entweder eigene Spiele entwickeln (Branded Game), Spiele Dritter sponsern und darin Produkte platzieren (Product Placement) oder Banner schalten (In-Game Advertising). Wenn Unternehmen ein eigenes Spiel entwickeln, sollte dieses packend, aber nicht zu werbeorientiert sein. Beim Product Placement können Markenbekanntheit und -affinität gesteigert werden.

- Plinking

Besonders interessant ist dabei das sogenannte „Plinking", bei dem Produkte oder Werbeplakate, an denen z. B. eine Spielfigur vorbei läuft, angeklickt werden können, um mehr über das Produkt zu erfahren. Beim Sponsoring von Spielen ist zwischen Pre- und Post-Roll-Werbung (vor/nach dem Spiel) zu unterscheiden. Für ca. 10-30 Sek. wird dabei Werbung eingeblendet, die angeklickt werden kann. Da viele Nutzer auf diese Werbung vorbereitet sind, entsteht jedoch eine „Bannerblindheit", die es zu überwinden gilt (Krum 2012, S. 158-162). Bislang haben nur ca. zehn Prozent der Konsumenten schon einmal bewusst Werbung in mobilen Spielen wahrgenommen (ComScore 2013a, S. 48).

- Mobile Dienstprogramme

Sollten mobile Spiele aufgrund der Markenpositionierung nicht der richtige Weg sein, bieten sich mobile Dienstprogramme an, die gleichermaßen selbst entwickelt oder gesponsert werden können. Typische Kategorien sind dabei Shopping, Navigation, Multimedia, Lifestyle, Produktivität, Lernhilfen, Nachrichten oder Wetter.

- Anforderungen an Apps

Bei der Entwicklung von Apps sind einige Aspekte zu berücksichtigen, welche die Nutzungsentscheidung von Konsumenten beeinflussen. Dazu zählt unter anderem das Ausmaß, in dem ein Produkt von einem Nutzer verwendet werden kann, um bestimmte Ziele in einem bestimmten Kontext effektiv und zufriedenstellend zu erreichen (Usability).

Als Hauptkriterien für die Nutzungsentscheidung von Apps gelten Bedienbarkeit (91 Prozent) und Nutzwert (88 Prozent). Mehr als drei Viertel der Konsumenten (78 Prozent) achten auf technische Gegebenheiten, wenn sie eine App kaufen bzw. herunterladen möchten. Oft werden auch Bewertungen im Marktplatz (72 Prozent) bzw. von Freunden/Bekannten (65 Prozent) berücksichtigt (TOMORROW FOCUS Media 2013, S. 28). Gerade die Deutschen haben häufig Sicherheitsbedenken – insbesondere im M-Commerce (Kehr/Lührig 2006, S. 128). Die Attraktivität des Inhalts (Content) wird durch die kleinen Bildschirme mobiler Endgeräte und die typischen Nutzungssituationen (meist kurze Zeitintervalle) beeinflusst.

Diese Faktoren sind deshalb ebenfalls zu berücksichtigen, sodass eine einfache Bedienbarkeit und Verständlichkeit sichergestellt werden. Dynamischer Inhalt, der sich im Zeitablauf ändert, muss kontinuierlich aktualisiert werden, um die Nutzungsbereitschaft sicherzustellen. Auch das Vertrauen in ein Angebot beeinflusst das Nutzungsverhalten. Als vertrauensbildende Maßnahme bietet sich dazu die Nutzung einer bekannten Marke als Absender an (Täubrich 2006, S. 35 f.).

Apps für Konsumenten werden in der Regel für iOS und Android entwickelt, Geschäftsanwendungen für Windows Mobile, Blackberry und Palm. Vertrieben werden die Apps über die Marktplätze der Anbieter, z. B. den App Store (iOS), den Google Play Store (Android) oder den Windows Phone Store. Die Anbieter erhalten dafür eine Gewinnbeteiligung: im Allgemeinen erhält der Entwickler 70 Prozent des Kaufpreises, der Rest wird einbehalten.

Nachdem eine App entwickelt wurde, sollte diese auch vermarktet werden. Dazu gibt es mehrere Möglichkeiten, z. B. die Integration einer Weiterempfehlungsfunktion, um von viralen Effekten zu profitieren. Ähnlich funktioniert eine Interaktionsfunktion mit anderen, z. B. der Mehrspieler-Modus (Multiplayer) bei mobilen Spielen. Um Apps bekannt zu machen, kann man sie auch in der eigenen bzw. in fremden Websites, in speziellen Anwendungsverzeichnissen oder in Netzwerken wie Twitter, Facebook oder LinkedIn integrieren und zum Testen bzw. Bewerten auffordern. Kommt es zu ersten positiven Berichten und Kommentaren in den Marktplätzen, wirken sich diese positiv auf die Platzierung bei der Anwendungssuche aus und können überzeugen, die App herunterzuladen (madvertise 2013, S. 6 f.). Die Anwendungssuche wird zudem vom Datenaufkommen (Traffic) beeinflusst, den eine App erzeugt. Hilfreich kann dabei die Zusammenarbeit mit Bloggern sein. Aufgrund der Preissensibilität vieler Konsumenten sollte bei kostenpflichtigen Apps eine kostenlose Version mit verringertem Leistungsumfang angeboten werden, die Interesse weckt und kaufüberzeugend wirkt (Thiessen 2011, S. 33 f.).

- Mobile Messaging

Auch Mobile Messaging kann einen Bedarf bei Konsumenten wecken. Sind die rechtlichen Voraussetzungen erfüllt, können Hersteller gezielt Konsumentenbedürfnisse ansprechen und auf diese Weise ihre Produkte bewerben. Auch eine kontextsensitive Aussteuerung ist möglich. Zu unterscheiden sind dabei der private Kontext, z. B. Aufenthaltsort, und der öffentliche Kontext, z. B. Wetter, Zeit, gesellschaftliche Ereignisse, auf die Hersteller Bezug nehmen können. Es konnte z. B. nachgewiesen werden, dass eine mobile Kampagne für eine Cabrio-Probefahrt deutlich erfolgreicher war, wenn sie an einem besonders sonnigen Tag versandt wurde (Bulander u. a. 2005, S. 30).

- Personalisierte Produktempfehlungen

Eine weitere Möglichkeit bieten personalisierte Produktempfehlungen, z. B. in Form eines mobilen Mailings. Dabei wird zunächst ein Produktprofil erstellt, welches anschließend mit Hilfe von Filtertechniken mit den gespeicherten Kundenprofilen (Interessensgebiete) abgeglichen wird. Je höher die Qualität der Produktempfehlungen, das heißt je genauer sie auf die Kundenbedürfnisse abgestimmt sind, desto zufriedener der Kunde und desto höher die Chance, einen Bedarf zu wecken.

Sofern zuvor genügend Daten von potenziellen Kunden gesammelt wurden, z. B. im Rahmen der Anmeldung für einen mobilen Newsletter, können derartige Empfehlungen auch an Neukunden versandt werden. 2009 boten bereits 46 Prozent der Hersteller einen Newsletter an, weitere neun Prozent planten eine Einführung (artegic 2009, S. 5). Allerdings ist der Großteil der Newsletter (74 Prozent) bisher nicht für mobile Endgeräte optimiert (JOM 2013, S. 6). Dabei bietet das Instrument großes Potenzial: 78 Prozent der Besitzer internetfähiger Mobilgeräte rufen E-Mails mobil ab – 78 Prozent von ihnen mindestens einmal täglich. 20 Prozent der Abonnenten mobiler Newsletter würden bei interessanten Angeboten einen Onlineshop besuchen, 24 Prozent würden sich sogar an den POS begeben und somit einen Medienbruch auf sich nehmen. Für eine optimale Konversion sollten mobile Newsletter knapp gehalten werden, gerade horizontales Scrollen sollte vermieden werden und die Landing Pages sollten mobil optimiert sein (artegic 2012, S. 5, 7).

- Soziale Netzwerke

Da Konsumenten oft mobil auf soziale Netzwerke zugreifen, können Hersteller diese Plattform für gezielte Mobile-Marketing-Aktivitäten nutzen. Die nachfolgend beschriebenen Maßnahmen beziehen sich auf das am häufigsten genutzte soziale Netzwerk Facebook – einige Maßnahmen sind jedoch auch auf andere Plattformen übertragbar. Eine sogenannte „Fanpage" für die eigene Marke ist dabei die Basis aller Aktivitäten. Diese vom Unternehmen verwaltete Seite enthält Informationen über die Produkte oder Ähnlichem und über sie können auch mobile Promotions abgewickelt werden. Nutzer des sozialen Netzwerkes können „Fan" der Marke werden und abonnieren somit die Neuigkeiten der Seite. Bei Facebook werden Postings auf der Fanpage von Unternehmen mit 1.000-10.000 Fans nur bei durchschnittlich 19,7 Prozent der Fans im individuellen Neuigkeitenbereich angezeigt. Je höher die Fanzahl, desto geringer die Reichweite. Den genauen Anteil und die Kriterien gibt Facebook jedoch nicht preis (Weck 2013). Der Hauptgrund für Konsumenten, Fan zu werden, ist die Aussicht auf kostenlose Testprodukte oder Rabattcoupons (IBM 2011). 54 Prozent der Fortune-Global-100-Companies haben eine Facebook-Fanpage (Burson Marsteller 2010). Fast ein Viertel aller Internetnutzer (24 Prozent) ist Fan einer Marke in einem sozialen Netzwerk (BITKOM 2013, S. 42). Um jedoch auch die Konsumenten anzusprechen, die kein Fan der eigenen Marke sind, können zielgruppenspezifische Anzeigen geschaltet werden. Die Selektionskriterien sind dabei ähnlich umfangreich wie beim Targeting im mobilen Internet. Ein themenspezifisches Targeting ist ebenso möglich wie das Einblenden von Anzeigen bei Fans der Konkurrenzprodukte (Facebook 2013).

- Point of Sale

Auch am Point of Sale kann durch Mobile-Promotion-Maßnahmen ein Bedarf bei Konsumenten geweckt werden, denn 70 Prozent der Kaufentscheidungen werden direkt am POS getroffen (Czech-Winkelmann 2011, S. 319). Durch proaktive Location Based Services (LBS) können Hersteller gezielt auf Produkte aufmerksam machen, indem sie Angebote an Konsumenten versenden, die an einer bestimmten Platzierung vorbeigehen. Umgesetzt werden kann dies unter anderem über Near Field Communication (NFC) oder Bluetooth, sofern die Funktionen aktiviert sind, und Push-Nachrichten akzeptiert werden (Reust 2010, S. 96, 107).

2.3 Phase 2: Informationssuche

Hersteller von Shopping Goods (extensive Kaufentscheidung) sowie teilweise auch Hersteller von Speciality Goods oder Convenience Goods dringenden Bedarfs (limitierte Kaufentscheidungen) sollten Mobile-Marketing-Maßnahmen in dieser Phase in Betracht ziehen. Um unter der Vielzahl an Produkten, die in die Auswahl einbezogen werden, aufzufallen, bieten sich emotionalisierende Stimuli an. Dennoch sollten die Maßnahmen auch auf die Informationsvermittlung ausgerichtet sein, um dem Konsumentenbedürfnis in dieser Phase zu entsprechen. Die nachfolgenden Maßnahmen zielen darauf ab, das Interesse neuer oder bestehender Kunden zu wecken oder ein bestimmtes Markenimage aufzubauen.

- Mobile Search Engine Optimization

Da Konsumenten Informationen über Produkte im M-Commerce im Vergleich zum Kauf im stationären Handel 1,3 Mal so häufig direkt auf den Seiten des Herstellers bzw. der Marke suchen, sollte die eigene Website für mobile Endgeräte optimiert werden (GreyStripe 2012, S. 1). Der Großteil der Recherchen im mobilen Internet wird über Suchmaschinen gestartet. Daher sollten Mobile Search Engine Optimization (mSEO) Maßnahmen durchgeführt werden, um die Platzierung der eigenen Website in den Suchergebnissen zu verbessern. Gleichermaßen können Hersteller Teil mobiler Suchanwendungen werden oder sich in mobile Webverzeichnisse eintragen lassen.

- Mobile-Response-Elemente

Die Tatsache, dass Konsumenten häufig zu Hause nach Produkten recherchieren und dabei eine Parallelnutzung anderer Medien stattfindet, bietet für Konsumgüterhersteller großes Potenzial. So können mobile Response-Elemente in TV-Spots, Zeitschriften oder Katalogen integriert werden. Fast ein Drittel (29 Prozent) der Konsumenten informiert sich in einem Katalog, bevor eine Bestellung im Onlineshop getätigt wird (Hudetz et al. 2011, S. 1). Hier können QR-Codes weiterführende Informationen bieten. Auch während Warte- oder Fahrtzeiten in öffentlichen Verkehrsmitteln wird mobil recherchiert. Demnach können QR-Codes oder sonstige mobile Response-Elemente, die weitere Informationen bereitstellen, auch in der Außenwerbung eingesetzt werden, z. B. auf Plakaten oder den Werbeflächen öffentlicher Verkehrsmittel.

- Mobile Search Engine Advertising

Auch Mobile Search Engine Advertising (mSEA) eignet sich, um Aufmerksamkeit bei den Konsumenten im Rahmen des Suchprozesses zu erzeugen. Anzeigen können spezifisch ausgesteuert werden, indem beispielsweise gezielt Keywords belegt werden, die ein bestimmtes Problem behandeln, für das der Konsument eine Lösung sucht. Auch mobile Kontextwerbung auf themenspezifischen Seiten kann Aufmerksamkeit für die Produkte erzeugen. Indem Low-Involvement-Produkte im High-Involvement-Kontext gezeigt werden, lässt sich das Produktinvolvement steigern (Kuß/Tomczak 2007, S. 79-82).

- Mobile Tagging

Im stationären Handel können Hersteller Mobile Tagging einsetzen. Dabei lassen sich z. B. Zusatzinformationen zu Produkten (Angaben zu Nährwerten oder Herkunft) über QR-Codes bereitstellen. Die Codes können direkt auf die Produkte aufgedruckt (Extended Packaging), an der Platzierung angebracht oder in Anzeigen bzw. auf Plakaten aufgedruckt werden. Daneben besteht die Möglichkeit der Weiterleitung auf die Website des Unternehmens oder bestimmte Microsites, um weitere Informationen zu erhalten oder an Promotions teilzunehmen. QR-Codes können zudem bei der Produktauswahl unterstützen, indem sie auf die besonderen Eigenschaften oder Einsatzfelder der Produkte hinweisen.

Pattex bietet an, den passenden Klebstoff für zu verklebende Flächen zu empfehlen. Dazu müssen Konsumenten einen QR-Code auf den Produkten scannen, um die entsprechenden Informationen und Anwendungstipps zu erhalten (LZ net 2010). Auch Syoss bietet auf diesem Weg Anwendungshinweise und -videos für das Haarstyling zu Hause an (Rode 2011, S. 1). Dieses Vorgehen birgt Potenzial: Knapp jeder Fünfte gibt an, seine Kaufentscheidung geändert zu haben, nachdem im Geschäft mobil Zusatzinformationen abgerufen wurden (Google/Ipsos OTX Media CT 2012, S. 28).

- Augmented Reality

Ein weiterer Ansatz, um das Informationsrisiko zu senken, ist eine dreidimensionale Produktpräsentation. Im Ladengeschäft bietet Augmented Reality die Möglichkeit, große, schwere und gegebenenfalls eingepackte Produkte virtuell vor sich zu sehen und die Ansicht frei bewegen zu können. Auch das Endergebnis von Modellbausätzen lässt sich z. B. durch die Kamera des Mobilgeräts begutachten. Lego mit seinen Baukästen und die Supermarktkette Tesco sind in diesem Bereich sehr aktiv; das Vorgehen eignet sich jedoch auch für Konsumgüterhersteller (LZ net 2012, S. 1). Alternativ können auch QR-Codes angebracht werden, die auf Produktvideos verlinken.

- Location Based Services

Auch (reaktive) Location Based Services (LBS) bieten sich an, um Konsumenten bei der Informationssuche zu unterstützen. So können Hersteller z. B. auf ihrer mobilen Website bzw. in ihrer App eine Filialsuche anbieten, die Konsumenten den nächsten Händler anzeigt, bei dem das betreffende Produkt zu erwerben ist. Alternativ lässt sich dies auch mittels Augmented Reality umsetzen, wobei die nächstgelegenen Händler angezeigt werden, wenn die Kamera in eine spezielle Richtung ausgerichtet wird. Diese Angebote können auch durch eine Navigationsfunktion (z. B. Google Maps) ergänzt werden, die den Kunden direkt zum Verkaufsort führt.

Fast die Hälfte der Konsumenten, die eine Filialsuche durchführen, besuchen diese auch und ca. 40 Prozent kaufen letztlich auch etwas dort (metapeople 2013, S. 5). Auch eine Navigation in der Filiale (Instore-Navigation) zur Platzierung des beworbenen Artikels ist theoretisch möglich, wird jedoch in der Praxis bisher kaum eingesetzt, da die Pflege dieser Anwendung unverhältnismäßig hohen Aufwand bedeuten würde. Hinzu kommt das Problem des mangelnden Mobilfunk- bzw. GPS-Empfangs im stationären Handel.

2.4 Phase 3: Alternativenbewertung

Hersteller von Shopping Goods (extensive Kaufentscheidungen) und in Teilen auch Hersteller von Speciality Goods oder Convenience Goods dringenden Bedarfs (limitierte Kaufentscheidungen) können von M-Marketing-Maßnahmen in dieser Phase profitieren. Aufgrund der Dominanz der kognitiven Entscheidungsprozesse sollten die Maßnahmen die Informationsvermittlung fokussieren und die objektiven Produktvorteile herausstellen. Die folgenden Maßnahmen zielen entweder darauf ab, neue Kunden zu gewinnen oder ein bestimmtes Markenimage aufzubauen.

- Produktbewertungsportale

Um die Glaubwürdigkeit der Preis- bzw. Produktbewertungsportale zu nutzen, sollten die eigenen Produkte dort platziert und Konsumenten ermutigt werden, Kommentare abzugeben. Auch die Rezensionsbereiche von Onlineshops werden bei Vergleichen häufig zu Rate gezogen. Die Bewertungen sollten überwacht werden, um in kritischen Fällen durch Erklärungen oder Unterstützungsangebote etc. eingreifen zu können. Konstruktives Feedback von Konsumenten kann wertvolle Erkenntnisse liefern und sollte an die betreffenden Abteilungen wie Produktmanagement, Marketing, IT oder den Kundendienst weitergeleitet werden. Auch auf der eigenen mobilen Website können Bewertungs- oder Kommentarfunktionen für Produkte eingerichtet werden.

- Blogger-Management

Um weiter von persönlichen Empfehlungen (Word of Mouth, WOM) zu profitieren, empfiehlt sich ein gezieltes Blogger-Management. Objektive Bewertungen von Bloggern wirken vertrauensbildend und können zur Bekanntmachung von Produkten beitragen (Dushinski 2009, S. 72). Oftmals werden von ihnen direkt Produktvergleiche durchgeführt oder sie können dazu ermutigt werden. Ein möglicher Ansatz wäre, ihnen Produkte bereitzustellen und als Gegenleistung Kommentare in Blogs, Bewertungsportalen oder sozialen Netzwerken zu erhalten, die den Konsumenten wiederum als Entscheidungshilfe dienen können. Da sich fast jeder Vierte auf den Herstellerseiten über Produkte informiert, empfiehlt sich eine Einbindung von Bloggerberichten auf der eigenen mobilen Website. Umgesetzt wird dies z. B. mit den „Beauty Bloggerinnen" von fenjal (fenjal o. J.). Noch einen Schritt weiter gehen eigene Produktvergleichsangebote, die z. B. als mobile Microsite oder als App angeboten werden können.

- Mobiles Suchmaschinenmarketing

Ein ähnlicher Ansatz kann über mobiles Suchmaschinenmarketing erreicht werden, das gezielt auf Konsumenten ausgerichtet ist, die nach Konkurrenzprodukten suchen. Neben der Auswahl konkurrenzspezifischer Keywords im Rahmen von mSEO kann diesen Konsumenten durch vergleichende Werbung gezeigt werden, welche Vorteile das eigene Produkt gegenüber der Konkurrenz aufzeigt. Dabei ist jedoch zu beachten, dass keine Zuordnungsverwirrung auftritt. Es muss klar erkennbar sein, für welche Marke geworben wird, und die fremde Marke darf nicht in der Anzeige genannt werden (Urteil des Bundesgerichtshofs (BGH) vom 13.01.2011, Az. I ZR 125/07).

- Augmented Reality

Um die Auswahl weiter einzugrenzen, können auch Augmented-Reality-Anwendungen hilfreich sein. Bei Bekleidung bieten sich Anwendungen an, die Konsumenten eine virtuelle Anprobe ermöglichen, nachdem ein eigenes Bild hinterlegt wurde.

Derartige Anwendungen werden z. B. von RayBan angeboten (RayBan 2013). Bosch ermöglicht eine virtuelle Einrichtung mit Haushaltsgeräten, wenn parallel die Küche durch die Kamera aufgenommen wird (Bosch o. J.). Hersteller, die derartige Anwendungen für ihre Produkte anbieten, sollten möglichst eine Verknüpfung mit einem Onlineshop einrichten, um den direkten Produktkauf zu ermöglichen.

2.5 Phase 4: Kauf

Mobile Marketing in dieser Phase ist relevant für sämtliche Typen von Kaufentscheidungen und somit für alle Konsumgüterkategorien – insbesondere für Convenience Goods regelmäßigen bzw. ungeplanten Bedarfs (habitualisierte bzw. impulsive Kaufentscheidungen). Aufgrund der Dominanz der reaktiven Prozesse sollten sämtliche Maßnahmen auf die Beeinflussung des Verhaltens ausgerichtet sein, das heißt zum Kauf animieren. Sämtliche Maßnahmen verfolgen demnach das Ziel der Verkaufsförderung bei bestehenden oder neuen Kunden.

- Onlineshop

Grundsätzlich ist zu unterscheiden, ob die Produkte über einen eigenen Onlineshop, über Onlineshops anderer Händler oder rein über den stationären Handel vertrieben werden. Wird ein eigener Onlineshop betrieben, stehen einige Möglichkeiten zur Verfügung, den Produktkauf durch Mobile Marketing zu forcieren; beim Vertrieb über andere Shops sind die Möglichkeiten dagegen begrenzt. Die Grundvoraussetzung in beiden Fällen ist, dass der Shop für die Nutzung auf mobilen Endgeräten optimiert wurde. Wie beschrieben empfiehlt sich dies besonders für Shopping Goods und in Teilen für Convenience Goods.

- Shopping-App

Auch die Einführung einer Shopping-App könnte eine lohnende Alternative sein, da sie für den Konsumenten ein einfacheres Handling bedeutet. Mobile Webseiten oder Apps üben den stärksten Einfluss auf die Kaufentscheidung im M-Commerce aus, sofern sie einfach zu bedienen sind (GreyStripe 2012, S. 1). Eine alternative Zugriffsmöglichkeit auf den eigenen Onlineshop können QR-Codes bieten, die auf Plakaten, in Anzeigen oder in Katalogen abgedruckt sind und durch Scannen den direkten Produktkauf ermöglichen (QR-Code-Shopping).

- Vertrauensintermediäre

Da einer der Hauptgründe für die Nichtnutzung von M-Commerce-Diensten aus Sicht der Konsumenten das wahrgenommene Risiko ist, bietet sich z. B. der Einsatz von Vertrauensintermediären an. Dies sind Plattformanbieter, die das Vertrauen der Nachfrager, das sie genießen, auf den betreffenden Onlineshop transferieren. Dabei treten Intermediäre entweder als Ratgeber, Bürge oder Unternehmer auf. Dieses Vorgehen bietet sich insbesondere an, wenn die eigene Marke bzw. Reputation nicht ausreicht, um genügend Vertrauen aufzubauen. Im gleichen Zuge wird auch die Einstellung gegenüber den angebotenen Produkten positiv beeinflusst und die Kaufabsicht wird signifikant gesteigert (Bauer et al. 2004, S. 256-269). Beispiele sind die Gütesiegel Trusted Shops, s@fer-shopping oder EHI geprüfter Onlineshop.

- Shopping Lists

Ein weiterer Ansatz ist das Angebot von sogenannten „Shopping Lists", das heißt Apps, die einen digitalen Einkaufszettel verwalten. Dazu können Barcodes von Produkten gescannt werden, um sie auf die Liste aufzunehmen, oder es werden bereits vordefinierte Produkte zusammengestellt. Barilla bietet z. B. eine App an, die sämtliche Zutaten für das gewählte Nudelgericht direkt auf dem mobilen Einkaufszettel zusammenfasst (Google play 2012).

- Mobile Coupons

Einen Kaufanreiz können zudem Mobile Coupons bieten, die in Onlineshops oder im stationären Handel einzulösen sind. Aus Herstellersicht können sie die

Produktbekanntheit steigern und zu Testkäufen anregen. Zudem können sie spezifischer an die Bedürfnisse der Zielpersonen angepasst werden als Printcoupons. Dabei empfiehlt sich der Rückgriff auf ein Preference Center (falls vorhanden). Der einfachste Weg, M-Coupons zuzustellen, ist per SMS/MMS oder E-Mail (Push). Alternativ können sie auch in eine App, auf der eigenen mobilen Website oder in Coupon-Portale eingestellt werden (Pull). Des Weiteren können M-Coupons über soziale Netzwerke verteilt werden, indem Hersteller sie an ihre Fans versenden. Auch eine standortabhängige Zustellung kann erfolgen, sofern das Gerät auf entsprechende Aufforderungen reagiert. Ein weiterer Vorteil von M-Coupons ist, dass Konsumenten sie nahezu immer dabei haben und bequem im teilnehmenden Handel einlösen können. Dies kann über alphanumerische Codes oder über einen Barcode-Scanner erfolgen, wobei die letztere Technik in Deutschland noch nicht weit verbreitet ist (Krum 2012, S. 128-136).

Mobil werden vergleichsweise wenige Coupons eingelöst. 87 Prozent der Konsumenten lösen Coupons im stationären Handel ein, 71 Prozent im Internet und 14 Prozent auf mobilem Weg. Am häufigsten werden M-Coupons über Coupon-Apps abgerufen oder per SMS/MMS empfangen. Zuletzt folgt der Abruf über QR-Codes. Am beliebtesten sind Apps, die Coupons von Händlern und Herstellern zusammenfassen. Apps, die lediglich Coupons eines bestimmten Herstellers beinhalten, werden nur von acht Prozent bevorzugt. Daher sollten Hersteller mit den großen Couponing-Portalen kooperieren. Drei Viertel der Konsumenten haben sich schon einmal durch einen M-Coupon zu einem ungeplanten Kauf verleiten lassen. Zudem geben drei Viertel an, ein Produkt erneut gekauft zu haben, nachdem sie einen M-Coupon eingelöst haben. M-Coupons eignen sich somit, um Impuls- und Wiederkäufe zu generieren. Die beliebtesten Konsumgüterkategorien sind Lebensmittel, Getränke, Bücher, Schuhe und Kosmetika (ECC Handel/ GS1 Germany 2012, S. 10-18; Kreimer et al. 2011, S. 16 f.).

- Mobile Promotion und Mobile Payment

Auch Mobile Promotion ist in dieser Phase von großer Bedeutung. Um (potenzielle) Kunden anzusprechen, eignen sich z. B. proaktive Location Based Services. Eine andere Möglichkeit sind M-Payment-Angebote wie die Mobile Wallet App Passbook von Apple. Werbetreibende können jeweils einen eigenen Pass für ihre Angebote erstellen und diesem bis zu zehn Verkaufsstellen (Locations) hinterlegen. Konsumenten können unter anderem aus sämtlichen Pässen in der App wählen und ihre Favoriten bestimmen. Sobald der Nutzer seine Geodaten freigibt, ermittelt die App den Aufenthaltsort des Konsumenten und kann ihn via

Pop-up an einen M-Coupon erinnern, sobald er in die Nähe einer hinterlegten Location kommt. Daneben existieren Pendants für Android und Windows Phone. Zudem lassen sich durch Mobile Promotion Cross-Selling-Potenziale ausschöpfen. Hersteller können z. B. auf Produkten oder an der Platzierung QR-Codes anbringen, welche die Bestellung von mobilen Produktkomponenten oder Komplementärprodukten im (eigenen) Onlineshop auslösen. So können Lagerflächen im stationären Handel ausgeweitet und auch nicht gelistete Produkte be- bzw. erworben werden.

2.6 Phase 5: Nachkaufphase

Mobile Marketing in dieser Phase ist relevant für Shopping Goods (extensive Kaufentscheidungen) und in Teilen für Speciality Goods oder Convenience Goods dringenden Bedarfs (limitierte Kaufentscheidungen). In seltenen Fällen empfehlen sich Maßnahmen auch für Convenience Goods regelmäßigen Bedarfs (habitualisierte Kaufentscheidungen). Um Dissonanzen zu vermeiden, versuchen Konsumenten ihre Kaufentscheidungen im Nachhinein zu rechtfertigen. Dazu werden Informationen gesucht, die sie in ihrer Entscheidung bestätigen. Um diese kognitiv dominierten Prozesse zu unterstützen, sollte die Informationsvermittlung fokussiert und noch einmal die objektiven Produktvorteile herausgestellt werden. Maßnahmen in dieser Phase zielen primär auf die Kundenbindung ab.

- Customer Lifetime Value

Die Gewinnung eines Neukunden ist im Schnitt sechsmal teurer als die Betreuung bestehender Kunden, die Wiedergewinnung abgesprungener Kunden sogar zehnmal (Microplan o. J., S. 5). Dem Konzept des Kundenlebenswertes (Customer Lifetime Value, CLV) folgend wird ein Kunde erst einige Zeit nach der Akquisition profitabel. Höhere Gewinne sind auf loyales Verhalten zurückzuführen, und eine Senkung der Abwanderungsrate wirkt sich positiv auf den Kundendeckungsbeitrag bzw. -wert aus. Eine Reduktion der Abwanderungsrate um fünf Prozent kann eine Steigerung des Kundenwertes – je nach Branche – um bis zu 85 Prozent bewirken (Reichheld/Sasser 1990, S. 108 ff.). Grundsätzlich ist davon auszugehen, dass zufriedene Kunden unter anderem eine erhöhte Kaufbereitschaft zeigen und der Marke bzw. dem Unternehmen treu bleiben. Sie empfehlen das Unternehmen gegebenenfalls weiter und sind weniger preissensibel. Dem steht jedoch die bewusste Suche der Konsumenten nach Abwechslung (variety seeking) gegenüber. Unzufriedene Kunden hingegen weisen eine höhere Abwanderungsbereitschaft auf, und es besteht die Gefahr, dass sie sich negativ über das Produkt äußern.

Kundenbindung wird nicht nur durch Produktmerkmale beeinflusst, sie hängt unter anderem auch vom Produkt-Involvement ab. Bei komplexen Produkten entstehen oftmals technische Wechselbarrieren. Generell führt Zufriedenheit bei High-Involvement-Käufen eher zur Bindung. Auch die Geschäftsbeziehung nach dem Kauf ist von Bedeutung für die Loyalität.

- Mobile Customer Relationship Management

Dort setzt Mobile Customer Relationship Management (mCRM) an, das aus drei Säulen besteht: Kundenbindungsprogramme, -service und -informationsmanagement. mCRM ermöglicht durch eine Analyse der Kundenprofildaten eine Ableitung ihrer situationsbedingten Wünsche. Darauf abgestimmt können Dienste oder Angebote unterbreitet werden. Generell sollte pro Kunde eine Potenzialbewertung (Ermittlung des CLV) als Grundlage für die durchzuführenden Aktivitäten erfolgen.

Über Mobilgeräte ist es möglich, Kundenbindungsprogramme wie Clubs oder Ähnliches anzubieten. Mithilfe spezieller Apps können Kunden Bonuspunkte mobil sammeln. Ein herstellerübergreifendes Beispiel ist Stampr – eine QR-Code-basierte Kundenkarte (Stampr o. J.). Auch individuelle Kundenclub-Apps werden oft eingesetzt, um z. B. Exklusivprämien anzubieten oder individualisierte Mailings zu versenden.

Der Club Nokia etwa bietet exklusive Events und Aktionen für seine Mitglieder (Oswald/Tauchner 2005, S. 120). Auch der Kundenservice lässt sich durch Mobilgeräte unterstützen. Feedback-Funktionen, Kundenforen oder Chats mit dem Kundenservice lassen sich über Apps abwickeln. Die App von Nespresso z. B. bietet unter anderem direkte Nachbestellmöglichkeiten sowie eine kostenlose Rückruffunktion bei Fragen zu Bestellungen oder technischen Problemen (Nespresso o. J.).

Als dritte Säule bleibt das Kundeninformationsmanagement, das ebenfalls mobil unterstützt werden kann. Kunden von Opel können sich z. B. die myOpelService-App herunterladen, die verschiedene Serviceleistungen bietet wie die Erinnerung an den nächsten Wartungstermin, die Suche nach der nächstgelegenen

Werkstatt oder die Möglichkeit direkter Serviceanfragen. Auch Informationen zu Produktneuheiten können abonniert werden (Opel 2013).

Eine weitere Möglichkeit sind Bedienungsanleitungen, die sich über Augmented Reality mit dem Mobilgerät anzeigen lassen. Audi-Fahrer können z. B. die Kamera ihres Mobilgeräts auf ein Fahrzeugteil richten, woraufhin über eine App die entsprechende Anleitung angezeigt wird (Audi 2013).

Ein anderer Ansatz, um Kunden an die eigene Marke zu binden, ist die miCoach-App von adidas, die eine Aufzeichnung und Auswertung von Trainingsergebnissen ermöglicht (Adidas o. J.).
Auch Mobile Messaging eignet sich, um regelmäßige Kontaktpunkte zu setzen, wie z. B. der mobile Newsletter von Red Bull (Red Bull Mobile o. J.).

- Social Media Plugins

Wird ein eigener Onlineshop betrieben, sollte die Möglichkeit bestehen, gerade gekaufte Artikel mit dem Netzwerk zu teilen, das heißt, über Social Media Plugins entsprechende Informationen zu veröffentlichen. So können Reichweite generiert, Word-of-Mouth-Effekte (WOM) genutzt und gegebenenfalls ein Bedarf bei anderen Konsumenten ausgelöst werden. Um ähnliche Effekte zu erzielen, kann den Konsumenten ermöglicht werden, Bewertungen zu Produkten zu schreiben. Etwa die Hälfte der Konsumenten (49 Prozent), die Produkte mobil erwerben, veröffentlichen anschließend ihre Produkterfahrungen in Form von Rezensionen. Konsumenten, die den stationären Handel bevorzugen, berichten im Vergleich seltener (31 Prozent) (GreyStripe 2012, S. 1).

Durch sogenannte „Retargeting-Maßnahmen" können Kunden, die etwas im Shop gesucht oder gekauft haben, durch gezieltes Einblenden von Werbung auf anderen mobilen Websites zu einem erneuten Besuch bewegt werden. Dabei werden auf Basis ihres bisherigen Such- bzw. Kaufverhaltens (Interessenprofil) für sie interessante Artikel ermittelt und beworben (Hass/Willbrandt 2011, S. 16).

3 Fazit

Mobilgeräte werden in den einzelnen Prozessphasen unterschiedlich stark genutzt. Daher weicht der Umfang der vorgestellten Maßnahmen je Phase ab. Bei der

Informationssuche und beim Kauf wurde ein größerer Maßnahmenkatalog vorgestellt, da die Geräte dort häufig genutzt werden. Auch bei der Bedarfserkennung wurden einige Maßnahmen vorgeschlagen, um Interesse bei potenziellen Kunden zu wecken.

Diese Erkenntnisse decken sich in Teilen mit der Praxis: M-Marketing wird von Unternehmen zu 76 Prozent bei der Informationssuche, zu 54 Prozent bei der Alternativenbewertung und zu 46 Prozent in der Kaufphase eingesetzt. Weitere 36 Prozent setzen Maßnahmen in der Nachkaufphase um (Google 2011, S. 20). Der Erfolg in der Kaufphase ist im Vergleich gering, vielversprechender ist der Einsatz in der Nachkaufphase.

Literatur

Adidas (Hrsg.) (o. J.): micoach, http://micoach.adidas.com/de/, Zugriff: 29.06.2013.
artegic (Hrsg.) (2009): Studie E-Mail Marketing in Industrieunternehmen – Erhebung unter Top 100 Unternehmen, http://www.artegic.de/files/0,0/822/artegic_Studie_E-Mail-Marketing_in_Industrieunternehmen.pdf, Zugriff: 30.06.2013.
artegic (Hrsg.) (2012): Studie Mobile E-Mail Marketing 2012, http://www.artegic.net/files/0,0/1289/artegic_Mobile_E-Mail_Marketing_2012_Studie.pdf, Zugriff: 30.06.2013.
Audi (Hrsg.) (2013): Audi Apps – Audi A1 eKurzinfo, http://www.audi.de/de/brand/de/erlebniswelt/audi_multimedial/audi_apps/audi-connect_und_mobilitaet/audi_a1_ekurzinfo.html, Zugriff: 29.06.2013.
Bauer, H./Grether, M. (2004): Image-Bildung durch Internet-Spiele, in: Bauer, H./Rösger, J./Neumann, M. (Hrsg.), Konsumentenverhalten im Internet, München, Vahlen Verlag, S. 234-253.
Bauer, H./Neumann, M./Jöst, C. (2004): Der Einsatz von Vertrauensintermediären im elektronischen Handel – Eine experimentelle Untersuchung, in: Bauer, H./Rösger, J./Neumann, M. (Hrsg.), Konsumentenverhalten im Internet, München, Vahlen Verlag, S. 256-273.
Bauer, H./Sauer, N. (2004): Internetnutzungs- und Online-Kaufverhalten in Deutschland und den USA, in: Wiedmann, K.-P. et al. (Hrsg.): Konsumentenverhalten im Internet – Konzepte – Erfahrungen – Methoden, Wiesbaden, Gabler Verlag, S. 38-55.
Billen, P. (2004): Analyse des Internet-Nutzungsverhaltens – Wege zur Steigerung der Online-Kaufbereitschaft, in: Bauer, H./Rösger, J./Neumann, M. (Hrsg.), Konsumentenverhalten im Internet, München, Vahlen Verlag, S. 334-351.
BITKOM (Hrsg.) (2013): Studie Trends im E-Commerce – Konsumentenverhalten beim Online-Shopping, www.bitkom.org/files/documents/BITKOM_E-Commerce_Studienbericht.pdf, Zugriff: 06.07.2013.
BIU (Hrsg.) (2013): Im Detail: Absatz von Spielen für mobile Endgeräte, http://www.biu-online.de/de/fakten/marktzahlen/daten-traeger-und-downloads/mobile-games.html, Zugriff: 29.05.2013.

Blackwell, R./Miniard, P./Engel, J. (2001): Consumer Behavior, 9. Aufl., Fort Worth (Texas), Thomson South-West.
Bosch (Hrsg.) (o. J.): Jetzt geht's App, http://www.bosch-home.com/de/bosch-erleben/bosch-mobile-apps.html, Zugriff: 22.06.2013.
Bulander, R. u. a. (2005): Kontextsensitive Werbung auf mobilen Endgeräten unter Wahrung des Datenschutzes, in: Stucky, W./Schiefer, G. (Hrsg.): Perspektiven des Mobile Business – Wissenschaft und Praxis im Dialog, Wiesbaden, Deutscher Universitätsverlag, S. 19-34.
Burson Marsteller (Hrsg.) (2010): Burson-Marsteller Fortune Global 100 Social Media Study, http://www.burson-marsteller.com/Innovation_and_insights/blogs_and_podcasts/BM_Blog/Lists/Posts/Post.aspx?ID=160, Zugriff: 20.07.2013.
Compuware (Hrsg.) (2011): Studie What Users Want from Mobile, http://e-commercefacts.com/research/2011/07/what-usrs-want-frommobil/19986_What MobileUsersWant_Wp.pdf, Zugriff: 09.06.2013.
comScore (Hrsg.) (2013a): Studie Future in Focus – Digitales Deutschland 2013, http://www.comscore.com/ger/Insights/Presentations_and_Whitepapers/2013/2013_Future_in_Focus_Digitales_Deutschland, Zugriff: 09.05.2013.
comScore (Hrsg.) (2013b): Studie State of the Market: Mobile Gaming in Europe, http://www.comscore.com/Insights/Presentations_and_Whitepapers/2012/Mobile_Gaming_State_of_the_European_Market, Zugriff: 20.07.2013.
comScore/Vibrant Media/IAB (Hrsg.) (2013): Studie Mobile Rising Stars Ad Interaction & Effectiveness, http://www.iab.net/media/file/MobileRisingStarsAdInteractionandEffectivenessFINAL.pdf, Zugriff: 03.07.2013.
Coremetrics (Hrsg.) (2011): Studie Mobile Marketing, http://www.interactive-one.de//fileadmin/redakteur/interactive_one/news/newsletter_072011/WP_MobileMarketing_2011.pdf, Zugriff: 08.06.2013.
Czech-Winkelmann, S. (2011): Der neue Weg zum Kunden – Vom Trade-Marketing zum Shopper-Marketing – Grundlagen, Konzepte, Instrumente, Frankfurt am Main, Deutscher Fachverlag.
Dushinski, K. (2009): The M-Marketing Handbook – A Step-by-Step Guide to Creating Dynamic M-Marketing Campaigns, Medford (New Jersey), Information Today.
ECC Handel, GS1 Germany (Hrsg.) (2012): Studie Mobile Couponing – Studie zu Einsatz und Potenzial mobiler Coupons und Coupon-Apps von GS1 Germany in Zusammenarbeit mit ECC Handel, http://www.ecckoeln.de/Downloads/Themen/Mobile/Mobile-Couponing-Management-Summary.pdf, Zugriff: 26.06.2013.
Facebook (Hrsg.) (2013): Facebook für Unternehmen, https://www.facebook.com/business/connect, Zugriff: 20.07.2013.
fenjal (Hrsg.) (o. J.): Beauty-Magazin, http://www.fenjal.de/beauty-tipps/beauty-magazin/allgemeines/, Zugriff: 29.06.2013.
Foscht, T./Swoboda, B. (2007): Käuferverhalten: Grundlagen – Perspektiven – Anwendungen, 3. Aufl., Wiesbaden, Gabler Verlag.
Google (Hrsg.) (o. J.): Latest insights for mobile, http://www.thinkwithgoogle.com/insights/emea/featured/latest-insights-for-mobile/, Zugriff: 09.06.2013.
Google/BVDW (Hrsg.) (2011): Studie Mobile Research 2011, http://www.bvdw.org/presseserver/bvdw_mobile_research/Mobile_Research.pdf, Zugriff: 03.07.2013.

Google play (Hrsg.) (2012): iPasta DE – Barilla, https://play.google.com/store/apps/details?id=com.barilla.ipasta.de&hl=de, Zugriff: 26.06.2013.

Google/Ipsos OTX MediaCT (Hrsg.) (2012): Studie Unser mobiler Planet – Deutschland, http://www.bvdw.org/mybvdw/media/download/our-mobile-planet-germany-de.pdf?file=2266, Zugriff: 14.04.2013.

GreyStripe (Hrsg.) (2012): Studie Advertiser Insights Report – Mobile Retail Insights, http://www.greystripe.com/system/files/Greystripe-AIR-MobileRetail-0712.pdf, Zugriff: 11.05.2013.

Hass, B./Willbrandt, K. (2011): Targeting von Online-Werbung: Grundlagen, Formen und Herausforderungen, in: MedienWirtschaft: Zeitschrift für Medienmanagement und Kommunikationsökonomie, 8. Jg., Nr. 01/2011, New Business Verlag, S. 12-21.

Hawkins, D./Mothersbaugh, D. (2010): Consumer Behaviour – Building Marketing Strategy, 11. Aufl., New York, McGraw-Hill/Irwin.

Holland, H. (Hrsg.) (2014): Digitales Dialogmarketing, Wiesbaden, Springer Gabler Verlag.

Holland, H./Bammel, K. (2006): Mobile Marketing – Direkter Kundenkontakt über das Handy, München, Vahlen Verlag.

Holland, H./Koch, B. (2014): Mobile Marketing, in: Holland, H. (Hrsg.), Digitales Dialogmarketing, Wiesbaden, Springer Gabler Verlag, S. 431-458.

Holland, H./Koch, B. (2014): Mobile Marketing im Kaufentscheidungsprozess, in: Holland, H. (Hrsg.), Digitales Dialogmarketing, Wiesbaden, Springer Gabler Verlag, S. 459-496.

Hudetz, K./Hotz, A./Strothmann, S. (2011): Studie Von Multi-Channel zu Cross-Channel – Konsumentenverhalten im Wandel, Band 26 der Reihe „Ausgewählte Studien des ECC Handel", http://www.ecc-handel.de/Downloads/Themen/Multi-Channel/ECC_Studie_Von_Multi-Channel-zu-Cross-Channel_ExecutiveSummary.pdf, Zugriff: 01.04.2013.

IBM (Hrsg.) (2011): IBM Studie: Soziale Netzwerke beeinflussen mehr als die Hälfte der Käufer bei Ihrer Entscheidung – sogar im Ladengeschäft, http://www-03.ibm.com/press/de/de/pressrelease/35352.wss, Zugriff: 09.06.2013.

JOM (Hrsg.) (2013): Studie Kurzstudie: Mobile-Optimierung von Newslettern http://www.jomhh.de/export/download/jom/JOM_Studie_Mobile-Optimierung_von_Newslettern.pdf, Zugriff: 30.06.2013.

Kehr, T./Lührig, T. (2006): Germany: From Chart-Topping Ringtones to 3G M-Commerce in: Dholakia, N./Rask, M./Dholakia, R.: M-Commerce – Global Experiences and Perspectives (Hrsg.), Hershey (Pennsylvania), Idea Group Publishing, S. 112-132.

Kreimer, T./Rodenkirchen, S./Strothmann, S. (2011): Studie Consumer Markets – Preisportale, Couponing, soziale Netzwerke – der Einfluss aktueller Online-Trends auf das Kaufverhalten, http://www.kpmg.de/docs/Studie_Preisportale_secured.pdf, Zugriff: 02.05.2013.

Kroeber-Riel, W./Weinberg, P./Gröppel-Klein, A. (2009): Konsumentenverhalten, 9. Aufl., München, Vahlen Verlag.

Krum, C. (2012): M-Marketing – Erreichen Sie Ihre Zielgruppen (fast) überall, München, Addison-Wesley Verlag.

Kuß, A./Tomczak, T. (2007): Käuferverhalten – Eine marketingorientierte Einführung, 4., Aufl., Stuttgart, UTB Verlag.
LZ net (Hrsg.) (2012): Einkaufslösungen mit Wow-Effekt, http://www.lebens mittelzeitung.net/news/markt/protected/Augmented-Reality-Einkaufsloesungen-mit-Wow-Effekt_91581.html?id=91581&page=1, Zugriff: 29.06.2013.
LZ net (Hrsg.) (2010): Pattex-Klebstoffe verlinken ins Netz, http://www.lebensmittel zeitung.net/news/it-logistik/protected/Pattex-Klebstoffe-verlinken-ins-Netz_83517.html, Zugriff: 26.06.2013.
madvertise (Hrsg.) (2013): madreport Q1/2013, http://madvertise.com/wp-content/uploads/2013/05/madreport-Q1-13.pdf, Zugriff: 28.05.2013.
metapeople (Hrsg.) (2013): Studie Der ROPO-Effekt und die zunehmende Harmonisierung der Absatzkanäle – Neue Möglichkeiten für das M-Marketing, http://www.metapeople.com/ropo_studie.pdf, Zugriff: 14.04.2013.
Microplan (Hrsg.) (o. J.): Customer Relationship Management, http://www.mplan. de/CRM.pdf, Zugriff: 28.06.2013.
Nespresso (Hrsg.) (o. J.): Die Nespresso Club Services, http://www.nespresso.com /#/at/de/nespresso_club/benefits/problemlose_und_rasche, Zugriff: 29.06.2013.
Opel (Hrsg.) (2013): Was ist MyOpelService?, https://www.myopelservice.com/ DE/Resources/About.aspx, Zugriff: 29.06.2013.
Oswald, A./Tauchner, G. (2005): M-Marketing – Wie Sie Kunden direkt erreichen, Instrumente – Ausstattung – Kosten – Kampagnenbeispiele – rechtliche Rahmenbedingungen, Wien, Linde Verlag.
o. V. (2011): Report Mediaplanung II, in: Horizont, 15. Jg., Nr. 36/2011, Deutscher Fachverlag, S. 30-46.
Peter, J./Olson, J. (1999): Consumer Behavior and Marketing Strategy, 5. Aufl., Boston (Massachusetts) u. a., McGraw-Hill
RayBan (Hrsg.) (2013): Ray-Ban Virtual Mirror, http://www.ray-ban.com/germany/ science/virtual-mirror, Zugriff: 29.06.2013.
Red Bull Mobile (Hrsg.) (o. J.): Der Red Bull mobile Newsletter, http://www.redbullmobile.at/dein-ticket/newsletter/, Zugriff: 30.06.2013.
Reichheld, F./Sasser, W. (1990): Zero Defections: Quality Comes to Services, in: Harvard Business Review, 68. Jg., Nr. 05/1990, Harvard Business Publishing, S. 105-111.
Reust, F. (2010): Strategie: M-Marketing – Grundlagen, Technologien, Fallbeispiele, St. Gallen/Zürich, Midas Management Verlag.
Rode, J. (2011): Henkel liefert Infos auf Smartphones, http://www.lebensmittel zeitung.net/news/it-logistik/protected/QR-Codes-Henkel-informiert-per-Smartphone_87593.html ?id=87593&page=1, Zugriff: 26.06.2013.
Slingshot SEO (Hrsg.) (2012): Studie A TALE OF TWO STUDIES – Establishing Google & Bing Click-Through Rates, http://www.slingshotseo.com/wp-content/ uploads/2011/07/Google-vs-Bing-CTR-Study-2012.pdf, Zugriff: 09.06.2013.
Solomon, M./Bamossy, G./Askegaard, S. (2001): Konsumentenverhalten – Der europäische Markt, München, Pearson Studium.
Stampr (Hrsg) (o. J.): Stampr für Konsumenten, http://www.stampr.de/konsumenten, Zugriff: 29.06.2013.
Täubrich, K. (2006): Erfolgreiche Kundengewinnung mit M-Marketing, Berlin, BusinessVillage.

Thiessen, I. (2011): Marktplätze für mobile Anwendungen, in: Amberg, M., Lang, M., (Hrsg.), Innovation durch Smartphone & Co. – Die neuen Geschäftspotenziale mobiler Endgeräte, Düsseldorf, Symposion Publishing, S. 33-54.

TOMORROW FOCUS Media (Hrsg.) (2013): Studie Mobile Effects 2013-1 – A part of our lifes – mobiles Internet begleitet den Alltag, http://www.tomorrow-focus-media.de/uploads/tx_mjstudien /TFM_Mobile_Effects_2013-01.pdf, Zugriff: 02.05.2013.

Urteil des Bundesgerichtshofs (BGH) vom 13.01.2011, Az. I ZR 125/07.

Weck, A. (2013): Studie Facebook: Je mehr Fans, desto geringer die Reichweite, http://t3n.de/news/facebook-fans-reichweite-interaktion-471126/, Zugriff: 20.07.2013.

Wiedmann, K./Frenzel, T. (2004): Akzeptanz im E-Commerce – Begriff, Modell, Implikationen, in: Wiedmann, K. u. a. (Hrsg.), Konsumentenverhalten im Internet – Konzepte – Erfahrungen – Methoden, Wiesbaden, Gabler Verlag, S. 101-117.

Wurster, A. (2010): Mobile Marketing als Instrument für Below-the-Line Advertisement – Entwicklungen der mobilen B2C-Kommunikation im deutschen Markt, Saarbrücken, VDM Verlag Dr. Müller.

Die Autoren

Prof. Dr. Heinrich Holland lehrt an der University of Applied Sciences Mainz. Er ist Akademieleiter der Deutschen Dialogmarketing Akademie (DDA) und Mitglied zahlreicher Beiräte und Jurys, z. B. Alfred Gerardi Gedächtnispreis für wissenschaftliche Arbeiten im Dialogmarketing, GO DIALOG Förderpreis und viele andere. Heinrich Holland hat 20 Bücher und über 200 Aufsätze veröffentlicht, sein Standardwerk „Direktmarketing" ist in einer russischen Lizenzausgabe erschienen. Im Jahr 2004 wurde er in die Hall of Fame des Direktmarketings aufgenommen. Er hält Vorträge im In- und Ausland und berät namhafte Unternehmen.

Beate Koch ist Online Content Manager bei Amazon.de und dort verantwortlich für das E-Mail-Marketing der Kategorie Schuhe & Handtaschen. Zuletzt war sie Teamleiterin in einer Agentur für digitales Marketing und betreute als Consultant namhafte nationale und internationale Unternehmen – primär aus der Konsumgüterbranche. Neben klassischen Online-Marketing-Projekten fielen auch Dialogmarketing sowie Mobile-Marketing-Kampagnen in ihren Verantwortungsbereich. Zuvor war Beate Koch als gelernte Werbekauffrau sechs Jahre in einer Agentur für vertriebliches Marketing tätig und beriet Kunden in Trade- & POS-Marketing-Fragen. Daneben absolvierte sie berufsbegleitend ihr Bachelor-Studium (Betriebswirtschaftslehre) sowie ihr Masterstudium (Management) – beide mit dem Schwerpunkt Marketing.

Kontakt

Prof. Dr. Heinrich Holland
Hochschule Mainz
Lucy-Hillebrand-Straße 2
55128 Mainz
Heinrich.Holland@HS-Mainz.de

Beate Koch
Amazon.de GmbH, München, Deutschland
beatkoch@amazon.de

Praktischer Einsatz von Social CRM-Systemen

Robin Grässel / Jakob Weinberg

Inhalt

1	Social-Media-Marketing versus Social CRM	104
1.1	Grenzen des aktiven Social-Media-Marketings	105
1.2	Möglichkeiten des passiven Social-Media-Marketings	108
1.3	Social-Media-Marketing in der Praxis: Umsetzung von Social CRM	109
1.4	Social-CRM-Anwendungsbereiche und Systemunterstützung	113
2	Beispielhafte Social-CRM-Umsetzungen	116
2.1	Interact am Beispiel der Salesforce Service Cloud	117
2.2	Listening/Monitoring am Beispiel von Microsoft Social Listening	121
2.3	Einbindung externer Datenbanken am Beispiel von Social Insights	124

Literatur ... 126
Die Autoren ... 128
Kontakt ... 128

Management Summary

Obwohl Social-Media-Marketing bereits seit mehreren Jahren intensiv diskutiert wird, bereitet die praktische Umsetzung vielen Unternehmen noch immer erhebliche Schwierigkeiten. Dies liegt unter anderem an den besonderen inhaltlichen Anforderungen, die sich beim Einbringen (oder -dringen) von Unternehmen in die sozialen Medien ergeben (Earned Media). Der Einstieg in die sozialen Medien geht für Unternehmen, im Vergleich mit klassischen Paid und Owned Media, mit hohen Kontaktkosten einher. Diese erfordern eine Konzentration auf Bereiche mit ausreichend hoher Wertschöpfung bzw. großem Kundenwert.

Folglich ist es aus theoretischer Sicht für die Praxis oftmals empfehlenswert, das Social-Media-Marketing auf Werbeanzeigen (Paid Media), Content Marketing (Owned Media) sowie Informationsgewinnung/Marktforschung zu beschränken und die aktive Nutzung der sozialen Medien im Sinne von Earned Media auf Einsatzgebiete des Social CRM zu fokussieren. Aktuelle Studien zeigen, dass eine Konzentration der aktiven Nutzung sozialer Medien auf Werbung und Aufgaben des Social CRM auch der primären Zielsetzung vieler Unternehmen entspricht.

Während die Anforderungen des digitalen Marketings im Bereich der Paid und Owned Media im Kern denen klassischer Aufgabenstellungen ähneln, ergeben sich für die praktische Umsetzung von Social CRM neuartige inhaltliche und organisatorische Notwendigkeiten. Eine große Herausforderung für Unternehmen und Anbieter von Softwaresystemen liegt in der Prozessgestaltung und der systemtechnischen Unterstützung. Aus Wettbewerbsgründen ist die systemtechnische Eingliederung in der Regel unabdingbar und erfordert eine Integration von Social-CRM-Komponenten in das CRM-System oder die Kopplung von CRM- und Social-Media-Systemen.

Eine exemplarisch durchgeführte Untersuchung von zwei CRM-Systemen mit hoher Marktrelevanz (*Salesforce.com*, *Microsoft Dynamics CRM*) zeigt anhand konkreter Beispielszenarien praktische Einsatz- und Nutzungsmöglichkeiten im Anwendungsbereich von Social CRM auf und diskutiert derzeit noch bestehende Limitationen.

1 Social-Media-Marketing versus Social CRM

Social-Media-Marketing, die Nutzung von Social Media zur Erreichung von Marketingzielen (vgl. Kreutzer 2014, S. 338), wird bereits seit einigen Jahren intensiv diskutiert. In der praktischen Umsetzung zeigen sich jedoch noch immer Schwierigkeiten. So sieht in einer aktuellen Studie des Bundesverbands Digitale Wirtschaft (BVDW) die überwiegende Mehrzahl der Unternehmen weiterhin erhebliche Probleme oder Hindernisse bei ihren Social-Media-Aktivitäten (siehe Abbildung 1).

Social Media in Unternehmen

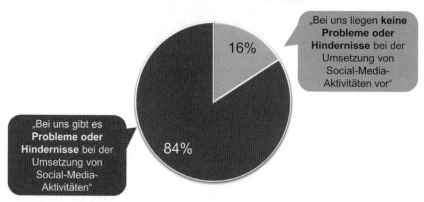

Abbildung 1: Hindernisse beim Einsatz von Social Media (vgl. BVDW 2014, S. 25)

1.1 Grenzen des aktiven Social-Media-Marketings

Die übliche Definition von Social-Media-Marketing ist weit gefasst und schließt alle klassischen digitalen Marketinginstrumente wie Display-Werbung oder Corporate Websites ein, soweit hierzu Social Media genutzt werden (z. B. Lammenett 2013, S. 13; Kollmann 2013, S. 195 f. oder Kreutzer 2014, S. 348). Dennoch scheint der Hauptfokus theoretischer Diskussionen und praktischer Sichtweisen weiterhin auf dem Aspekt der Nutzerbeteiligung und den sich hieraus ergebenden neuartigen Herausforderungen an die Unternehmenskommunikation zu liegen.

Dies mag der Besonderheit der sozialen Medien geschuldet sein, die im Sinne des Web 2.0 primär Menschen als Kommunikationsplattformen dienen und nur sekundär als Kommunikationsmedium für Unternehmen eingerichtet wurden, insbesondere zur Generierung von Einnahmen der Plattformbetreiber. Durch die Many-to-Many-Kommunikation entsteht in sozialen Medien für Unternehmen einerseits ein ungewohnter subjektiver Kontrollverlust („Verlust der Kommunikationshoheit"). Andererseits ergeben sich für die Unternehmenskommunikation bislang oft vernachlässigte Anforderungen, die aus dem Eindringen der Unternehmen in die von den Adressaten als Privatsphäre betrachteten Plattformen resultieren. Im Gegensatz zur gewohnten Massenkommunikation (One-to-Many), die für gewöhnlich keinen Rückkanal vorsieht und im schlechtesten Fall eher Ignoranz als Reaktanz hervorruft, kann in sozialen Medien ungeschicktes/unsensibles Vorgehen zu heftigen negativen Reaktionen mit Verstärkereffekten durch Kommentare und Diskussionen führen. Trotz der wahrgenommenen Fokussierung auf den Earned-Media-Bereich durch das Engagement der Unternehmen im originären Umfeld der sozialen Netzwerke sollten auch die klassischen Einsatzbereiche des digitalen Marketings, wie reine Werbung (Paid Media) oder die Corporate Website (Earned Media) innerhalb des Social-Media-Marketings nicht aus den Augen verloren werden (vgl. Grässel/Weinberg 2013, S. 120 f.).

Die Beteiligung an der Many-to-Many-Kommunikation in den sozialen Medien (Earned Media) erweitert zwar die klassischen, durch Unternehmen kontrollierten Media-Typen Paid Media und Owned Media um wirkungsvolle Instrumente und Potenziale, aufgrund der Kostenstruktur jedoch in der Regel zu einem hohen Preis (siehe Abbildung 2). Ein Einsatz ist somit im Allgemeinen nur dann wirtschaftlich sinnvoll, wenn entsprechend hohe Deckungsbeiträge generiert werden (vgl. Grässel/Weinberg 2013, S. 124 f.).

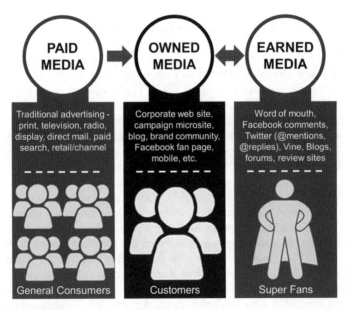

Abbildung 2: Your Content Strategy: Defining Paid, Owned and Earned Media, (Business 2 Community 2014)

Die Kostenstruktur der Social-Media-Kommunikation, bei der die Kommunikationskosten pro Person einen tendenziell progressiven Verlauf aufweisen, beschränkt den Einsatz von Earned Media auf spezielle Zielgruppen und Themen, die aufgrund einer hohen Wertschöpfung einen positiven Return on Marketing Investment (ROMI) versprechen – zumindest auf absehbare Zeit, so lange keine Automatisierung durch „intelligente" Softwaresysteme möglich ist (vgl. Grässel/Weinberg 2013, S. 125). Bei den Zielgruppen bieten sich diejenigen an, die bereits im Dialogmarketing resp. CRM im Mittelpunkt stehen: Wunsch- oder Zielkunden, Interessenten sowie gegenwärtige und ehemalige Kunden mit (potenziell) hohem Kundenwert (vgl. Kreutzer 2014a, S. 11, S. 15 f.).

Dies zeigt sich auch in der Praxis. Das Social-Media-Marketing der deutschen Unternehmen konzentriert sich im Wesentlichen auf drei Plattformen: Facebook, YouTube und Twitter sowie auf Corporate Blogs. Die Bedeutung von Twitter beschränkt sich in Deutschland indes oftmals auf Randbereiche oder Nischen. Der selektive Einsatz von Twitter gründet sich in der geringen Nutzerzahl und deren spezifischen Interessen, welche hinsichtlich der Unternehmens-Tweets zumeist auf aktuelle Infos von Fernsehsendern, Printmedien oder Sportdiensten ausgerichtet sind.

Da ein unternehmenseigener Blog (Corporate Blog) oder YouTube Channel per definitionem zu den Owned Media gehört, verbleibt unter den Earned Media Facebook als einzige relevante Social-Media-Plattform. Im konkreten praktischen Einsatz können jedoch auch hier zusätzlich Paid und Earned Media zum Einsatz kommen, da sich die Kategorien überlappen. Beispielsweise kann durch (bezahlte) Werbung eine „Initialzündung" für ein YouTube-Video sinnvoll sein, das sich viral verbreiten soll. Während früher durch ein intensives Unternehmensengagement über Earned Media eine hohe quantitative und qualitative „organische" Reichweite erzielt werden konnte, ist diese Kommunikationsmöglichkeit inzwischen weitgehend versiegt. Facebook-Fans sind für viele Unternehmen derzeit fast nur noch über bezahlte Anzeigen zu erreichen. Studien zeigen für Anfang 2014 eine mögliche organische Reichweite in der Größenordnung von 16 Prozent – sechs Prozent (vgl. Socialbakers 2014) bis hin zu zwei Prozent bei einer größeren Anzahl von Fans (> 500.00, vgl. Manson 2014, S. 2).

Die Möglichkeit hierdurch Earned Media über erzeugte Shares (Weiterleiten an Freunde) und die damit verbundenen Vorteile zu generieren ist weiterhin gegeben, allerdings nur unter der Voraussetzung, dass die Inhalte attraktiv genug sind um die Zielgruppe zum Handeln anzuregen (vgl. Manson 2014, S. 3).

Daher verwundert es nicht, dass sich die Ausgaben für Social-Media-Marketing auf Paid und Owned Media konzentrieren und beispielsweise Forrester Research, Inc. für die kommenden Jahre weitere Verschiebungen der Ausgaben für Social-Media-Marketing prognostiziert. Das unabhängige Marktforschungsinstitut erwartet, unter anderem aus Kostengründen, eine Konzentration der Aktivitäten von großen und mittleren Unternehmen auf Owned Media. Facebook-Werbung wird tendenziell vorwiegend für den „Long-Tail" der Werbungtreibenden von Interesse sein, das heißt für kleinere und mittlere Unternehmen, die spezielle Zielgruppen über Targeting erreichen wollen, z. B. Location-based oder spezielle Altersgruppen (vgl. Forrester Research, Inc. 2014).

1.2 Möglichkeiten des passiven Social-Media-Marketings

Passives Social-Media-Marketing, das heißt, die Nutzung fremder Inhalte sozialer Medien (Nutzer- und Wettbewerberaktivitäten) zur Erreichung von Unternehmenszielen ist hingegen ein „Must have" (vgl. Rauschnabel 2012, S. 3). Systematisch als Social Media Monitoring durchgeführt, lassen sich kontinuierlich wichtige Erkenntnisse über (potenzielle) Kunden, Markt und Wettbewerber ermitteln. Monitoring-Ergebnisse sind jedoch oftmals nur im direkten Vergleich aussagekräftig. Möglich sind Querschnittstudien in Bezug auf relevante Marktteilnehmer oder Längsschnittstudien im Zeitverlauf. Vorzugsweise werden beide Aspekte kombiniert, um die zeitliche Entwicklung der eigenen Social-Media-Aktivitäten im Vergleich mit dem Wettbewerb oder Best-Practice-Unternehmen zu analysieren. So können durch ein systematisches Benchmarking Schwächen und Stärken erkannt und die Social-Media-Aktivitäten unter Berücksichtigung von Chancen und Risiken optimiert werden.

Angesichts der großen Datenmenge und der Vielzahl von Social-Media-Plattformen sind auch diese Analysen wirtschaftlich nur auf Basis von automatisierten Erhebungen durchführbar. Neben der Schwierigkeit, aussagekräftige Kennzahlen und Metriken zu definieren, stellt hierbei immer noch die maschinelle Auswertung von menschlichen Beiträgen (Text Mining) eine große, für die Anforderungen der Praxis nur ansatzweise gelöste Herausforderung dar. Aufgrund der zu kombinierenden anspruchsvollen linguistischen und statistischen Methoden konzentrieren sich die Analysen oft auf spezielle Fragestellungen oder Einsatzgebiete. Bereits eine automatisierte Feststellung, ob eine Äußerung oder eine Kommentierung in einem sozialen Medium positiv, negativ oder neutral zu klassifizieren ist und auf welchen Gegenstand sich die Meinung bezieht (Sentimentanalyse, Opinion Mining), erfordert ausgefeilte Instrumente und Methoden (vgl. Scheidt 2014).

Eine Ende 2013 bundesweit durchgeführte Unternehmensbefragung zum Einsatz von Social Media, im Rahmen eines studentischen Forschungsprojektes an der Wiesbaden Business School wurden 148 Unternehmen unterschiedlicher Größe aus sieben Cluster befragt, die eine nennenswerte Facebook-Präsenz betreiben, zeigt, dass auch auf diesem Gebiet bei vielen Unternehmen noch Nachholbedarf besteht (vgl. Grässel/Weinberg 2014a). So nutzen lediglich etwa zwei Drittel der befragten Unternehmen Analysenergebnisse zur Optimierung der eigenen Fanpage und nur knapp die Hälfte (45 Prozent) setzt hierzu kostenpflichtige Hilfsmittel ein. Zwar beobachten fast alle Unternehmen (etwa 90 Prozent) die Fanpage relevanter Wettbewerber, allerdings überwiegend manuell aufgrund des vorwiegenden Einsatzes kostenfreier Analysetools mit eingeschränktem Funktionsumfang (Facebook-Statistiken und andere kostenlose Tools). Auch im Zeitverlauf findet trotz des hochdynamischen Mediums keine engmaschige Überwachung statt. Etwa zwei Drittel der Unternehmen lassen sich geraume Zeit und werten verfügbare Analysen lediglich monats- oder quartalsweise aus, eine tägliche Auswertung findet sich nur bei sechs Prozent der Antworten.

1.3 Social-Media-Marketing in der Praxis: Umsetzung von Social CRM

Die theoretisch abgeleitete notwendige Konzentration des Einsatzes der Earned Media auf Bereiche mit hohem ROMI der aufgewendeten Social-Media-Marketing-Kosten spiegelt sich auch in der Unternehmenspraxis wider. Eine aktuelle, repräsentativ fundierte Studie des Bundesverband Digitale Wirtschaft (BVDW 2014) zeigt, dass sich die Nutzung der sozialen Medien insbesondere auf Aufgaben konzentriert, die – soweit sie die Absatzseite adressieren – den klassischen Anwendungsbereichen des Customer Relationship Management (CRM) zuzuordnen sind: Kundenbindung, Werbekampagnen, Support/Kundenbetreuung, Informationsgewinnung/Marktforschung sowie Vertriebsunterstützung (siehe Abbildung 3). Unter Werbekampagnen finden sich hierbei je nach Unternehmenstyp sowohl Maßnahmen, die eher dem CRM zuzuordnen sind, als auch reine Werbemaßnahmen, die außerhalb des CRM stattfinden. Diese werden jedoch größtenteils dem Bereich Paid Media zuzuordnen sein, nicht zuletzt da die Gesetzmäßigkeiten der Earned Media (Grundprinzipien der Kommunikation in den sozialen Medien) eher einen vertrauensvollen, nachhaltigen Dialog auf Augenhöhe erfordern (vgl. Kreutzer 2014, S. 346) und sich somit in der Regel ein kurzfristiger hoher Werbedruck in den Earned Media verbietet.

Abbildung 3: Projekte und Aufgaben, bei denen Social Media Anwendung findet (vgl. BVDW 2014, S. 20)

Die hohe Relevanz von Social CRM wird auch durch die im vorigen Abschnitt angesprochene Studie (Grässel/Weinberg 2014a) bestätigt. Mehr als 60 Prozent der befragten Unternehmen bewerten den künftigen Stellenwert von Social CRM als sehr hoch (42 Prozent) oder hoch (20 Prozent).

Ein nachhaltiger Erfolg wird jedoch nur dann gewährleistet sein, wenn eine nahtlose Integration der sozialen Medien in die CRM-Prozesse und -Systeme besteht. Derzeit zeigen sich in diesem Punkt jedoch noch deutliche Defizite. Nur bei knapp der Hälfte der befragten Unternehmen ist die Facebook-Fanpage in die Prozesse des Kundenbeziehungsmanagements integriert und – noch erfolgskritischer – erfolgt dies bei fast allen der teilnehmenden Unternehmen (ca. 90 Prozent) ausschließlich manuell.

Praktischer Einsatz von Social CRM-Systemen

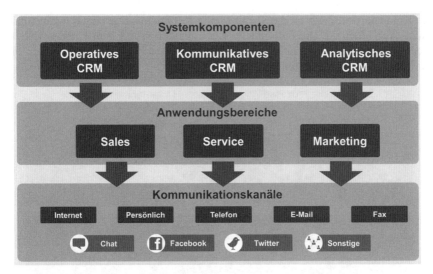

Abbildung 4: Kanalerweiterung durch Social CRM

Technisch gesehen stellt der Einbezug sozialer Medien lediglich eine Erweiterung des CRM um zusätzliche Kommunikationskanäle dar (siehe Abbildung 4). Im Gegensatz zur bereits früher erfolgten Integration von digitalen 1:1-Kanälen, wie E-Mail oder Kontaktformularen innerhalb der eigenen Internetpräsenz, ist durch die Eingliederung von sozialen Medien eine komplexere Vernetzung und die Berücksichtigung kanalspezifischer Anforderungen erforderlich.

So ähnelt beispielsweise der Kommunikationskanal E-Mail in Bezug auf die Unternehmensanforderungen dem Kanal Telefon und kann somit prinzipiell analog integriert werden: Kundenanfragen werden gezielt an das Unternehmen gerichtet und anschließend von diesem individuell beantwortet. Gegenüber dem Medium Telefon besteht zudem der Vorteil einer asynchronen Kommunikation: Die wahrgenommene Antwortqualität der Mitarbeiter im Customer-Service-Center kann über die unmerkliche Rückfragemöglichkeit oder Weiterleitung an Experten (Second- und Third-Level-Support) verbessert werden, ebenso ist ein einfacherer Lastausgleich bei Anfragespitzen möglich. Zudem können Anfragen und Antworten als digitale Dokumente gespeichert und automatisch den Kundenprofilen zugeordnet werden.

Dahingegen müssen im Falle der Social Media zusätzlich die Social-Media-Prozesse mit den Unternehmensprozessen gekoppelt und entsprechend den hohen Kundenerwartungen an die Social-Media-Kommunikation umgesetzt werden (siehe Abbildung 5). Die individuelle Kommunikation mit dem Kunden findet zudem nicht vorwiegend unter „Ausschluss der Öffentlichkeit" statt, sondern in der Regel „vor großem Publikum".

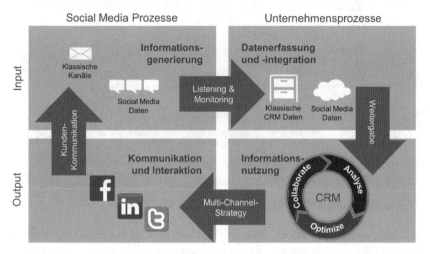

Abbildung 5: Schnittstellen Social Media ↔ CRM (in Anlehnung an Tachilzik et al. 2012, S. 21)

Die praktischen Umsetzung (Execution) der CRM-Prozesse ist schon bei den klassischen Customer-Touchpoints erfolgskritisch und stellt bereits an dieser Stelle hohe Anforderungen an Organisation und Mitarbeiter (vgl. Kreutzer 2014a, S. 13). Durch die Einbeziehung der Social Media erhöhen sich diese Anforderungen gravierend. Fragen und kritische Äußerungen müssen sich nicht direkt an das Unternehmen richten, sollten aber trotzdem aufgegriffen werden. Im offenen Umfeld können selbst direkte Anfragen an das Unternehmen oder dessen Antworten zu einer allgemeinen n:n-Kommunikation des Themas führen, die im schlechtesten Fall ein Eigenleben mit negativen Auswirkungen entwickelt (Shitstorm).

Um eine Zufriedenheit der Kunden mit der Kommunikation und eine einheitliche Außendarstellung zu erreichen, sind entsprechende organisatorische Maßnahmen sowie zielgerichtete Mitarbeiterschulungen notwendig. Klassische Hilfsmittel, wie vorformulierte Text-/Sprachbausteine oder Skripting, stoßen in den sozialen Medien aufgrund der „offenen" Themen und Diskussionsinhalte oftmals an medienbedingte Grenzen, da ein echter Dialog erwartet wird und vorformulierte Texte in vielen Fällen als unpassende Sprachhülsen empfunden werden. Zur Erfolgssicherung sind deshalb inhaltliche wie auch formale Richtlinien (Social Media Guidelines) erforderlich, die neben allgemeinen Hinweisen für die Social-Media-Kommunikation auch die spezifischen Anforderungen des Social CRM abdecken (vgl. Tachilzik et al. 2012, S. 24).

Neben der Prozessintegration stellt die meist aus Qualitäts- und Quantitätsgründen erforderliche Unterstützung durch IT-Systeme eine wesentliche Herausforderung dar, das heißt die Ergänzung der bestehenden CRM-Systeme um Social-Media-Komponenten. Diese kann technisch durch eine Erweiterung der genutzten Systeme um benötigte Software-Features oder im Falle von separaten Systemen für CRM und Social-Media-Marketing in der Kopplung der Systeme erfolgen. Hierbei gilt es alle wesentlichen Prozesse der klassischen CRM-Bereiche Sales, Service und Marketing, sowie die grundlegenden Systemkomponenten des operativen, kommunikativen und analytischen CRM einzubeziehen.

Die Erfahrungen mit vergleichbaren Anforderungen, wie beispielsweise die Erweiterung von operativen (ERP-)Systemen um CRM-Funktionalitäten, lassen vermuten, dass dem praktischen Einsatz von Social CRM zwei Hindernisse entgegenstehen: Umfang/Leistungsfähigkeit der IT-Systeme und die Einführung/Umsetzung im Unternehmen. Während der zweite Punkt ein generelles Problem des Prozess- und Change-Managements darstellt und mittels unterschiedlicher Methoden und Techniken lösbar ist (z. B. Schulze 2002), ist der erste in großem Maße vom Reifegrad der Softwaresysteme und den individuellen Anforderungen der Unternehmen abhängig.

1.4 Social-CRM-Anwendungsbereiche und Systemunterstützung

Aufgrund der neuartigen Prozesse und Aufgaben werden Social-CRM-Softwarelösungen erst seit kürzerer Zeit am Markt angeboten und decken gegebenenfalls noch nicht alle Anforderungen ab. Grundsätzlich lassen sich die derzeit am Markt verfügbaren Anwendungen für Social CRM in drei (Anbieter-)Segmente unterteilen (vgl. Grässel/Weinberg 2014, S. 119 f.)

„Integrierte Anwendungen" stellen eine Erweiterung etablierter ganzheitlicher CRM-Systeme dar, welche um Komponenten zur Anbindung geeigneter sozialer Kanäle wie Facebook und Twitter ergänzt werden, mit dem Ziel den neuen Notwendigkeiten gerecht zu werden, die durch diese Kanalerweiterung entstehen.

Die Systemhersteller realisieren diese Erweiterung derzeit vorwiegend durch Einkauf von externem Know-how in Form von Übernahmen sogenannter best-of-breed-Anbieter, insbesondere des Bereichs Social Monitoring und Social Listening.

„Insellösungen", das heißt eigenständige, oftmals Cloud-basierte Systeme, konzentrieren sich auf begrenzte Teilbereiche des CRM (z. B. Lead- und Kontaktmanagement oder Content-Management), bieten aber häufig bereits out-of-the-box integrierte Schnittstellen zu sozialen Netzwerken und das Monitoring der entsprechenden Kanäle an.

Am Markt finden sich zudem unter der Bezeichnung Enterprise Social Networks (ESN) oder Enterprise Social Software (ESS) eine Vielzahl von Produkten zur Abbildung und Unterstützung unternehmensinterner sozialer Netzwerke, die ebenfalls unter dem Begriff Social CRM angeboten werden (z. B. Salesforce.com chatter, Yammer oder SAP jam). Soweit diese Systeme sich in ein vorhandenes CRM-System integrieren lassen, erlauben sie eine direkte Verknüpfung und Nutzung der CRM-Daten, wie beispielsweise Kunden, Produkte oder Supportfällen, zur Unterstützung der internen CRM-Prozesse.

Idealerweise werden die etablierten ganzheitlichen CRM-Systeme um relevante Komponenten des Social CRM erweitert, um eine heterogene Systemlandschaft zu vermeiden und mit einer nahtlosen Integration ganzheitliche CRM-Prozesse (End-to-End) realisieren zu können. Unternehmen, die bereits CRM-Lösungen erfolgreich nutzen, sind in diesen Fällen auf die Funktionserweiterung durch ihre Hersteller angewiesen. Die Alternative – gegebenenfalls vorübergehend – die erforderlichen Komponenten der best-of-breed-Anbieter zu nutzen, ist im Allgemeinen mit der möglichen Inkaufnahme von Medienbrüchen und unter Umständen sehr aufwendiger Schnittstellenprogrammierung verbunden.

Social CRM erweitert den Anwendungsbereich des klassischen Customer Relationship Managements auf Social Media mit dem Ziel, die Kanäle, Strukturen und die durch Web 2.0 gegebenen Möglichkeiten der sozialen Netzwerke für das Kundenbeziehungsmanagement nutzbringend ein- und umzusetzen und kann gleichermaßen unternehmensextern wie -intern Anwendung finden.

Die für Unternehmen mit Social CRM verbundenen konzeptionellen und technischen Möglichkeiten, Herausforderungen sowie Risiken können in die Bereiche Content, Organisation und Steuerung untergliedert werden (vgl. Grässel/Weinberg 2014, S. 110 f.). Die funktionalen Anwendungsbereiche von Social CRM (ohne Funktionen zur Abbildung interner sozialer Netzwerke (ESN), die nachfolgend nicht weiter betrachtet werden), lassen sich nach mehreren Gesichtspunkten kategorisieren.

Eine Darstellung kann sich an der CRM-Prozesskette orientieren. Der Kundenbeziehungsprozess wird in mehrere Phasen unterteilt (vgl. Grässel/Weinberg 2014, S. 108 f.) und entsprechend den Aufgabenbereichen ganzheitlicher CRM-Systeme (Sales, Service, Marketing) differenziert. Eine nach den Komponenten operatives, kommunikatives und analytisches CRM ausgerichtete Struktur betont die funktionellen Aspekte.

Im Hinblick auf die Fragestellung der derzeit möglichen praktischen Unterstützung empfiehlt sich jedoch eher eine Ausrichtung auf die speziellen Aufgabengebiete in der Unternehmenspraxis. Die Berücksichtigung der am Markt befindlichen Tools legt hierbei eine inhaltlich/fachlich Ausrichtung auf die Zielsetzungen „Communicate", „Interact" sowie „Listen/Monitor" nahe.

„Communicate" umfasst vornehmlich die Bereiche Paid Media und Owned Media auf Basis sozialer Kanäle und Netzwerke. In diesen wird seitens des Unternehmens aus dem CRM-System heraus eine einseitige (Push-)Kommunikation betrieben und gegebenenfalls versucht, den Erfolg über entsprechende Auswertungstools zu ermitteln.

„Interact" ermöglicht darüber hinaus auch das Einlesen und Verarbeiten von Kundennachrichten und Meldungen aus den Social-Media-Kanälen und geht mit der Möglichkeit einher, verschiedenste Social-Media-Datensätze, wie beispielsweise Posts oder Tweets, zu übernehmen und zu integrieren. Relevante Datensätze werden zur Weiterverarbeitung im CRM-System bereitgestellt und ermöglichen die Interaktion mit Kunden auch im Bereich Social Media. Eine Vielzahl von Systemen unterstützt derzeit nur das Einlesen von Nachrichten und Meldungen, nicht jedoch den Rückkanal, das heißt das Aussenden oder Antworten.

„Listen/Monitor", das Hineinhören in die sozialen Medien, um systematisch relevante Markt- und Kundeninformationen zu gewinnen, findet bereits breite Anwendung im Rahmen des Social Media Monitoring und stellt für soziale Netzwerke das Pendant zur klassischen Webanalyse für Corporate Sites dar. Sofern Unternehmen bereits Listening- und Monitoring-Tools nutzen, werden die Ergebnisse jedoch in der Regel noch nicht mit den CRM-Datenbeständen vernetzt bzw. automatisiert an ein bestehendes CRM-System weitergeleitet oder darin verarbeitet (siehe Abbildung 6).

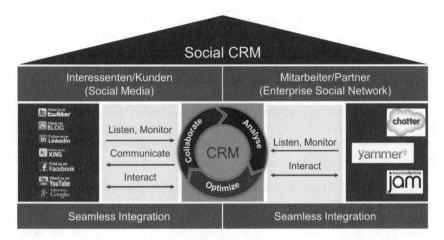

Abbildung 6: Systemschnittstellen Social Media ↔ CRM

Bislang werden bereits viele der genannten Anwendungsbereiche durch Software unterstützt. Die Zielsetzung einer „seamless integration", also der nahtlosen, medienbruchfreien und weitestgehend automatisierten Verarbeitung, wird indes gegenwärtig nur bedingt erreicht. Beispielsweise unterstützen viele Anbieter den Bereich „Communicate" und bieten Lösungen für ein plattformübergreifendes Content-Management an, das eine synchrone Steuerung der Inhaltsverbreitung in die unterschiedlichen sozialen Medien sowie ein Redaktionsmanagement erlaubt (vgl. Grässel/Weinberg 2013). Neben der Aussendung (inside-out) ermöglichen manche Anbieter, wie *Buzzrank* oder *SocialBakers*, zusätzlich auch das Empfangen (outside-in) von Posts und Feeds und bieten hierdurch ebenfalls Funktionalitäten des Bereichs „Interact". Dabei handelt es sich jedoch vorwiegend um Insellösungen, welche im Standard über keine direkte Verbindung zu parallel betriebenen CRM-Systemen verfügen.

2 Beispielhafte Social-CRM-Umsetzungen

Im Folgenden werden die aktuellen in der Praxis gegebenen Umsetzungsmöglichkeiten der im vorherigen Abschnitt genannten Funktionskategorien beispielhaft analysiert. Die Funktionalitäten „Interact" und „Listen/Monitor" werden anhand von zwei CRM-Systemen mit hoher Marktrelevanz exemplarisch dargestellt und auf ihren Leistungsumfang untersucht. Abschließend werden am Beispiel *Social Insights* weitere, über die Funktionsbereiche „Communicate", „Interact" und „Listen/Monitor" hinausgehende Möglichkeiten diskutiert, wie Social Media und andere Datenquellen aus dem Netz für Unternehmenszwecke genutzt werden können, um CRM-Prozesse zu unterstützen.

Bisher konzentrieren sich die Social-CRM-Systeme der führenden Anbieter vorzugsweise auf die Aufgabenbereiche Marketing und Service. Das Funktionsspektrum wird jedoch kontinuierlich erweitert. Durch die zunehmende Verbreitung – bisher vorwiegend in den USA – von Social Commerce, also dem direkten Kaufvorgang über und innerhalb sozialer Netzwerke (z. B. Facebook-Commerce), ist für die Zukunft eine Erweiterung des Social CRM auch für diesen Bereich zu erwarten.

2.1 Interact am Beispiel der Salesforce Service Cloud

Die Kanalerweiterung durch soziale Medien stellt einen naheliegenden Anwendungsbereich dar, um neben den etablierten Kommunikationskanälen wie Telefon, Fax oder E-Mail auch eine bidirektionale Kommunikation in vielgenutzten Medien, insbesondere Facebook und Twitter, gewährleisten zu können. Zwar finden sich in den Produktbeschreibungen nahezu aller CRM-Hersteller Hinweise auf Integrationsmöglichkeiten dieser Kommunikationskanäle, im Einzelfall ist jedoch genau zu prüfen, inwieweit hierbei eine „seamless integration" vollzogen werden kann. Anspruch und Wirklichkeit divergieren derzeit noch stark.

Beispielsweise bietet der weltweit viertgrößte CRM-Systemanbieter (Gartner 2014) Microsoft mit der Lösung *Dynamics CRM 2013* bereits vordefinierte Entitäten zu Abbildung sozialer Profile und sozialer Aktivitäten. Diese können zwar prinzipiell im System entlang klassischer CRM-Prozesse weiterverarbeitet werden, die technische Anbindung zu Facebook und Twitter ist allerdings nicht integriert und erfordert ein eigenes Programmieren oder den Zukauf bei Drittanbietern. De facto gehört die Schnittstellenanbindung derzeit nicht zum ausgelieferten Lösungsumfang. Es zeigt sich somit, dass selbst etablierte CRM-Softwarehersteller zum jetzigen Zeitpunkt nur bedingt Möglichkeiten zur Anbindung der Social Media liefern und diese unter Umständen nur mit technischem Know-how und zusätzlichen Kosten realisiert werden können. Ein Grund für diesen unzureichenden Funktionsumfang könnte darin liegen, dass bei einer Änderung der systemkritischen Schnittstelle (z. B. bei Facebook das Social Graph API), die durch das soziale Netzwerk jederzeit stattfinden kann, der „schwarze Peter" für die Anpassung der Schnittstelle bei den nutzenden Unternehmen liegt und die Systemhersteller keine Verantwortung für Funktionstüchtigkeit einer vordefinierten Integration übernehmen müssen.

Salesforce.com, derzeit größter CRM-Systemhersteller (Gartner 2014), bietet hingegen eine solche vordefinierte Schnittstelle zu Facebook und Twitter. Über die Erweiterung *Salesforce for Social Media* kann das Cloud-basierte CRM-System *Salesforce Service Cloud* (siehe Abbildung 7) einen bidirektionalen Austausch gewährleisten und im Rahmen klassischer CRM-Prozesse auch weiterverarbeiten. Technisch kann sich hier für den Anbieter von Vorteil erweisen, dass die Services für alle Kunden über das Internet zur Verfügung gestellt werden und die Verarbeitung ausschließlich auf den Servern von Salceforce.com stattfindet. Die Schnittstellen müssen nur auf dem eigenen Softwaresystem aktualisiert werden und ein gegebenenfalls aufwendiges, mit hohem Supportaufwand verbundenes Ausrollen eines kritischen Updates für alle Kunden entfällt.

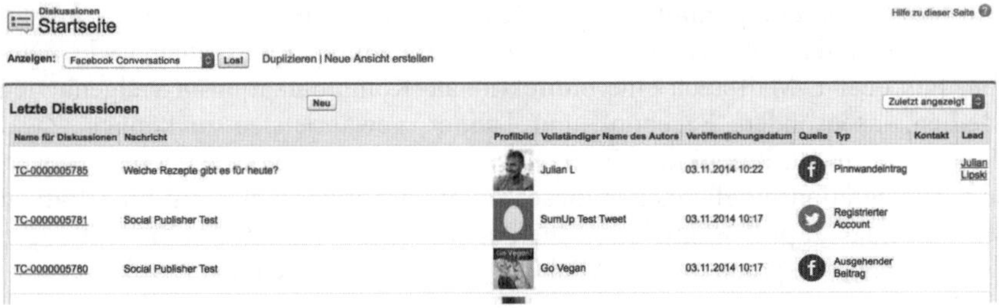

Abbildung 7: Screenshot Salesforce.com Service Cloud

Serviceanfragen von Kunden in Form von Posts auf der Fanpage des Unternehmens werden über die Schnittstelle automatisch eingelesen und in der Listenansicht „Diskussionen" der Systemoberfläche strukturiert angezeigt (siehe Abbildung 8).

Neben dem eigentlichen Inhalt des Posts werden auch Profilname, Profilbild, Veröffentlichungsdatum, Quelle und Typ in das CRM-System übertragen. Eine Zuordnung zu bestehenden Kundenprofilen ist ebenfalls möglich, um dem CRM-Konzept der 360-Grad-Ansicht gerecht zu werden und dahingehend Kundenmitteilungen aus den sozialen Kanälen in der Aktivitätenhistorie abzubilden. Diese Vervollständigung stellt einen wesentlichen Bestandteil des CRM-Konzeptes dar, der nach einer aktuellen Studie von 78 Prozent der Unternehmen als wichtig empfunden wird (vgl. Felten et al. 2014, S. 34).

Praktischer Einsatz von Social CRM-Systemen

Abbildung 8: Salesforce.com Detailformular

Eine über Facebook generierte Supportanfrage kann anschließend vom Mitarbeiter der Social-Media-Abteilung direkt beantwortet und auf Facebook veröffentlicht werden. Daneben bestehen Möglichkeiten, den eingelesenen Datensatz systemintern weiterzuverarbeiten, um daraus beispielsweise einen neuen Kontakt-/Lead-Datensatz oder einen Kundenvorgang im Servicemanagement zu erzeugen. Der erstellte Kundenvorgang übernimmt dabei die relevanten Informationen in das Kundenvorgangsformular und lässt sich wie die über andere Kanäle eingespeisten Kundenvorgänge (z. B. aus E-Mail) einer Warteschlange zuordnen bzw. entsprechend unternehmensintern definierter Serviceprozesse auch direkt durch Supportmitarbeiter weiterverarbeiten. Nach abschließender Bearbeitung durch das Service-Team werden geeignete Lösungsvorschläge zum Kundenvorgang an das Social-Media-Team rückgemeldet, welche anschließend die Lösungen in Facebook veröffentlichen.

Dabei werden die Lösungsvorschläge aus dem Support in der Regel weder eins zu eins übernommen noch automatisiert auf Facebook veröffentlicht, sondern durch den Social-Media-Mitarbeiter als Antwort auf den Facebook-Eingangspost manuell formuliert. Dies erscheint vor dem Hintergrund eingeschränkter textlicher Möglichkeiten sinnvoll, wie z. B. Zeichenbegrenzungen auf den entsprechenden sozialen Medien. Zudem kann dadurch auch die korrekte Zielgruppenansprache im entsprechenden sozialen Kanal (Tonality) sichergestellt werden, die gegebenenfalls nicht von jedem Supportmitarbeiter gewährleistet werden kann. Weiterhin können bei Bedarf Link-Umwandlungen (Shorten URL) durchgeführt werden, um auf den sozialen Medien die originären Support-Links verkürzt darzustellen, sodass keine unnötigen Zeichen-Ressourcen verschwendet werden. Diese von Salesforce vorgeschlagene Trennung zwischen Social-Media-Team (Veröffentlichung) und Support-Team (interne Bearbeitung) scheint zunächst zwar einer „seamless integration" zu widersprechen, sichert allerdings damit die bereits in Kapitel 1.3. erwähnten besonderen Anforderungen an die Kommunikation im „offenen Umfeld".

Am Beispiel der *Salesforce Service Cloud* kann somit exemplarisch gezeigt werden, dass durchgehende CRM-Prozesse auch unter Berücksichtigung neuerer sozialer Kanäle abgebildet und technische und organisatorische Integrationsanforderungen gemeistert werden können. Zusätzlich unterstützt die einheitliche Nutzung der empfangenen und generierten Datensätze das Konzept one-face-of-the-customer. Dem Beispiel kann auch entnommen werden, dass Unternehmen bei der Umsetzung von Social CRM mit zusätzlichen Kosten rechnen sollten. Die Kommunikationsaufgaben im Social CRM, das heißt die Anforderungen einer Kanalerweiterung auf soziale Medien, können nur bedingt von den bisherigen Mitarbeitern der Sales- oder Serviceabteilung übernommen werden. In der Regel ist zumindest ein zusätzlicher Schulungsaufwand erforderlich, um dem Konzept one-face-to-the-customer auch für Kanäle wie Facebook gerecht zu werden.

Im dargestellten Prozessbeispiel wäre jedoch im Einzelfall zu prüfen, inwieweit die zusätzlichen Kosten nur aufgrund der Verlagerung des Supportaufkommens von bereits bestehenden Kommunikationskanälen in die neuen Social-Media-Kanäle entstehen. In vielen Fällen lässt sich hierdurch auch eine deutliche Steigerung der Support- und Servicequalität erreichen. So sollten bei Supportanfragen über soziale Kanäle die Kundenerwartungen an Reaktionszeiten beachtet werden, denn die Antwortzeiten werden auch öffentlich wahrgenommen. Kurzfristige und zugleich inhaltlich qualifizierte Antworten erzielen nicht nur beim speziellen Kunden Zufriedenheit, sondern können auch bei der Allgemeinheit einen positiven Eindruck erzeugen. Zudem sollte berücksichtigt werden, dass Fans einer Unternehmens-Fanpage diese nur selten besuchen und nicht – wie im Falle der meist funktional umfangreicheren Homepage – als Kommunikationsanker nutzen (vgl. Kreutzer/Land 2013, S. 180). Ein Kontakt mit Inhalten der Fanpage erfolgt nach dem „Like" daher oftmals nur noch im Rahmen des Newsfeeds des Nutzers. Die Supportangebote der Fanpage können Nutzer zum Aufsuchen dieser bewegen und ermöglichen es so, gegebenenfalls weitere Kommunikationsziele zu erreichen und hierdurch die Problematik der Kosten-Nutzen-Relation zu entschärfen.

Praktischer Einsatz von Social CRM-Systemen

2.2 Listening/Monitoring am Beispiel von Microsoft Social Listening

Mit der seit Mitte 2014 auf dem deutschen Markt verfügbaren Anwendung *Social Listening* tritt Microsoft nicht nur in den Markt für Social Media Monitoring ein, sondern erweitert gleichzeitig das Funktionsspektrum des CRM-Systems *Dynamics CRM* durch umfassende Social-CRM-Funktionalitäten.

Social Listening wird als separates, Cloud-basiertes System angeboten und ist als Funktionserweiterung für größere Kunden von *Dynamics CRM* (ab zehn User der Professional Edition) mit Einschränkungen bereits im Rahmen der vorhandenen Lizenzen nutzbar. Das Tool erlaubt Analysen einzelner Keywords oder Phrasen in Beiträgen des Social Web und erfasst Nennungen (Mentions) aus den Quellen Facebook, Twitter, Blogs (*Tumblr.com* und *WordPress*) und YouTube (Querschnittsanalyse) (siehe Abbildung 9). Darüber hinaus können Beiträge auf festgelegten Facebook-Fanpages im Zeitablauf analysiert werden (Längsschnittanalyse). Zukünftig soll die Keyword-Analyse auch auf Nachrichtendienste erweitert werden (angekündigt für Dez. 2014).

Abbildung 9: Social-Listening-Quellen für erfasste Keywords

Damit sollen Auswertungen zu Stichworten oder Satzbestandteilen ermöglicht werden, die flexibel nach unterschiedlichen Attributen wie Schlagwort, Publikum (Seitenbeiträge oder Benutzerbeiträge), Beitragstyp (Beitrag oder Kommentar), Stimmung (positiv, neutral oder negativ), Sprache, Quelle oder Standorte gefiltert und analysiert werden können. Daneben ist es möglich Top-Autoren zu identifizieren oder, für den Kanal Twitter, auch Key-Influencer anhand des Klout-Scores und der daraus abgeleiteten Reichweite zu ermitteln.

Die Sentimentanalyse erfolgt automatisiert auf Basis länderspezifischer Algorithmen. Diese sind allerdings weder lernfähig noch können sie angepasst werden. Daher ist es nicht verwunderlich, dass derzeit keine verlässlichen Ergebnisse ermittelt werden, wie Abbildung 10 demonstriert.

Abbildung 10: Social Listening Buzzword-Analyse

Abbildung 10 zeigt eine Kennzahlenübersicht der Fanpage *Dein Sky Sport* vom Abend des 01. November 2014. Das Web-Streaming des Bundesliga-Topspiels zwischen Rekordmeister FC Bayern München und Borussia Dortmund brach nach halbstündiger Übertragung zusammen und stand während der nächsten Stunden nicht weiter zur Verfügung. Bezüglich der Fanpage wurden insgesamt 826 Beitrage erfasst, von denen automatisiert 87 positiv und 59 negativ bewertet wurden, was insgesamt einem leicht positiven Sentiment-Index entspricht. Das Ergebnis einer manuell durchgeführten Bewertung zeigt, dass die Beiträge aus nachvollziehbaren Gründen eher einem Shitstorm entsprochen haben. Viele andere Anbieter entsprechender Tools (z. B. *SocialBakers*) verzichten mittlerweile unter Verweis auf die Unzulänglichkeiten der Algorithmen gänzlich auf automatisierte Auswertungen. Aufgrund der in Abschnitt 1.2 ausgeführten Schwierigkeiten sind mittels automatisierter Standardauswertungen auch in naher Zukunft keine verlässlichen Ergebnisse zu erwarten.

Die manuelle Auswertung des Beispiels verdeutlicht auch die in Abschnitt 1.2 angesprochene Problematik, den Gegenstand der Meinungsäußerung zu erkennen (vgl. Scheidt 2014). Während sich einerseits Beiträge auf den Zusammenbruch des Streamings beziehen, wurden andere als Kommentierung des Spielverlauf oder des Spielergebnisses gepostet, sodass selbst eine korrekte Stimmungserkennung ohne weitere Differenzierung keine sinnvolle Interpretation bezüglich der Fanpage erlaubt. Um Stimmungen oder Stimmungsveränderungen (Panel) identifizieren zu können, ist eine manuelle Nachbearbeitung von Beiträgen wichtig.

Dies ist zumindest begrenzt auf kurze Zeiträume (z. B. spezielle Kampagne, Produktlaunch) und/oder spezifische Keywords auch praktisch umsetzbar.

Um die Ergebnisqualität zu verbessern, können bei *Social Listening* bestimmte Keywords oder Domänen sowie irrelevante Nennungen für die Auswertung ausgeschlossen werden. Die Rohdaten lassen sich als Excel-Datei exportieren und beispielsweise über die Extraktion sämtlicher Posts eines Zeitraums extern weiterverarbeiten. Auf Basis einzelner Analysen können Warnmeldungen („alerts") eingerichtet werden, die bei Überschreitung von Grenz- oder Durchschnittswerten alarmieren, um beispielsweise frühzeitig die Gefahr eines „Shitstorm" zu kennen. Diese Anforderung ist für die Unternehmen von hoher Relevanz. Fast drei Viertel der befragten Unternehmen gewährleisten eine Betreuung oder zumindest eine Überwachung der eigenen Fanpage auch außerhalb der üblichen Geschäftszeiten (vgl. Grässel/Weinberg 2014a). Eine intelligent und gezielt eingerichtete zuverlässige Alarmierungsfunktion könnte Kosten für die Überwachung der sozialen Kanäle auf ein Mindestmaß reduzieren.

Microsoft ermöglicht eine direkte Integration der Ergebnisse in die Oberfläche des CRM-Systems. Sofern ein Unternehmen *Dynamics CRM* ebenfalls als Cloud-Lösung nutzt, erfolgt die Einbindung auf einen Knopfdruck. Hierdurch werden die Analysen von *Social Listening* in Form von Diagrammen im CRM zur Verfügung gestellt.

Es findet jedoch keine Integration der Daten, sondern nur eine Einbindung an der Oberfläche statt, das heißt, interaktive Grafiken von *Social Listening* können in Dashboards (Übersichtsseiten mit Business Charts, Auswertungen, etc.) von *Dynamics CRM* integriert werden. Hierdurch lassen sich Auswertungen des analytischen CRM mit Erkenntnissen über Social Media anreichern und beispielsweise in Diagrammform Erkenntnisse aus Kampagnen und die damit verbundenen Erfolgskennzahlen/Kosten mit Social-Media-Kennzahlen der Fanpage vergleichen.

Analysen von *Social Listening* können analog auch in sämtliche Formulare von *Dynamics CRM* eingebunden werden, wie beispielsweise Analysen der Fanpage eines Kunden im Kundenformular. Der Nutzen dieser Integration erschließt sich jedoch nicht unmittelbar. Ein Zusammenführen der Systeme könnte unter Umständen hilfreich sein, z. B. um im Rahmen einer Produkteinführungskampagne Meinungsführer direkt anzusprechen oder durch Analysen bestimmter Keywords den Support bereits im Vorfeld auf mögliche Anfragen vorzubereiten. Nutzen und Einsatzmöglichkeiten müssen jedoch im Einzelfall kritisch geprüft werden, insbesondere ob die notwendige Zuverlässigkeit der automatisierten Ergebnisse gewährleistet ist.

Auch wenn die Einbettung von *Socia-Listening*-Elementen in *Dynamics CRM* helfen kann, neue Erkenntnisse zu gewinnen und gegenüber der simultanen Nutzung beider Systeme einen Usability-Fortschritt darstellt, findet derzeit keine Integration der Daten statt. Somit sind im CRM-System Auswertungen, die sowohl Informationen aus *Social Listening* als auch der CRM-Datenbank verarbeiten, oder die Anreicherung von Kundendaten durch Social Media Informationen nicht direkt realisierbar.

2.3 Einbindung externer Datenbanken am Beispiel von Social Insights

CRM-Systeme generieren ihren Datenbestand vorwiegend auf Basis eigener Interaktionen mit den Kunden. Insbesondere im Bereich B-to-B kann es sinnvoll sein, auf Informationen externer Datenbanken zuzugreifen, um eine vollständige „Rundumsicht" auf den Kunden zu erhalten, mit dem Ziel hierdurch beispielsweise den Außendienst oder das Key-Account-Management zu unterstützen. Von Vorteil erweisen sich bereits vorgefilterte und strukturiert aufbereitete Informationen aus sozialen Medien, die direkt Kunden zugeordnet werden können.

Das Tool *Social Insights*, das für bestimmte Editionen von *Dynamics CRM* seit Kurzem als kostenloses Add-In verfügbar ist, integriert die Informationen von *InsideView* in das CRM-System. Informationen zu Unternehmen und Personen, werden durch Datenbanken bereitgestellt, die sich aus unterschiedlichen Quellen speisen, wie Equifax (Finanzdaten) oder Netprospex (Marketingdaten). Zusätzlich sind auch aktuelle News, wie Reuters-Meldungen, Finanzinformationen, oder Social-Media-Aktivitäten wie Twitter- oder Facebook-Aktivitäten, nutzbar.

Die Informationen können in Form von I-Frames (Fenster) in die Oberfläche des CRM-Systems der Formulare für Kontakte, Leads und Firmen eingebunden werden (siehe Abbildung 11). Mitarbeiter haben somit die Möglichkeit auf eine Vielzahl von zusätzlichen Informationen zuzugreifen, die in den Datenbanken von *InsideView* enthalten sind, um diese zur Identifizierung bzw. Qualifizierung von Leads oder der Anreicherung bestehender Kundendatensätze zu nutzen.

Abbildung 11: Social Insights I-Frame für Dynamics CRM

Manche Funktionalitäten sind durch die Einbettung in das CRM-System mit Vorsicht einzusetzen. Bei einer möglichen direkten Antwort eines Mitarbeiters auf Posts und Tweets, die direkt über die Oberfläche von *Social Insights* vorgenommen werden kann, muss sichergestellt sein, dass diese auch archiviert wird und korrekt in das CRM-System einfließt. Die Inhalte der Datenbank von *InsideView* lassen sich teilweise auch manuell anreichern, wobei die Gefahr von fehlerhaften Daten hierbei nicht gänzlich ausgeschlossen werden kann.

Spezifische Informationen über einzelne Privatkunden oder kleinere Unternehmen werden mit dem Tool nur bedingt erhältlich sein, wohingegen bei großen Firmen oftmals eine Vielzahl von Informationen zu Konzern, Tochtergesellschaften, Ansprechpartnern oder Finanzinformationen verfügbar ist.

Dies kann durch die funktionelle Integration besonders bei Neuaufnahmen hilfreich sein. Wird beispielsweise der Firmendatensatz „FC Bayern München" im CRM-System neu angelegt und gespeichert, schlägt ein integriertes *Social Insights* die Verknüpfung mit „FC Bayern München AG" vor und ermittelt 34 einzelne Mitarbeiter mit zugehörigen Positionen.

Teilweise können ermittelte Daten auch direkt in entsprechende CRM-Formulare übernommen werden, um den Datensatz anzureichern (siehe Abbildung 12). Die Synchronisierungsfunktion erlaubt es hierbei, mögliche Feldzuordnungen zu überprüfen und geeignete Daten für die Übernahme auszuwählen.

Sofern valide Informationen aus der Datenbank ermittelt werden, lassen sich durch die Integration binnen kürzester Zeit komplette Firmen- oder Personendatensätze im CRM-System neu generieren und bestehende Datensätze vervollständigen oder anreichern.

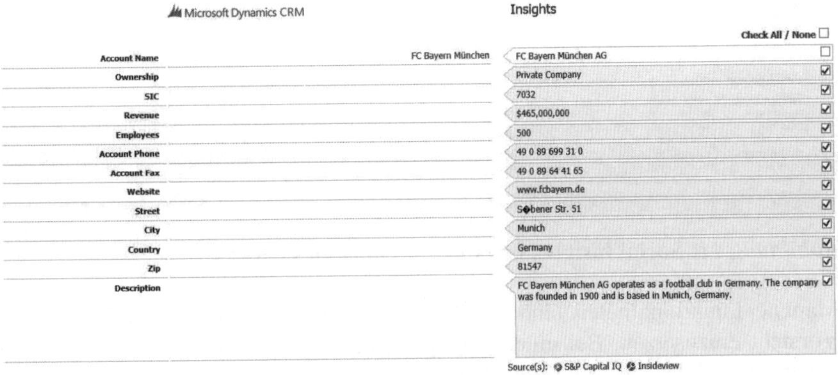

Abbildung 12: Synchronisierungsübersicht für Datenübernahme

Die von *InsideView* bereitgestellten Daten sind zwar alle öffentlich im Internet abrufbar, in der Regel allerdings an unterschiedlichen Stellen. Der Vorteil ergibt sich durch die Zeitersparnis einer one-stop-agency, die eine Vielzahl statischer und dynamischer Daten, aktuellen Pressenachrichten und fortlaufenden Mitteilungen aus sozialen Netzwerken (z. B. Tweets) sammelt, aufbereitet und gegebenenfalls validiert, z. B. bei widersprüchlichen (veralteten) Adressdaten.

Literatur

Bundesverband Digitale Wirtschaft (BVDW) e.V. (2014): BVDW-Studie: Social Media in Unternehmen – BVDW-Studienergebnisse, Düsseldorf: http://www.bvdw.org/mybvdw/media/download/studie-social-media-in-unternehmen-ergebnisband-gesamt.pdf?file=3285.

Business 2 Community (2014): Your Content Strategy: Defining Paid, Owned and Earned Media, http://www.business2community.com/content-marketing/your-content-strategy-defining-paid-owned-and-earned-media-0533660nity: (zuletzt abgerufen am 19.12.2014).

DDV Deutscher Dialogmarketing Verband e.V. (Hrsg.) (2014): Dialogmarketing Perspektiven 2013/2014, Wiesbaden: Springer Gabler.

DDV Deutscher Dialogmarketing Verband e.V. (Hrsg.) (2015): Dialogmarketing Perspektiven 2014/2015, Wiesbaden: Springer Gabler.

Felten, C. et al. (2014): CRM-Studie 2014 – Der Richtungsweiser für erfolgreiches Kundenbeziehungsmanagement, Osnabrück: buw consulting.

Forrester Research, Inc. (Hrsg.) (2014): Western European Social Media Marketing Forecast, 2014 To 2019, Cambridge, MA.

Höchstötter, N. (Hrsg.) (2014): Handbuch Web Monitoring 1 – Social Media und Websitemonitoring, Berlin: AKA Verlag.

Hofbauer, G. et al. (Hrsg.) (2013): Marketing in Forschung und Praxis, Berlin: uni-edition.

Gartner (2014): Market Share Analysis: Customer Relationship Management Software, Worldwide, 2013, www.gartner.com/newsroom/id/2730317 (zuletzt abgerufen am 19.12.2014)

Grässel, R./Weinberg, J. (2013): Social Media: Promotion oder Marketing? in: Hofbauer, G. et al. (Hrsg.): Marketing in Forschung und Praxis, Berlin: uni-edition, S. 119-134.

Grässel, R./Weinberg, J. (2014): Social CRM – Umsetzungsmöglichkeiten in der Praxis. In: Deutscher Dialogmarketing Verband e.V. (Hrsg.): Dialogmarketing Perspektiven 2013/2014, Wiesbaden: Springer Gabler, S. 105-125.

Grässel, R./Weinberg, J. (2014a): Studie zum Einsatz der Fanpage für Social-Media-Marketing und Social CRM deutscher Unternehmen, Wiesbaden: Forschungsbericht (forthcoming).

Lammenett, E. (2013): Praxiswissen Online-Marketing, Wiesbaden: Springer Gabler.

Manson, M. (2014): Facebook Zero: Pondering Life After the Demise of Organic Reach, social@Ogilvy, http://bit.ly/1mhAQd1.

Kollmann, T. (2013): Online Marketing, Stuttgart: Kohlhammer.

Kreutzer, R. T./Land K.-H. (2013): Digitaler Darwinismus: Der stille Angriff auf Ihr Geschäftsmodell und Ihre Marke, Wiesbaden: Springer Gabler.

Kreutzer, R. T. (2014): Praxisorientiertes Online Marketing, 2. Aufl., Wiesbaden: Springer Gabler.

Kreutzer, R. T. (2014a): Konzepte und Instrumente des Dialog-Marketings, Wiesbaden: Springer VS.

Rauschnabel, Ph. A. et. al. (2012): Sieben Handlungsfelder, ein Ergebnis – erfolgreiches Social Media Marketing. In: Insights 16, Eds: Batten & Company, Düsseldorf & München, pp. 40-53.

Rauschnabel, Ph. A. (2014): Monitoring als Erfolgsfaktor im Social Media Marketing. in: Höchstötter, N. (Hrsg.), Handbuch Web Monitoring 1, AKA Verlag., S. 1-22.

Scheidt, J. (2015): Automatische Auswertung von Kundenmeinungen – Opinion Mining am Beispiel eines Projektes für die Versicherungswirtschaft. In: Deutscher Dialogmarketing Verband e.V. (Hrsg.): Dialogmarketing Perspektiven 2014/2015, Wiesbaden: Springer Gabler, S. 129.

Schulze, J. (2002): CRM erfolgreich einführen, Berlin: Springer.

Socialbakers (2014): Industry Report, www.socialbakers.com/edgerankchecker/blog/category/industry-report/ (zuletzt abgerufen am 19.12.2014).

Tachilzik, Th. et al. (2012): Social CRM in 4-Phasen, Social Media Magazin, 2012-II, S. 20-25.

Die Autoren

Robin Grässel, MBA, ist wissenschaftlicher Mitarbeiter der Wiesbaden Business School und unterrichtet in Bachelor- und Masterstudiengängen Electronic Business. Schwerpunkt seiner Forschungstätigkeiten bildet das Customer Relationship Management. Er studierte Betriebswirtschaftslehre mit Schwerpunkt Marketing an der Goethe-Universität Frankfurt und der Hochschule RheinMain und ist auf führenden CRM-Systemen unterschiedlicher Hersteller sowie als Microsoft Trainer zertifiziert.

Prof. Dr. Jakob Weinberg lehrt Electronic Business im Schwerpunkt Marketing der Wiesbaden Business School und ist seit 2001 Direktor des Institutes für Strategische Marktanalysen und Systeme an der Hochschule RheinMain (ISMAS). Er schloss sein Studium an den Universitäten Gießen und Paris mit den akademischen Graden Diplom, Maîtrise ès sciences und Promotion ab. Er war wissenschaftlich an den Universitäten Bonn und Dortmund sowie als Gastprofessor an der University of California, Berkeley, tätig und hatte langjährig leitende Führungspositionen im Informationsmanagement und der Unternehmensplanung bei mittelständischen Firmen und internationalen Konzernen inne. Seine Praxis- und Forschungsschwerpunkte liegen insbesondere in den Bereichen digitales Marketing, CRM, eCommerce und Business Intelligence.

Kontakt

Robin Grässel, MBA
Wiesbaden Business School
Hochschule RheinMain
Bleichstraße 44
65183 Wiesbaden
robin.graessel@hs-rm.de

Prof. Dr. Jakob Weinberg
Wiesbaden Business School
Hochschule RheinMain
Bleichstraße 44
65183 Wiesbaden
jakob.weinberg@hs-rm.de

Automatische Auswertung von Kundenmeinungen – Opinion Mining am Beispiel eines Projekts für die Versicherungswirtschaft

Dirk Reinel / Jörg Scheidt

Inhalt

1	Einführung	130
1.1	Grundlagen des Opinion Mining	131
1.2	Methoden des Opinion Mining	132
1.3	Besonderheiten der deutschen Sprache	135
1.4	Herausforderungen bei der Analyse von Webdaten	135
2	Das Projekt Opinion Mining für die Versicherungswirtschaft	136
2.1	Rahmenbedingungen des Projekts	136
2.2	Datenquellen und prinzipielle Vorgehensweise	136
2.3	Sentiment Phrase List	137
2.4	Algorithmus für die Zuordnung von Phrasen zu Aspekten	140
2.5	Quantifizierung der Güte der Ergebnisse	141
2.6	Diskussion der Ergebnisse	144
3	Zusammenfassung und Ausblick	145
Literatur		147
Die Autoren		148
Kontakt		149

Management Summary

> Mit der zunehmenden Menge textueller Daten im Web 2.0 wächst auch die Notwendigkeit der maschinellen Auswertung dieser Daten, beispielsweise um in Texten geäußerte Meinungen aufzuspüren (Opinion Mining). Im vorliegenden Beitrag wird das Aspect-based Opinion Mining – ein Verfahren mit sehr hohem Detaillierungsgrad – für deutschsprachige Texte anhand eines Projekts für die Versicherungswirtschaft vorgestellt. Es wird gezeigt, dass in Bewertungsplattformen geäußerte Meinungen zu Produkten und Services von Versicherungen mit einer Genauigkeit von etwa 90% und einer Vollständigkeit von ca. 80% für positive und ca. 60% für negative Meinungen erkannt werden können.

1 Einführung

Durch die starke Zunahme der im Web 2.0 veröffentlichten Daten wachsen auch die Begehrlichkeiten, diese Daten maschinell auszuwerten. Gerade die Analyse textueller Daten, welche in Foren, Blogs, sozialen Netzwerken und vielen anderen Plattformen anfallen, stellt große Herausforderungen für die verwendeten Algorithmen dar.

Die automatisierte Extraktion von im Text geäußerten Meinungen, das *Opinion Mining* – synonym wird auch der Terminus *Sentiment Analysis* verwendet – wird dabei, beispielsweise für die Anwendung im Rahmen von Social-Media-Monitoring-Systemen, immer wichtiger.

In diesem Kapitel werden die Grundlagen des Opinion Mining kurz umrissen. Ein Großteil der Forschungsarbeit auf diesem Gebiet wurde für Texte in englischer Sprache geleistet. Da die erzielten Ergebnisse aufgrund von sprachlichen Besonderheiten nicht ohne Weiteres auf Texte in deutscher Sprache übertragen werden können, soll zumindest exemplarisch auch auf diese Sonderfälle eingegangen werden.

Danach wird im zweiten Kapitel das Projekt *Opinion Mining für die Versicherungswirtschaft* (*OMVers*) detailliert beschrieben. Dabei werden insbesondere die verwendeten Algorithmen sowie die durchgeführten Experimente ausführlich diskutiert.

Es folgen eine Zusammenfassung der Ergebnisse sowie ein Ausblick auf anstehende Erweiterungen des Projekts.

1.1 Grundlagen des Opinion Mining

Beim Opinion Mining geht es im Grunde darum, in Texten geäußerte Meinungen zu identifizieren und anschließend zu analysieren. Dieses Verfahren ist dabei prinzipiell auf mehreren Ebenen möglich.

Bei der *Document-level Sentiment Analysis* besteht die Aufgabe darin, ganze Dokumente nach ihrer Tonalität, beispielsweise in positive, neutrale oder negative Dokumente, aufzuteilen (vgl. Pang et al. 2002; Turney 2002). Dokumente können dabei etwa Nachrichtenartikel, E-Mails – beispielsweise von Kunden an eine Serviceabteilung eines Unternehmens – oder Kundenrezensionen sein.

Ist eine granularere Betrachtung gewünscht, kann das Opinion Mining auch auf Abschnitte oder auf einzelne Sätze heruntergebrochen werden (vgl. Wiebe et al. 1999). In diesem Falle spricht man von *Sentence-level Sentiment Analysis*.

Die detaillierteste Betrachtungsweise ist das *Aspect-based Opinion Mining*, eingeführt zunächst unter der Bezeichnung *Feature-based Opinion Mining* (vgl. Hu/Liu 2004). Ziel dabei ist es, Meinungen, welche sich auf eine Entität oder auf einen Aspekt einer Entität beziehen, zu detektieren. In dem Statement „*Die Mitarbeiter der ABC-Versicherung sind immer freundlich*" bezieht sich die geäußerte Meinung – *immer freundlich* – auf den Aspekt – *Mitarbeiter* – einer Entität – der *ABC-Versicherung*. Da in der Regel auch die meinungsäußernde Person und der Zeitpunkt der Meinungsäußerung von Interesse sind, wird als vollständige Meinungsäußerung ein sogenanntes Quintupel/Opinion Tuple (Entität, Aspekt der Entität, Meinung, Meinungsträger, Zeit) definiert (vgl. Liu 2012, S. 12) (siehe *Abbildung 1*).

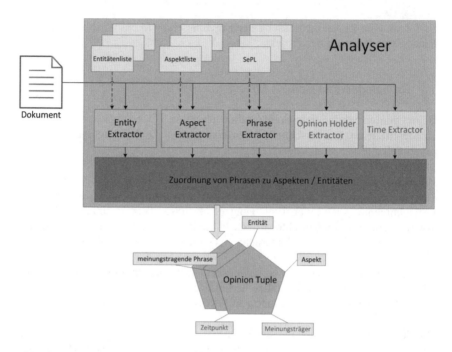

Abbildung 1: Abstrakte Darstellung des Ablaufs beim Aspect-based Opinion Mining mit Opinion Tuple als Ergebnis

Neben diesen sogenannten regulären gibt es noch den Spezialfall vergleichender Meinungsäußerungen, beispielsweise „*Die XYZ-Versicherung ist besser als die ABC.*" Die Analyse solcher Äußerungen stellt ein Spezialgebiet des Opinion Mining dar (vgl. Jindal/Liu 2006).

1.2 Methoden des Opinion Mining

Um das Opinion Mining durchzuführen, gibt es zwei grundsätzlich verschiedene Ansätze.

Maschinenlernende Verfahren basieren darauf, dass Systeme mit Hilfe von Trainingsdaten angelernt werden, ein Klassifikationsproblem zu lösen. Anschließend kann das System dann neue Objekte automatisch richtig zuordnen. Ein Beispiel für die Anwendung solcher Verfahren ist die Klassifikation von E-Mails in Spam und Nicht-Spam. Auf dem Gebiet des Opinion Mining wurde diese Methode erstmals eingesetzt, um Filmbewertungen automatisch in positive und negative Bewertungen zu klassifizieren (vgl. Pang et al. 2002).

Im Gegensatz zu maschinenlernenden Ansätzen nutzen lexikonbasierte Verfahren lexikalische Ressourcen wie zum Beispiel Listen negativer und positiver Wörter oder Phrasen. Diese werden dann im Text gesucht und, im Falle des *Aspect-based Opinion Mining*, den Aspekten und Entitäten zugeordnet.

Eine Voraussetzung für lexikonbasierte Verfahren sind lexikalische Ressourcen in der jeweiligen Sprache des Textes. Solche Ressourcen existieren in großer Zahl für die englische Sprache (vgl. Baccianella et al. 2010; Takamura et al. 2005; Wilson et al. 2005; Liu et al. 2005). Aber auch für die deutsche Sprache gibt es mehrere Listen meinungstragender Wörter (vgl. Clematide/Klenner 2010, Waltinger 2010).

Eine Problematik bei der Verwendung von Listen meinungstragender Wörter ist die Behandlung von Wörtern, die eine Äußerung negieren, verstärken oder abschwächen. Es ist leicht ersichtlich, dass eine Negation oft, aber nicht immer die Polarität einer Meinungsäußerung invertiert. So ist *nicht gut* näherungsweise das Gegenteil von *gut*, dies trifft aber bei *schlecht - nicht schlecht* und noch deutlicher bei *perfekt - nicht perfekt* nicht mehr zu. Das Negationswort *nicht* schwächt perfekt zwar ab, trotzdem ist die Aussage, etwas ist *nicht perfekt*, immer noch positiv.

Im Projekt Opinion Mining für die Versicherungswirtschaft wird eine lexikalische Ressource – die Sentiment Phrase List – verwendet, welche am Institut für Informationssysteme der Hochschule für Angewandte Wissenschaften Hof entwickelt (vgl. Rill et. al. 2012a, Rill et. al. 2012b) und im Rahmen des Projekts speziell für eine Anwendung in der Versicherungswirtschaft weiterentwickelt wurde. Die Sentiment Phrase List wird genauer in Kapitel 2.3 beschrieben.

Die einfachste Möglichkeit eines lexikonbasierten Verfahrens ist der sogenannte *Bag-of-Words*-Ansatz. Dabei wird der Text als Ansammlung von Wörtern betrachtet, in der die Anzahl der positiven und negativen Wörter oder Phrasen gezählt wird. Enthält der Text mehr positive als negative Meinungsäußerungen, wird er als insgesamt positiv bzw. negativ angesehen. Eine solche Vorgehensweise funktioniert bei kurzen Sätzen, in denen eine Meinung auf einfache Art und Weise geäußert wird, recht zufriedenstellend. Beispiele für solche Sätze sind

„*Die Versicherung XYZ ist gut!*", „*Die Mitarbeiter sind freundlich.*" und „*Ich mag die ABC!*".

Dieses Verfahren stößt aber an seine Grenzen, wenn längere Texte analysiert werden sollen, welche gegebenenfalls auch noch verneinte, verstärkte oder abgeschwächte Äußerungen oder auch Statements gegenüber Dingen, die nicht Gegenstand der Betrachtung sind, enthalten.

Anhand des nachfolgenden Beispiels in *Abbildung 2* sollen einige der genannten Problematiken näher erläutert werden.

Ich hatte letztes Jahr einen üblen Unfall. Mein Auto war total Schrott. Zum Glück hatte ich wenigstens keine Probleme mit der Versicherung. Die Schadensabwicklung war gut. Die Mitarbeiter des Kundenservice konnten mir, nach anfänglichen Problemen, bestens weiterhelfen. Sie waren immer freundlich.

Abbildung 2: Beispiel zur Erläuterung verschiedener Problematiken beim Lexikon-basierten Opinion Mining (*Bag of Words*)

Ein einfacher *Bag-of-Words*-Ansatz würde hier als negative Äußerungen *übel*, *Schrott* und *Problem* (2-mal) identifizieren. Positive Ausdrücke im Text sind *Glück*, *gut*, *weiterhelfen* und *freundlich*. Insgesamt stünden also vier negativen vier positive Äußerungen gegenüber, sodass der Text insgesamt als neutral angesehen werden müsste. Es ist jedoch leicht erkennbar, dass der Text, bezogen auf die Versicherung, eine sehr positive Äußerung darstellt. Die negativen Statements beziehen sich nicht auf die Versicherung (*übel*, *Schrott*) bzw. werden verneint (*keine Probleme*).

Ein weiteres Problem beim Opinion Mining mit lexikalischen Ressourcen sind Wörter oder Phrasen, die je nach Domäne unterschiedliche Meinungen ausdrücken. Exemplarisch sei hier das meinungstragende Adjektiv *gruselig* genannt, das in der Domäne „Bücher" durchweg positiv verwendet wird – „*Das neue Stephen King Buch war wieder richtig gruselig.*" – in der Domäne „Elektronik" jedoch ausschließlich den Unmut des Autors zum Ausdruck bringen soll – „*Das Display des Smartphones ist schon gruselig.*".

Ein Beispiel für die Versicherungsbranche ist das Verb *wechseln*, das in dieser Domäne eine sehr starke Meinung ausdrückt – „*Ich werde meine Versicherungsgesellschaft auf jeden Fall wechseln*".

1.3 Besonderheiten der deutschen Sprache

Ein Großteil der bisherigen Forschungsbemühungen auf dem Gebiet des Opinion Mining bezieht sich auf die Analyse von Texten in englischer Sprache. Viele der erzielten Ergebnisse lassen sich auf eine Anwendung auf deutschsprachige Texte verallgemeinern, allerdings gibt es im Deutschen einige Besonderheiten, von denen drei hier exemplarisch erwähnt werden sollen.

Eine Besonderheit im Deutschen ist die häufige Verwendung von Nominalkomposita, also zusammengesetzter Nomen. Das Beispiel *Empfangsproblem* zeigt, dass es möglich ist, in einem Wort sowohl einen Aspekt als auch eine Meinung zu diesem Aspekt zu äußern.

Eine weitere Besonderheit liegt in der Tatsache, dass im Deutschen häufig ineinander verschachtelte Nebensätze verwendet werden. Dies erschwert die automatische Analyse deutscher Texte gegenüber dem Englischen.

Eine Erleichterung bei der Analyse deutscher Texte ergibt sich aus der Verwendung der drei Genera im Deutschen. Dies reduziert bei der Auflösung von Koreferenzen durch Pronomen – Pronomen referenzieren auf ein zuvor eingeführtes Nomen (z. B. auf einen Aspekt) – die Anzahl der Ambiguitäten, das heißt Mehrdeutigkeiten. Als Beispiel sei folgendes Statement genannt: „*Der Service der Versicherung hat meinen Unfall schnell aufgenommen. Sie ist da wirklich gut!*". In diesem Beispiel ist klar, dass sich das *Sie* weder auf den Service noch auf den Unfall, sondern auf die Versicherung bezieht. Allerdings können zusätzliche Ambiguitäten dadurch entstehen, dass das *Sie* im Deutschen auch in der Höflichkeitsform für Personen beiderlei Geschlechts verwendet wird.

1.4 Herausforderungen bei der Analyse von Webdaten

Eine besondere Herausforderung bei der Anwendung von Opinion-Mining-Methoden ergibt sich, wenn Daten aus dem Web 2.0, also beispielsweise aus Foren, Blogs, Rezensionen oder Kommentaren, analysiert werden. Im Vergleich zu literarischen Texten oder beispielsweise redaktionell erstellten Nachrichten sind Webtexte oft fehlerhaft, was die Orthografie und die Grammatik betrifft. Die Analyse wird dadurch mindestens erschwert, in drastischen Fällen wird sie gänzlich unmöglich.

Eine weitere Komplikation bei der Verarbeitung der Webdaten besteht in der Vielzahl unterschiedlicher Datenquellen. Gerade bei maschinenlernenden Verfahren werden häufig nur dann gute Ergebnisse erzielt, wenn das Antrainieren des Systems mit Texten aus exakt der Datenquelle geschieht, aus der dann auch Texte untersucht werden sollen. Manche Textquellen machen die Analyse per se schon sehr schwierig, hier sei exemplarisch die Microblogging-Plattform Twitter genannt. Aufgrund der Kürze der getätigten Aussagen – nur selten werden vollständige Sätze geschrieben – und der extensiven Verwendung von Ironie und Sarkasmus gelingt die Analyse nur für einen nicht zufriedenstellenden Anteil der Tweets (vgl. Kouloumpis et al. 2011). Trotzdem gibt es verschiedene Forschungsbestrebungen, auch die Herausforderung der Erkennung von ironischen Kommentaren zumindest ansatzweise anzugehen (vgl. Carvalho et al. 2009, Bosco et al. 2013).

2 Das Projekt Opinion Mining für die Versicherungswirtschaft

Die Zielsetzung des Projekts „Opinion Mining für die Versicherungswirtschaft" (OMVers) war es, das Aspect-based Opinion Mining für Texte aus Textquellen des Web 2.0 prototypisch zu implementieren und die Methoden und Algorithmen für sich auf Produkte und Leistungen von Versicherungsunternehmen beziehende Meinungsäußerungen hin zu optimieren. Ein weiteres Ziel war es, die Qualität der erzielten Resultate quantitativ zu untersuchen.

2.1 Rahmenbedingungen des Projekts

OMVers war ein Kooperationsprojekt des Instituts für Informationssysteme der Hochschule für Angewandte Wissenschaften Hof und der nobisCum Deutschland GmbH. Es wurde im Rahmen des FuE-Programms *Informations- und Kommunikationstechnik* vom Freistaat Bayern in den Jahren 2012 und 2013 gefördert.

2.2 Datenquellen und prinzipielle Vorgehensweise

Im Rahmen des Projekts wurden verschiedene Verfahren entwickelt, um Meinungsäußerungen im World Wide Web von verschiedenen Datenquellen zu erhalten. Dabei wurden Daten von folgenden Plattformen gewonnen:

- Verbraucherportale: ciao, Motor-Talk
- Soziale Netzwerke: google+
- Foren: Versichertenforum, Versicherung Forum
- Microblogging-Plattformen: Twitter

Für die Anwendung des Opinion Mining für die Versicherungswirtschaft sind verschiedene Anforderungen zu erfüllen (vgl. Rill et. al. 2012c). Die Extraktion der geäußerten Meinungen geschieht in verschiedenen Stufen. Zunächst sind einige Vorverarbeitungsschritte notwendig. Beispielsweise werden alle Wörter lemmatisiert, das heißt auf ihre Grundform zurückgeführt. Aus *Probleme* wird so beispielsweise *Problem*, aus *gutes* und *gute* wird jeweils *gut*. Darauf folgt die Extraktion meinungstragender Phrasen, wobei die in der Forschungsgruppe entwickelte Sentiment Phrase List (siehe Abschnitt 1.2) zum Einsatz kommt. Dann werden Aspekte und Entitäten extrahiert und den meinungstragenden Phrasen zugeordnet. Dabei kommen die Listen der Entitäten und Aspekte zum Einsatz, die zuvor manuell erstellt wurden. Die Sentiment Phrase List sowie der für die Zuordnung entwickelte Algorithmus sind Gegenstand der nächsten zwei Abschnitte.

2.3 Sentiment Phrase List

Die Sentiment Phrase List (SePL) (s. opinion-mining.org) enthält aktuell ca. 14.000 Phrasen mit einer Länge von bis zu sechs Wörtern. Zu jeder Phrase ist, neben anderen Informationen, ein Meinungswert (Opinion Value (OV)) auf einer Skala von −1 (extrem negative Phrase) bis +1 (extrem positive Phrase) aufgelistet. Die Phrasen wurden lemmatisiert, wobei Steigerungsformen von der Lemmatisierung ausgenommen wurden. Diese Ausnahme ist der Systematik unserer lexikalischen Ressource geschuldet, die beispielsweise dem Superlativ *(am) besten* sinnigerweise einen deutlich positiveren Opinion Value zuordnet als dem Positiv *gut. Tabelle 1* zeigt exemplarisch einige Phrasen zusammen mit ihren Meinungswerten. Hier wird auch deutlich, dass gerade der verschiedenartige Einfluss von Negationspartikeln auf verschiedene Adjektive richtig dargestellt wird.

Phrasen in der Sentiment Phrase List			
Phrase	OV	Phrase	OV
gut	+0,63	nicht gut	−0,64
schlecht	−0,68	nicht schlecht	+0,37
perfekt	+0,95	nicht perfekt	+0,11
sehr gut	+0,90	sehr glaubwürdig darstellen	+0,91
hervorragend	+0,94	alles zur vollsten Zufriedenheit	+1,00
grottenschlecht	−0,93	absolut empfehlenswert	+0,97
unangenehm	−0,53	wichtige Hilfe	+0,97
Daumen hoch	+0,98	niemand empfehlen	−0,80

Tabelle 1: Beispiele für in der Sentiment Phrase List enthaltene Phrasen mit ihren Meinungswerten (OV)

Die Liste wurde zunächst automatisiert erstellt. Dazu wurden Amazon-Kundenbewertungen ausgewertet. Die Idee bei der Erstellung besteht darin, dass jede Rezension eine Bewertung durch Sterne auf einer Skala von einem Stern (sehr schlecht) bis fünf Sterne (sehr gut) enthält. Die in der Rezensionsüberschrift und dem Rezensionstext verwendeten wertenden Wörter korrelieren dabei mit der Sternebewertung, sodass für jedes Wort und für jede Phrase aus dem Vorkommen in vielen Bewertungen ein Meinungswert abgeleitet werden konnte. Allerdings sind verschiedene Korrekturen notwendig, die beispielsweise aus der Tatsache herrühren, dass es sehr viel mehr positive als negative Kundenbewertungen gibt (vgl. Rill et. al. 2012b).

Abbildung 3 zeigt den detaillierten Ablauf der verschiedenen Schritte zur Erzeugung der Sentiment Phrase List.

Automatische Auswertung von Kundenmeinungen

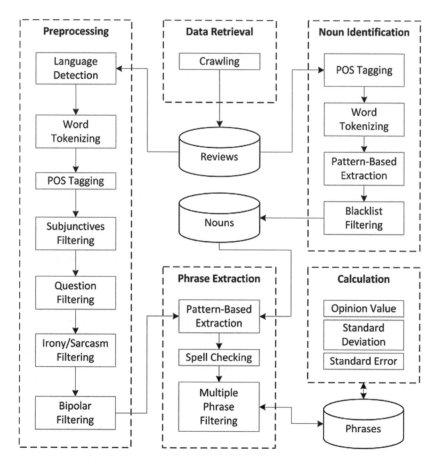

Abbildung 3: Ablaufplan zur Erstellung der Sentiment Phrase List

Abschließend wurde die Liste manuell durch wichtige Phrasen angereichert, welche speziell im Versicherungsbereich von Belang sind und in Kundenbewertungen nicht bzw. in nicht ausreichender Häufigkeit vorkommen, sodass keine automatische Bestimmung eines Meinungswertes möglich war. Ein Beispiel für solch eine Phrase ist das Verb *kündigen*, das gerade in der Versicherungsbranche von großer Bedeutung ist, drückt es doch eine sehr starke Meinung aus.

2.4 Algorithmus für die Zuordnung von Phrasen zu Aspekten

Die Zuordnung der wertenden Phrasen zu den Entitäten und Aspekten geschieht in drei Schritten. Zur Erläuterung soll wieder das bereits weiter vorn eingeführte Beispiel (siehe *Abbildung 2*) dienen.

Zunächst werden alle Aspekte und Entitäten gesucht und markiert (siehe *Abbildung 4*). Im Beispiel sind dies die Aspekte *Versicherung, Schadensabwicklung* und *Mitarbeiter des Kundenservice*.

Anschließend werden alle wertenden Phrasen extrahiert und nach dem Absolutbetrag ihrer Meinungswerte absteigend sortiert. Bei gleichem Absolutwert wird die negative Phrase bevorzugt. Im Beispiel finden sich die Phrasen *übel* (OV = – 0,87), *Schrott* (–0,96), *kein Problem* (+0,89), *gut* (+0,63), *Problem* (–0,40), *bestens weiterhelfen* (+0,80) und *freundlich* (+0,58). Die ermittelte Reihenfolge lautet also *Schrott, kein Problem, übel, bestens weiterhelfen, gut, freundlich* und *Problem*.

Im nächsten Schritt wird für jede wertende Phrase nach im gleichen Satz vorkommenden Aspekten gesucht. Dabei wird die Liste der Phrasen in der ermittelten Reihenfolge abgearbeitet. Der wertenden Phrase im Satz näher stehende Aspekte werden bevorzugt. Wird kein Aspekt gefunden, so wird analog nach Entitäten gesucht. Diese Vorgehensweise stellt sicher, dass im Beispiel „*Der Service der ABC ist prima*" erkannt wird, dass die Wertung *prima* sich auf den *Service* bezieht und kein Statement gegenüber der *ABC* generell ist.

Ist die Suche erfolgreich, wird die wertende Phrase dem Aspekt oder der Entität zugeordnet. Diese Abarbeitung in der Reihenfolge der Stärke der ausgedrückten Meinung stellt sicher, dass starke Wertungen gegenüber eher neutralen Aussagen vorrangig behandelt werden.

Im Beispiel wird zunächst *keine Probleme* der *Versicherung* zugeordnet, dann *bestens weiterhelfen* den *Mitarbeitern des Kundenservice*, *gut* der *Schadensabwicklung*, anschließend immer *freundlich* über die Koreferenzauflösung wieder den *Mitarbeitern des Kundenservice* und dann noch *Problem* ebenfalls den *Mitarbeitern des Kundenservice*.

> Ich hatte letztes Jahr einen üblen Unfall. Mein Auto war total Schrott. Zum Glück hatte ich wenigstens <u>keine Probleme</u> mit der **Versicherung**. Die **Schadensabwicklung** war <u>gut</u>. Die **Mitarbeiter des Kundenservice** konnten mir, nach <u>anfänglichen Problemen</u>, <u>bestens weiterhelfen</u>. Sie waren immer <u>freundlich</u>.

Abbildung 4: Beispieltext nach der Zuordnung der wertenden Phrasen (unterstrichen) zu den Aspekten (fettgedruckt)

Das Beispiel zeigt sehr gut wie überlegen die aspektbasierte Vorgehensweise unter Verwendung eines Lexikons, welches insbesondere die Verneinung von wertenden Ausdrücken beinhaltet, dem reinen *Bag-of-Words*-Ansatz ist.

2.5 Quantifizierung der Güte der Ergebnisse

Ein Ziel des Projekts war es herauszufinden, wie gut das Aufspüren von Meinungen in Webdaten mit Hilfe eines lexikonbasierten Ansatzes gelingt. Daher wurden Messungen durchgeführt, um eine quantitative Aussage über die Güte des Opinion Mining abzuleiten.

Als Maße für die Qualität der erzielten Ergebnisse dienen die Güteparameter *Precision* und *Recall*.

Mit der Precision wird, z. B. für positive Meinungsäußerungen, der Anteil der wirklich positiven in der Menge der vom Algorithmus als positiv deklarierten Meinungsäußerungen angegeben. Eine Precision von 80 Prozent bedeutet also, dass 80 Prozent der vom Algorithmus als positiv erkannten Meinungsäußerungen wirklich positiv sind. Die Precision ist damit ein Maß für die Genauigkeit des erzielten Ergebnisses.

Mit dem Recall wird, z. B. wieder für positive Meinungsäußerungen, der Anteil der vom Algorithmus identifizierten positiven in der Menge aller wirklich positiven Meinungsäußerungen angegeben. Ein Recall von 80 Prozent bedeutet daher, dass von einer vorgegebenen Menge an positiven Äußerungen 80 Prozent vom Algorithmus detektiert wurden. Der Recall ist damit ein Maß für die Vollständigkeit der extrahierten Meinungsäußerungen.

Bei der Ermittlung der Güteparameter wurde folgendermaßen vorgegangen.

Zunächst wurde eine geeignete Datenquelle ausgewählt. Diese sollte repräsentativ für eine Web-2.0-Plattform sein. Dies bedeutet insbesondere, dass einerseits keine redaktionell erstellten Texte, wie sie beispielsweise News-Portale anbieten, aber andererseits auch keine zu „unsauberen" Daten, wie sie beispielsweise in der Microblogging-Plattform Twitter vorkommen, für die Quantifizierung verwendet werden sollten. Die Wahl fiel auf das Verbraucherportal *ciao*, welches eine hinreichend große Anzahl an Foreneinträgen zu Versicherungen bietet.

Danach annotierten zwei studentische Hilfskräfte, welche die Aufgabenstellung und die Vorgehensweise beim Opinion Mining nicht kannten, manuell Forenbeiträge und klassifizierten sie satzweise in positive und negative Meinungsäußerungen. Vorgabe war dabei, dass ausschließlich starke, deutliche Meinungsäußerungen ausgewählt werden sollten. Dies bedeutet, dass neutrale Äußerungen aussortiert wurden. So entstand eine Sammlung von jeweils etwas mehr als 200 positiver und negativer Äußerungen.

Diese Datensammlung wurde sodann in zwei Teile mit jeweils gut 100 positiven und negativen Äußerungen aufgeteilt.

Der erste Teilkorpus – *Korpus I* – wurde zunächst zur initialen Gütemessung verwendet. Die richtig und insbesondere die falsch identifizierten Meinungsäußerungen wurden manuell analysiert, sodass Probleme mit dem Algorithmus erkannt und behoben werden konnten. Wurde eine Äußerung falsch identifiziert, weil die entsprechende Phrase noch in der Liste meinungstragender Phrasen (Sentiment Phrase List) fehlte, wurde sie zu dieser hinzugefügt. Iterativ wurde so die Erkennung verbessert. Das abschließend erzielte Ergebnis für Precision und Recall stellt eine Messung der maximal erreichbaren Genauigkeit und Vollständigkeit dar. *Tabelle 2* zeigt die erzielten Ergebnisse vor der iterativen Optimierung sowie die final erreichten Werte für Precision und Recall.

Güteparameter für Korpus I		
	Initial	Final
Precision - positive Äußerungen	89 %	96 %
Precision - negative Äußerungen	94 %	99 %
Recall - positive Äußerungen	62 %	96 %
Recall - negative Äußerungen	15 %	89 %

Tabelle 2: Genauigkeit (Precision) und Vollständigkeit (Recall) für Korpus I vor und nach der iterativen Verbesserung der verwendeten Algorithmen

Es zeigte sich, dass bereits bei der initialen Anwendung der Algorithmen zufriedenstellende Werte für die Precision, sowohl für positive als auch für negative Meinungsäußerungen, erreicht werden konnten. Einschränkend muss gesagt werden, dass die Precision dabei leicht überschätzt wird, da keine neutralen Äußerungen im Korpus vorhanden waren, für welche eine etwas größere Wahrscheinlichkeit – verglichen mit den negativen Äußerungen – bestanden hätte, als positive Äußerungen fehlidentifiziert zu werden.

Betrachtet man die erreichten Werte für den Recall, so fällt der sehr niedrige Wert vor der Optimierung für negative Statements auf. Dieser war vor allem auf fehlende, wertende Phrasen in der Sentiment Phrase List zurückzuführen.

Zusammenfassend kann zu den mit dem Korpus I erzielten Ergebnissen gesagt werden, dass sich für diese Art der Daten obere Grenzen für die erzielbare Genauigkeit von nahezu 100 Prozent und für die Vollständigkeit von etwa 90 Prozent ergeben.

Der zweite Teilkorpus – *Korpus II* – wurde verwendet, um eine realistische Einschätzung der Güte des Algorithmus zu erlangen. Precision und Recall wurden mit diesem Korpus nur ein einziges Mal, nämlich nachdem die iterative Verbesserung von Algorithmus und lexikalischer Ressource abgeschlossen war, bestimmt. Es ergaben sich die in *Tabelle 3* angegebenen Werte.

Güteparameter für Korpus II	
Precision - positive Äußerungen	95 %
Precision - negative Äußerungen	99 %
Recall - positive Äußerungen	84 %
Recall - negative Äußerungen	57 %

Tabelle 3: Genauigkeit (Precision) und Vollständigkeit (Recall) für Korpus II

Wie deutlich zu erkennen ist, werden, was die Precision anbelangt, fast die durch den Korpus I ermittelten oberen Grenzen erreicht. Auch hier muss dies leicht relativiert werden, da auch hier – aus der Tatsache heraus, dass keine neutralen Äußerungen in den Korpus aufgenommen wurden – die Precision leicht überschätzt wird.

Der Recall kommt sowohl bei positiven als auch, noch deutlicher, bei negativen Meinungsäußerungen nicht an die optimalen Werte heran.

Daher wurden im nächsten Schritt die Fehlerquellen für den Recall analysiert. Dazu wurde für die 16 Prozent positiver und 43 Prozent negativer nicht erkannten Äußerungen ermittelt, warum diese nicht als positiv bzw. negativ erkannt wurden. Die Ergebnisse dieser Auswertung sind in *Tabelle 4* zusammengefasst.

Analyse der Fehlerquellen für den Recall für Korpus II		
	Positiv	Negativ
Fehlende Phrasen in der Sentiment Phrase List	8 %	28 %
Falsche Zuordnung wertender Phrasen zu Aspekten	4 %	2 %
Indirekte Meinungsäußerung	0 %	3 %
Rechtschreibfehler	2 %	7 %
Sonstige Fehler	2 %	3 %

Tabelle 4: Fehlerquellen für den Recall für Korpus II

Es zeigte sich, dass die wesentliche Fehlerquelle wiederum das Fehlen einiger wertender Phrasen in der Sentiment Phrase List war. Für negative Meinungsäußerungen spielt auch die Nichterkennung durch Rechtschreibfehler eine nicht unwesentliche Rolle. Es scheint so zu sein, dass gerade negative Kommentare – vielleicht manchmal in einer gewissen erregten Stimmung geschrieben – oftmals mehr Fehler als positive aufweisen.

2.6 Diskussion der Ergebnisse

Die erzielten Ergebnisse zeigen, dass eine sehr gute Genauigkeit sowie eine leidlich gute Vollständigkeit bei der Extraktion von im Web geäußerten Meinungen erzielt werden können.

Für die Precision kann gesagt werden, dass für positive und negative Äußerungen vergleichbar hohe Werte erreicht werden. Es soll jedoch erneut erwähnt werden, dass die Precision bei der vorliegenden Ermittlungsmethode durch das Fehlen neutraler Beiträge leicht überschätzt wird.

Der Recall ist allerdings recht ungleich verteilt. Dies führt dazu, dass tendenziell mehr positive Äußerungen erkannt werden. Ist das Verhältnis aus detektierten positiven und negativen Meinungsäußerungen zeitlich, in verschiedenen Domänen und über verschiedene Datenquellen hinweg konstant, stellt diese Tatsache für viele Anwendungsfälle keine schwerwiegende Komplikation dar. Soll beispielsweise eine Art Frühwarnsystem gegen sich aufschaukelnde negative Meinungen – sogenannte Shitstorms – geschaffen werden, reicht es, das Verhältnis aus positiven zu negativen Meinungen zu ermitteln und den zeitlichen Verlauf dieses Verhältnisses zu beobachten. Zu empfehlen für den praktischen Einsatz wäre also die Bestimmung des zu erwartenden Verhältnisses aus positiven und negativen Äußerungen.

Allgemein spielt die Qualität der zu analysierenden Daten und damit die Datenquelle eine große Rolle. Redaktionell erstellte Artikel, aber auch viele Foren- und Blogbeiträge zeichnen sich meist durch eine hohe Qualität aus, was Orthografie und Grammatik anbelangt. Kundenrezensionen, aber auch Kommentare und Microblogging-Beiträge hingegen sind im Hinblick auf die Analysierbarkeit oft weniger geeignet. Daher dürfen die hier erzielten Ergebnisse nicht als zutreffend für andere Datenquellen oder Anwendungsdomänen angenommen werden.

Einen weiteren, starken Einfluss auf die erzielbaren Ergebnisse hat der Grad der Verwendung von Ironie und Sarkasmus. Da diese der automatischen Extraktion kaum zugänglich sind, verschlechtern sich die Ergebnisse drastisch mit der Zunahme dieser Stilmittel. Beispielsweise werden in Twitter gerade negative Äußerungen häufig in sarkastischer oder ironischer Weise getätigt, was eine Analyse praktisch unmöglich macht. Bei der für die Qualitätsmessung gewählten Datenquelle stellte sich heraus, dass der Anteil ironischer oder sarkastischer Kommentare sehr gering war. Auch dies führte dazu, dass vergleichsweise gute Werte gerade für die Precision erreicht werden konnten.

Das vorliegende Projekt konzentrierte sich auf Meinungsäußerungen in Bezug auf Produkte und Services von Versicherungen. Es ist zu erwarten, dass die Ergebnisse nicht ohne Weiteres auf andere Domänen übertragen werden können. Sie hängen beispielsweise auch davon ab, wie eindeutig Entitäten und Aspekte definiert werden können.

3 Zusammenfassung und Ausblick

Im Rahmen des Projekts konnte gezeigt werden, dass Meinungen, welche über Versicherungsangebote und -leistungen im World Wide Web geäußert werden, mit einem lexikonbasierten Ansatz effizient gefunden werden können. Dazu wurde eine eigens erzeugte lexikalische Ressource (Sentiment Phrase List) mit versicherungsspezifischen Phrasen angereichert. Zudem wurde ein Algorithmus entwickelt, der effizient meinungstragende Phrasen zu Aspekten und Entitäten zuordnet.

Anschließend wurden Experimente mit Texten aus dem Bewertungsportal *ciao* durchgeführt. Dabei wurden die Texte von zwei unabhängigen Personen manuell annotiert. Anschließend wurden nach Anwendung der entwickelten Algorithmen die Precision (die Genauigkeit) und der Recall (die Vollständigkeit) ermittelt.

Es wurde bei positiven Meinungsäußerungen eine Precision von 95 Prozent, bei negativen Äußerungen eine Precision von 99 Prozent erreicht. Der Recall betrug 84 Prozent für positive, allerdings nur 57 Prozent für negative Äußerungen. Die Precision kann dabei als leicht überschätzt gelten, da im verwendeten Korpus keine neutralen Meinungsäußerungen vertreten waren.

Es muss dabei gesagt werden, dass die Güte der erzielten Ergebnisse sehr stark von Eigenschaften der analysierten Textdaten abhängt. So verschlechtert sich das Ergebnis drastisch, wenn die Daten sehr viele orthografische und grammatikalische Fehler enthalten. Bei sehr kurzen Statements, wie sie beispielsweise in der Microblogging-Plattform Twitter getätigt werden, kann die Analyse ebenfalls nur sehr viel ungenauer erfolgen. Dies liegt auch daran, dass gerade negative Kommentare in Twitter sehr häufig Ironie oder Sarkasmus enthalten. Beide sind momentan einer automatischen Erkennung nicht oder höchstens sehr rudimentär zugänglich.

Die Analyse der Fehlerquellen zeigte, dass der wesentliche Fehlerbeitrag aus der Unvollständigkeit der verwendeten lexikalischen Ressource resultierte. Für die weitere Forschungsarbeit wird daher ein wesentlicher Augenmerk auf die Erweiterung der Sentiment Phrase List gelegt. Geplant ist dabei beispielsweise eine Erweiterung um wertende Redewendungen, welche mit Hilfe signifikanter Kookkurrenzen, das heißt Wörter, die häufig zusammen auftreten, aus Texten extrahiert werden können.

Acknowledgements

Wir danken allen Kollegen des Instituts für Informationssysteme (iisys) der Hochschule für Angewandte Wissenschaften Hof für viele hilfreiche Diskussionen und speziell Prof. Dr. Richard Göbel für seine großen Verdienste um die Gründung und den Aufbau des Instituts.

Das Institut wird von der Oberfrankenstiftung und vom Freistaat Bayern gefördert.

Das beschriebene Projekt wurde im Rahmen des FuE-Programms *Informations- und Kommunikationstechnik* vom Freistaat Bayern gefördert.

Literatur

Baccianella, S./Esuli, A./Sebastiani, F. (2010): SentiWordNet 3.0: An Enhanced Lexical Resource for Sentiment Analysis and Opinion Mining. In: Proceedings of the 7th International Conference on Language Resources and Evaluation (LREC-2010).

Bosco, C./Patti, V./Bolioli, A. (2013): Developing Corpora for Sentiment Analysis: The Case of Irony and Senti-TUT. In; Intelligent Systems, IEEE, Volume: 28, Issue: 2, S. 55-63.

Carvalho, P./Sarmento, L./Silva, M. J./Oliviera, E. de. (2009): Clues for Detcting Irony in User Generated Contents: Oh…!! It's "so easy" ;-). In: Proceedings of the 1st International CIKM Workshop on Topic-Sentiment Analysis for Mass Opinion Measurement (TSA-2009).

Clematide, S./Klenner M. (2010): Evaluation and Extension of a Polarity Lexicon for German. In: Proceedings of the 1st Workshop on Computational Approaches to Subjectivity and Sentiment Analysis (WASSA-2010).

Hu, X./Liu, B. (2004): Mining and Summarizing Customer Reviews. In: Proceedings of the ACM SIGKDD International Conference on Knowledge Discovery and Data Mining (KDD-2004).

Kouloumpis, E./Wilson, T./Moore, J. (2011): Twitter sentiment analysis: The good the bad and the omg! In: Proceedings of the 5th International AAAI Conference on Weblogs and Social Media.

Jindal, N./Liu, B. (2006): Identifying comparative sentences in text documents. In: Proceedings of ACM SIGIR Conference on Research and Development in Information Retrieval (SIGIR-2006).

Liu, Bing (2012): Sentiment Analysis and Opinion Mining. Morgan & Claypool Publishers.

Liu, B./Hu, M./Cheng, J. (2005): Opinion Observer: Analyzing and Comparing Opinions on the Web. In: Proceedings of the 14th International Wolrd Wide Web Conference (WWW-2005).

Pang, B./Lee, L./Vaithyanathan, S. (2002): Thumbs up?: Sentiment Classification Using Machine learning Techniques. In: Proceedings of Conference on Empirical Methods in Natural Language Processing (EMNLP-2002).

Rill, S./Drescher, J./Reinel, D./Scheidt, J./Schütz, O./Wogenstein, F./Simon, D. (2012a): A Generic Approach to Generate Opinion Lists of Phrases for Opinion Mining Applications. In: Proceedings of the First International Workshop of Sentiment Discovery and Opinion Mining (WISDOM). ACM.

Rill, S./Adolph, S./Drescher, J./Reinel, D./Scheidt, J./Schütz, O./Wogenstein, F./Zicari, R. V./Korfiatis, N. (2012b): A Phrase-Based Opinion List for the German Language. In: Proceedings of the 1st Workshop on Practice and Theory of Opinion Mining and Sentiment Analysis (PATHOS).

Rill, S./Drescher, J./Reinel, D./Scheidt, J./Wogenstein, F. (2012c): Particular Requirements on Opinion Mining for the Insurance Business. In: Proceedings of the 2nd International Conference on Advances in Information Mining and Management (IMMM).

Takamura, H./Inui, T./Okumura, M. (2005): Extracting Semantic Orientations of Words using Spin Model. In: Proceedings of the 43rd Annual Meeting of the Association for Computational Linguistics (ACL-2005).
Turney, P. D. (2002): Thumbs up or thumbs down?: Semantic Orientation Applied to Unsupervised Classification of Reviews. In: Proceedings of Annual Meeting of the Association for Computational Linguistics (ACL-2002).
Waltinger, U. (2010): GermanPolarityClues: A Lexical Resource for German Sentiment Analysis. In: Proceedings of the 7th International Conference on language Resources and Evaluation (LREC-2010).
Wiebe, J./Bruce, R. F./O'Hara, T. P. (1999): Development and Use of a Gold-Standard Data Set for Subjectivity Classification. In: Proceedings of the Association for Computational Linguistics (ACL-1999).
Wilson, T./Wiebe, J./Hoffmann, P. (2005): Recognizing Contextual Polarity in Phrase-Level Sentiment Analysis. In: Proceedings of the Human Language Technology Conference (HTL-2005).
http://www.ciao.de/
http://www.motortalk.de/
https://plus.google.com/
http://www.versichertenforum.com/
http://www.versicherung-forum.com/
http://twitter.com/
http://www.opinion-mining.org/SePL-Sentiment-Phrase-List

Die Autoren

Prof. Dr. Jörg Scheidt ist Professor für Informatik an der Hochschule für Angewandte Wissenschaften Hof. Er leitet die Forschungsgruppe Analytische Informationssysteme am Institut für Informationssysteme (iisys). Sein Forschungsschwerpunkt liegt auf dem Gebiet des Opinion Mining für die deutsche Sprache. Er ist Autor zahlreicher Fachartikel und vertritt das Thema auf nationalen und internationalen Konferenzen.

Dirk Reinel studierte Angewandte Informatik (B.Sc.) und schloss anschließend erfolgreich den Masterstudiengang Internet – Web Science (M.Sc.) an der Hochschule für Angewandte Wissenschaften Hof ab. Er ist wissenschaftlicher Mitarbeiter am Institut für Informationssysteme (iisys) der Hochschule Hof und arbeitet als Mitglied der Forschungsgruppe Analytische Informationssysteme unter anderem an der Verbesserung lexikalischer Ressourcen. Zudem promoviert er an der Universität Bamberg am Lehrstuhl für Medieninformatik.

Kontakt

Prof. Dr. Jörg Scheidt
Hochschule für Angewandte Wissenschaften Hof
Institut für Informationssysteme
Alfons-Goppel-Platz 1
95028 Hof
jscheidt@iisys.de

Uplift-Modeling: Ein Verfahren zur Response-Optimierung durch Modellierung der Netto-Response

Martin Schmidberger / Carlo Wix

Inhalt

1	Einleitung	152
2	Was ist Uplift-Modeling?	153
3	Vorgehen Uplift-Modeling	155
3.1	Der Potential-Outcome-Framework	156
3.2	Modellierung des individuellen Uplift	157
4	Empirische Ergebnisse	159
4.1	Vorläufige Ergebnisse aus Testkampagnen	159
4.2	Unterschiede in der Kundenselektion	160
5	Zusammenfassung	161

Literatur ... 162
Die Autoren ... 163
Kontakt ... 163

Management Summary

Der Beitrag befasst sich mit dem Phänomen der „Autoresponse" im Rahmen von Response-Analyse. Unter Autoresponse verstehen wir hierbei Response, die nicht ursächlich auf die Direktmarketingmaßnahme zurückzuführen ist, sondern auch ohne entsprechenden Stimulus erfolgt wäre. Es wird argumentiert, dass klassische regressionsanalytische Modellierungen und damit verbundene Zielgruppenselektionen das Phänomen von „Autoresponse" oftmals vernachlässigen und so im Ergebnis zu falschen oder suboptimalen Selektionsergebnissen führen können..
Der Beitrag greift diese methodisch/analytische Problematik im Rahmen von „Predictive Modeling" auf und zeigt methodische Ansätze der Modellierung

einer „Netto-Response" – einer Response also, die ursächlich der Dialogmarketing-Kampagne zuzurechnen ist und Autoresponse nach Möglichkeit ausklammert. Neben der Vorstellung der methodischen Herangehensweise des „Uplift-Modeling" werden im Beitrag erste empirische Ergebnisse gezeigt. Diese bestätigen die hohe Evidenz der Thematik von Autoresponse. Insofern ist es für die Praxis von besonderer Bedeutung, entsprechende Effekte der Autoresponse methodisch angemessen zu berücksichtigen

1 Einleitung

Der Einsatz von „Predictive Modeling" zählt im Dialogmarketing längst zu den gängigen und etablierten Methoden der Datenanalyse und Response-Optimierung. Auf Basis von Dialogmaßnahmen und Kundenkontakten der Vergangenheit werden bei „Predictive Modeling" Erkenntnisse über Kundenstrukturen und Kundenverhalten gewonnen und für zukünftige Vertriebsmaßnahmen genutzt. Dabei wird üblicherweise per (logistischer) Regression die Zielvariable (Response: ja/nein) auf treibende oder hemmende Einflussfaktoren der vorliegenden Kundenmerkmale hin untersucht – also geprüft, welche (Kunden-) Merkmale substantiell und signifikant dazu geeignet sind, das Response-Verhalten von Kunden zu erklären und zu prognostizieren. Für nachfolgende Dialogmarketing-Kampagnen werden dann diejenigen Kunden selektiert, die auf Basis der Vergangenheitsdaten die höchste errechnete Response-Chance haben.

In diesem Beitrag wird eine Erweiterung dieses klassischen Ansatzes zur Response-Analyse vorgestellt, die sich mit dem Phänomen von „Autoresponse" befasst. Unter Autoresponse verstehen wir hierbei Response, die nicht ursächlich auf die Direktmarketing-Maßnahme zurückzuführen ist, sondern auch ohne entsprechenden Stimulus erfolgt wäre. Dies ist tendenziell immer dann der Fall, wenn im Rahmen eines Multikanalansatzes parallele Werbemedien eingesetzt werden. Der inkrementelle Beitrag einer isoliert betrachteten Kampagne, wie z. B. eines Werbe-Mailings, lässt sich mit Hilfe der üblichen Response-Analysen nur bedingt messen. Der Beitrag greift diese methodisch/analytische Problematik im Rahmen von „Predictive Modeling" auf und zeigt methodische Ansätze der Modellierung einer „Netto-Response" – einer Response also, die ursächlich der Dialogmarketing-Kampagne zuzurechnen ist und Autoresponse nach Möglichkeit ausklammert.

Unsere Kernthese ist, dass regressionsanalytische Modellierungen und damit verbundene Zielgruppenselektionen das Phänomen von „Autoresponse" oftmals vernachlässigen und so im Ergebnis zu falschen oder suboptimalen Selektionsergebnissen führen können. Im nachfolgenden Abschnitt (2.) soll zunächst auf die inhaltliche Fragestellung eingegangen und gezeigt werden, warum klassische Verfahren der Regressionsanalyse den Kampagneneffekt überschätzen können. Danach (3.) stellen wir die methodische Herangehensweise des „Uplift-Modeling" vor und zeigen in (4.) erste empirische Ergebnisse. Das hier vorliegende Projekt entstammt einer gemeinsamen Forschungsinitiative der ING-DiBa AG und der Goethe-Universität Frankfurt.

2 Was ist Uplift-Modeling?

Beim „Predictive Modeling" im Rahmen des Dialogmarketings wird versucht, auf Basis von Vergangenheitsdaten eine Vorhersage über das zukünftige Response-Verhalten von Kunden zu treffen. Bei der Modellierung der Response wird in der Regel binär zwischen Response „ja" vs. „nein" unterschieden. Zum Einsatz kommen bei der Response-Analyse dementsprechend in der Regel logistische Regressionsverfahren, die nach signifikanten Einflussfaktoren auf die dichotome abhängige Variable sucht (Baesens 2014, S. 35 ff.; Blattberg et. al 2008, S. 377 ff.; Kumar/Reinartz 2006). Die Leistungsfähigkeit des so entwickelten Modells bezieht sich auf die Frage, wie gut es zwischen Respondern und Non-Respondern im Rahmen einer durchgeführten Aktion trennen kann, und wie gut darauf basierend potenzielle hochaffine Kunden für zukünftige Maßnahmen identifiziert werden können. Ein Modell gilt somit dann als leistungsstark, wenn die darauf basierende Kundenselektion für spezifische Maßnahmen signifikant besser als eine Zufallsauswahl funktioniert. Zur Messung dieser Leistungsfähigkeit wird oftmals ein „lift" errechnet, also eine Maßzahl, wie viel besser die modellbasierte Selektion gegenüber der zufälligen Selektion ist.

Das Interesse der Response-Analyse liegt dabei häufig primär auf den erklärenden, unabhängigen Variablen, das heißt auf der Analyse, welche Kundenmerkmale üblicherweise Einfluss auf die Kunden-Response haben (vgl. van den Poel 2003) und wie diese Merkmale gegebenenfalls recodiert und verknüpft werden können. Basis und Ausgangspunkt entsprechender Analysen ist dabei häufig die RFM-Analyse, die den drei unabhängigen Variablen Recency, Frequency und Monetary Value zentrale Bedeutung beimisst. Eine fundierte Auseinandersetzung mit der Frage, wie die abhängige Variable – also das Response-Verhalten des Kunden – zu messen und codieren sei, findet sich hingegen in der Literatur viel seltener. Häufig gilt die implizite Annahme, dass Reaktionen (Kauf bzw. Produktabschluss) des Kunden grundsätzlich als „Response" zu werten seien, auch wenn diese nicht notwendigerweise ursächlich auf die durchgeführte Marketingmaßnahme zurückzuführen ist.

In dieser Perspektive wird somit ignoriert, dass innerhalb der Gruppe der Responder häufig eine „Autoresponse" festzustellen ist – Response also, die nicht ursächlich auf die Direktmarketing-Maßnahme zurückzuführen ist, sondern auch ohne entsprechenden Stimulus erfolgt wäre. Dabei kann eine solche Autoresponse zum Teil erheblich sein – z. B. wenn sich Marketingmaßnahmen über eine Vielzahl paralleler Medien erstrecken und Vertriebserfolg sich nur schwer auf einzelne Maßnahmen isolieren lässt. In solchen Fällen bleibt der inkrementelle Beitrag einer spezifischen Einzelmaßnahme, etwa eines Mailings, oft unklar. Diese Response, die auch ohne expliziten Stimulus erfolgt, wird als „Autoresponse" bezeichnet.

Hier setzen die Ansätze des „Uplift-Modeling" zur Modellierung von „Netto-Response" ein. Kernfrage des Uplift-Modeling ist die Frage, wie man diese „Autoresponse" analytisch berücksichtigen und „isolieren" kann. Dahinter steht die Vermutung, dass es unter den Respondern von Maßnahmen eine Teilgruppe gibt, die auch ohne den expliziten Werbekontakt reagiert hätte – z. B. weil die das Angebot für besonders attraktiv erachten, oder sich eigeninitiativ mit den Produktangeboten auseinandersetzen. Uplift-Modeling sucht somit Kunden, die nur aufgrund der durchgeführten Werbemaßnahme reagieren, hingegen ohne Werbekontakt keine Reaktion gezeigt hätten.

Abbildung 1 (nach Radcliffe 2007) zeigt unterschiedliche Responder-Typen im Kontext von Autoresponse. Betrachtet wird nicht lediglich das Response-Verhalten der Kunden, sondern zudem die Frage, ob die Response auch ohne Kontakt erfolgt wäre. Fokus des Uplift-Modelings ist dabei die Gruppe der „Überzeugbaren", derjenigen Responder also, die nur aufgrund der durchgeführten Maßnahme respondieren. Bei der Gruppe der „Sicheren" hingegen ist die Kontaktierung überflüssig, weil die auch ohne Maßnahme respondiert hätten.

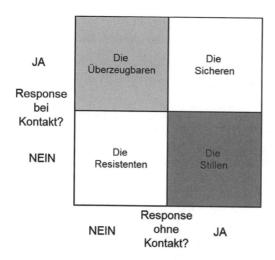

Abbildung 1: Uplift-Responder-Typologie nach Radcliffe (2007)

Während die „Brutto"-Methode die Response undifferenziert lässt und der errechnete „Lift" einer Maßnahme die Häufung der Response-Wahrscheinlichkeit gegenüber einer Zufallsauswahl beschreibt – somit neben den „Überzeugbaren" auch die „Sicheren" als Basis der Modellbildung berücksichtigt, fokussiert sich die „Netto"-Methode auf die Gruppe der „Überzeugbaren".

Die methodische Herausforderung besteht nun darin, dass diese Gruppe der „Überzeugbaren" nicht direkt beobachtbar ist, weil auf individueller Ebene die Frage, ob bei kontaktierten Kunden eine Response auch ohne Kontakt erfolgt wäre, immer hypothetisch bleiben muss. Die Grundidee des Uplift-Modeling besteht daher auf einer spezifischen Form der Kontrollgruppenbildung und einer darauf basierenden Modellierung des Uplifts. Dieses Vorgehen wollen wir im nachfolgenden Abschnitt konzeptionell darlegen, um es dann einer empirischen Anwendung zu unterziehen.

3 Vorgehen Uplift-Modeling

Der im Folgenden dargestellte Ansatz zur Modellierung von Uplift-Modellen basiert auf den Arbeiten von Lo (2002). Wir tragen zur theoretischen Fundierung dieses Ansatzes bei, indem wir ihn im Rahmen des Potential-Outcome-

Frameworks formalisieren, welcher erstmals von Rubin (1974) entwickelt wurde und unter anderem in Angrist/Pischke (2009) näher beschrieben wird.

3.1 Der Potential-Outcome-Framework

Im Folgenden beschreiben wir zunächst die verwendete Notation: Sei $M_i = \{0,1\}$ eine binäre Variable, welche den Wert 1 annimmt, wenn Kunde i das Marketing-Treatment erhalten hat (das heißt durch die Marketingmaßnahme angesprochen wurde), und 0 wenn nicht. Sei R_i eine Variable welche die Response des Kunden darstellt. R_i ist meistens (aber nicht notwendigerweise) ebenfalls eine binäre Variable, welche den Wert 1 annimmt, wenn Kunde i eine positive Response zeigt (etwa ein Produkt kauft) und 0 wenn der Kunde keine positive Response zeigt (das Produkt nicht kauft). Weiterhin sei X_i ein Vektor von beobachtbaren Kundencharakteristika, die im Datensatz enthalten sind. Im Rahmen des Potential-Outcome-Frameworks bezeichnet R_{1i} die potenzielle Response des Kunden i, wenn er das Marketing-Treatment erhält, unabhängig davon, ob er das Treatment tatsächlich erhält oder nicht. Äquivalent dazu bezeichnet R_{0i} die potenzielle Response des Kunden i, wenn er das Marketing-Treatment nicht erhält, wiederum unabhängig davon, ob er das Treatment tatsächlich erhält oder nicht.

Der Effekt der Marketingmaßnahme auf die Response des Kunden i ist dann definiert gemäß

(1) $\quad \Delta R_i = R_{1i} - R_{0i}$

welches die Differenz in der Response des Kunden i darstellt, wenn er das Marketing-Treatment erhält, verglichen mit seiner Response, wenn er das Treatment nicht erhält. Dabei kann der Kundentyp (das heißt die Variable ΔR_i) nicht auf individueller Ebene beobachtet werden. Für jeden Kunden i können wir entweder R_{1i} beobachten (wenn er angesprochen wurde), oder R_{0i} (wenn er nicht angesprochen wurde), jedoch niemals beide Variablen zur selben Zeit. Was wir jedoch beobachten können, ist die Differenz in den Response-Raten zwischen Kunden, welche das Treatment bekommen haben und solchen, die es nicht bekommen haben. Das heißt, wir beobachten die korrespondierende Stichprobendifferenz zu

(2) $\quad E[R_i|M_i = 1] - E[R_i|M_i = 0]$

eine Größe, die wir als durchschnittlichen Uplift bezeichnen.

3.2 Modellierung des individuellen Uplift

Wir definieren den individuellen Uplift τ_i als Differenz in den ex-ante Response-Wahrscheinlichkeiten, wenn der Kunde das Marketing-Treatment erhält und wenn er es nicht erhält. Die grundlegende Idee ist hierbei die individuellen Response-Wahrscheinlichkeiten als Funktion der Kundencharakteristika X_i zu modellieren, das heißt

(4) $$\tau_i = E[R_i|M_i = 1; X_i] - E[R_i|M_i = 0; X_i]$$

Ähnlich wie in der „Brutto"-Methode werden die Response-Wahrscheinlichkeiten (im Falle einer binären Response-Variable) mittels eines binären Logit-Modells modelliert.

(5) $$E[R_i|M_i, X_i] = \frac{e^{\eta_i}}{1+e^{\eta_i}}$$

Der entscheidende Unterschied zum klassischen Response-Ansatz besteht nun darin, dass wir das Logit-Modell nicht nur als Funktion der Kundeneigenschaften, sondern auch als Funktion des Marketing-Treatments, sowie der Interaktionsterme zwischen Kundeneigenschaften und Treatment modellieren, das heißt

(6) $$\eta_i = f(M_i, X_i) = \alpha + \rho M_i + \sum_{j=1}^{J} \beta_j x_{i,j} + \sum_{j=1}^{J} \gamma_j M_i x_{i,j}$$

wobei $x_{i,j}$ als Variablenwert von Kundeneigenschaft j des Kunden i gegeben ist. Im Falle einer Zufallsauswahl von Treatment- und Kontrollgruppe erhalten wir erwartungstreue Maximum-Likelihood-Schätzergebnisse für die Modellparameter $\hat{\alpha}$, $\hat{\rho}$, $\hat{\beta}_j$ und $\hat{\gamma}_j$. Mittels der geschätzten Parameter können nun die vorhergesagten individuellen Response-Wahrscheinlichkeiten mit und ohne Marketing-Treatment für jeden Kunden i berechnet werden. Dazu berechnen wir zunächst die bedingten Exponenten des Logit-Modells, einmal bedingt auf den Erhalt des Marketing-Treatments, das heißt

(7) $$\hat{\eta}_i|[M_i = 1; X_i] = \hat{\alpha} + \hat{\rho} + \sum_{j=1}^{J} \hat{\beta}_j x_{i,j} + \sum_{j=1}^{J} \hat{\gamma}_j x_{i,j}$$

und einmal bedingt darauf, dass Kunde i das Treatment nicht erhält, das heißt

(8) $$\hat{\eta}_i|[M_i = 0; X_i] = \hat{\alpha} + \sum_{j=1}^{J} \hat{\beta}_j x_{i,j}$$

Der Unterschied besteht hierbei darin, dass für $\hat{\eta}_i|[M_i = 0; X_i]$ mit $M_i=0$ alle Terme die M_i enthalten aus der Gleichung wegfallen. Diese geschätzten Exponenten können wir dann dazu verwenden die vorhergesagten bedingten Response-Wahrscheinlichkeiten zu berechnen, das heißt

(9) $$\hat{E}[R_i|M_i = 1; X_i] = \frac{e^{\hat{\eta}_i|M_i=1;X_i}}{1+e^{\hat{\eta}_i|M_i=1;X_i}}$$

und

(10) $$\hat{E}[R_i|M_i = 0; X_i] = \frac{e^{\hat{\eta}_i|M_i=0;X_i}}{1+e^{\hat{\eta}_i|M_i=0;X_i}}$$

Gleichung (9) gibt die bedingte individuelle Responsewahrscheinlichkeit, wenn Kunde i das Marketing-Treatment erhält, und Gleichung (10) gibt die bedingte individuelle Response-Wahrscheinlichkeit, wenn er das Treatment nicht erhält. Mittels dieser beiden Werte können wir nun den vorhergesagten individuellen Uplift für jeden Kunden i berechnen, das heißt die Differenz zwischen den beiden vorhergesagten individuellen Response-Wahrscheinlichkeiten in Gleichung (9) und Gleichung (10):

(11) $$\hat{\tau}_i = \hat{E}[R_i|M_i = 1; X_i] - \hat{E}[R_i|M_i = 0; X_i]$$

An dieser Stelle sei nochmals auf den fundamentalen Unterschied zwischen der „Brutto"-Methode und dem hier präsentierten Uplift-Ansatz hinsichtlich der Kundenselektion eingegangen. Die „Brutto"-Methode empfiehlt die Kunden mit der höchsten (Brutto-)Response (im Fall des Erhalts des Marketing-Treatments) anzusprechen, das heißt die Ansprache von Kunden, welche die höchsten vorhergesagten Werte für $\hat{E}[R_i|M_i = 1; X_i]$ aufweisen, welches dem ersten Term in Gleichung (11) entspricht. Die „Brutto"-Methode vernachlässigt jedoch das Autoresponse-Verhalten von Kunden, welches im zweiten Term in Gleichung (11) enthalten ist. Im Gegensatz dazu, wird dieses Autoresponse-Verhalten im Uplift-Ansatz explizit berücksichtigt und der Uplift-Ansatz empfiehlt deshalb diejenigen Kunden anzuschreiben, welche den höchsten vorhergesagten individuellen Uplift $\hat{\tau}_i$ aufweisen.

4 Empirische Ergebnisse

4.1 Vorläufige Ergebnisse aus Testkampagnen

Die nachfolgenden empirischen Ergebnisse basieren auf vier Testkampagnen, die in Zusammenarbeit mit der ING-DiBa durchgeführt wurden und in Tabelle 1 zusammengefasst sind.

		Treatment-Gruppe ("Mailing")	Kontrollgruppe ("kein Mailing")	Uplift
Kampagne 1 (N=167.705)	Response-Rate	0,75 %	0,60 %	0,15 pp
Kampagne 2 (N=156.938)	Response-Rate	1,03 %	0,98 %	0,05 pp
Kampagne 3 (N=161.369)	Response-Rate	0,67 %	0,48 %	0,19 pp
Kampagne 4 (N=18.131)	Response-Rate	9,47 %	7,82 %	1,65 pp

Tabelle 1: Deskriptive Statistiken aus 4 Testkampagnen

Die Ergebnisse der vier Testkampagnen verdeutlichen die empirische Bedeutung des Phänomens Autoresponse. In der ersten Kampagne beträgt die Autoresponse 0,60 Prozent und die Brutto-Response 0,75 Prozent, womit die Autoresponse mit einem relativen Anteil von 80,0 Prozent der Brutto-Response fast ebenso relevant ist wie Letztere. Die anderen Testkampagnen liefern vergleichbare Ergebnisse. Die relative Größe der Autoresponse im Vergleich zur Brutto-Response ist mit 95,1 Prozent (Kampagne 2), 71,6 Prozent (Kampagne 3), und 82,6 Prozent (Kampagne 4) in allen vier Kampagnen beträchtlich. Das Phänomen Autoresponse ist in der Praxis somit von erheblicher Bedeutung und darf in der Kundenselektion sowie in der Evaluierung von Marketingkampagnen keinesfalls unberücksichtigt bleiben, um zu vermeiden falsche Schlussfolgerungen zu ziehen. Würde man beispielsweise die Brutto-Methode zur Evaluierung der vierten Kampagne verwenden, so würde man bei ausschließlicher Betrachtung der Brutto-Response von 9,47 Prozent zu dem Schluss kommen, dass die Kampagne recht erfolgreich war. Im Brutto-Ansatz bleibt jedoch die relativ hohe Autoresponse von 7,82 Prozent unberücksichtigt. Der Uplift-Ansatz berücksichtigt die Autoresponse explizit und der durchschnittliche Uplift (welcher die korrekte Metrik für die Evaluierung der Effektivität der Kampagne darstellt) beträgt nur 1,65 Prozentpunkte. Die anderen Studien weisen vergleichbare Muster auf.

4.2 Unterschiede in der Kundenselektion

Wie deutlich unterscheiden sich nun die Ergebnisse bei Verwendung des Response- bzw. des Uplift-Ansatzes? Hierfür ordnen wir zunächst alle Kunden eines Datensatzes einmal nach ihrer geschätzten individuellen Brutto-Response und einmal nach ihrem geschätzten individuellen Uplift. Um den Uplift-Ansatz mit der „Brutto"-Methode zu vergleichen, betrachten wir zunächst die Anzahl an Kunden, die vom Uplift-Ansatz selektiert wurden (in unserem Fall Kunden mit einem positiven Uplift) und vergleichen sie mit derselben Anzahl an Kunden mit der jeweils höchsten Brutto-Response basierend auf der „Brutto"-Methode. Wir analysieren dann den Anteil an selektierten Kunden, welcher von beiden Ansätzen bzw. nur von einem der beiden Ansätze selektiert wurde. Diese Zahlen sind in Tabelle 2 zusammengefasst. Wie man sieht, gibt es zwischen den beiden Ansätzen eine gewisse, jedoch bei Weitem nicht perfekte Überschneidung. In bis zu 35 Prozent der Fälle (Kampagne 2) wählt der Uplift-Ansatz andere Zielkunden aus als die „Brutto"-Methode. Im Durchschnitt besteht eine Überschneidung von 73,42 Prozent hinsichtlich der selektierten Zielkunden zwischen den beiden Ansätzen.

	Anzahl an selektierten Kunden	Anzahl an Kunden, die nur von einem Ansatz selektiert wurden	Anteil an Kunden, die nur von einem Ansatz selektiert wurden (in %)
Kampagne 1	114.552	25.527	22,28 %
Kampagne 2	77.270	26.511	34,31 %
Kampagne 3	111.363	24.978	22,43 %
Kampagne 4	12.603	3.439	27,29 %
Durchschnitt	78.947	20.114	26,58 %

Tabelle 2: Vergleich von selektieren Kunden im Brutto- und im Uplift-Ansatz

Um zu verdeutlichen, woher die Unterschiede hinsichtlich der Kundenselektion kommen, betrachten wir die vierte Testkampagne in Abbildung 2 im Detail. Der geschätzte individuelle Uplift für jeden Kunden wird gegen seine geschätzte Brutto-Response abgetragen, wobei jeder Punkt im Schaubild einen Kunden im Datensatz der Kampagne darstellt. Wie man sieht, weisen Kunden, die von beiden Ansätzen selektiert wurden, sowohl eine hohe Brutto-Response als auch einen hohen Uplift auf. Kunden, die nur vom Brutto-Ansatz selektiert wurden, verfügen zwar über eine hohe geschätzte Brutto-Response, jedoch über einen vergleichsweise geringen geschätzten Uplift, da für diese Kunden die geschätzte

Autoresponse relativ gering ist. Umgekehrt weisen Kunden, die nur vom Uplift-Ansatz selektiert wurden zwar eine relativ geringe Brutto-Response auf, jedoch einen vergleichsweise hohen geschätzten Uplift. Grund hierfür ist die geringe geschätzte Autoresponse für diese Kunden. Das Phänomen Autoresponse spielt also bei der Kundenselektion eine nicht zu vernachlässigende Rolle und hat einen entscheidenden Einfluss darauf, welche Kunden für eine anstehende Marketingkampagne selektiert werden sollten und welche nicht.

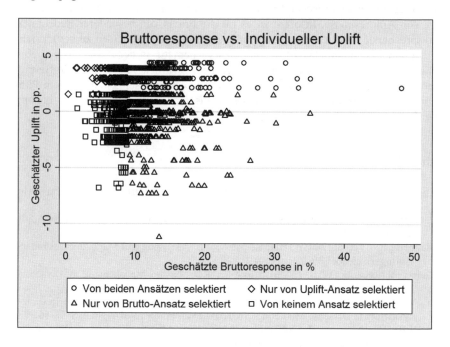

Abbildung 2: Unterschiede in der Kundenselektion in Kampagne 4

5 Zusammenfassung

In diesem Beitrag wurde eine Erweiterung des klassischen Ansatzes zur Response-Analyse vorgestellt, die sich mit dem Phänomen von „Autoresponse" befasst. Dabei wurde argumentiert, dass regressionsanalytische Modellierungen und damit verbundene Zielgruppenselektionen das Phänomen von „Autoresponse" oftmals vernachlässigen und so im Ergebnis zu falschen oder suboptimalen Selektionsergebnissen führen können. Dieses Phänomen ist immer dann von besonderer Relevanz, wenn der isolierte, inkrementelle Effekt einer Werbemaßnahme im Kontext einer übergreifenden Kampagne zu betrachten ist. Wenn also z. B. neben einer Mailing-Maßnahme parallele Maßnahmen im Onlinebereich, Wurfsendungen, SEA oder im Klassikbereich durchgeführt werden, kann unter Ausklammerung von Autoresponse die Effizienz einer Maßnahme potenziell überschätzt werden.

Die vorgelegten empirischen Ergebnisse bestätigen die hohe Evidenz der Thematik von Autoresponse. Insofern ist es für die Praxis von besonderer Bedeutung, entsprechende Effekte der Autoresponse methodisch angemessen zu berücksichtigen. Umso erstaunlicher ist es, daß dieser Thematik in der Praxis bislang eine eher untergeordnete Aufmerksamkeit geschenkt wurde. Der vorliegende Beitrag möchte daher Impulsgeber für Wissenschaft und Praxis sein, sich mit dem Phänomen der Autoresponse noch intensiver auseinanderzusetzen, als dies bislang der Fall war.

Literatur

Angrist, J. D./Pischke, J.-S. (2009): Mostly Harmless Econometrics. Princeton University Press.
Baesens, B. (2014): Big Data World. The Essential Guide to Data Science and its Applications. John Wiley & Sons, Inc.
Blattberg, R. C. et. al (2008): Database Marketing. Analyzing and Managing Customers. Springer Science+Business Press.
Kumar, V./Reinartz, W. J. (2006): Customer Relationship Management: A Databased Approach. John Wiley & Sons, Inc.
Lo, V. S. (2002): The True Lift Model – A Novel Data Mining Approach to Response Modeling in Database Marketing. SIGKDD Explorations, Vol.4, No.2, S. 78-86.
Radcliffe, N. J./Simpson, R. (2007): Identifying who can be saved and who will be driven away by retention activity. White Paper, Stochastic Solutions Limited, S. 1-10.
Rubin, D. B. (1974): Estimating Causal Effects of Treatments in Randomized and Nonrandomized Studies. Journal of Educational Psychology, Vol.66, No.5, S. 688-701.
Van den Poel, D. (2003): "Predicting Mail-Order Repeat Buying: Which Variables Matter?", Tijdschrift voor Economie & Management, 48 (3), S. 371-403.

Wir danken Herrn Prof. Dr. Bernd Skiera für die Unterstützung bei der empirischen Analyse und wichtige Hinweise zu dieser Arbeit. Wir danken zudem Beran Acar und Andreas Babiuch-Schulze für wichtige Hinweise.

Die Autoren

Dr. Martin Schmidberger ist Bereichsleiter Produkt- und Zielgruppenmanagement bei der ING-DiBa. 1997 Promotion Universität Mannheim im Bereich der Umfrageforschung. Seit 1999 bei der ING-DiBa verantwortlich für die Themen Database Marketing, Business Intelligence und CRM. Seit 2012 Generalbevollmächtigter. Seit 2012 zudem Lehrbeauftragter der Goethe Universität Frankfurt am Main.

Carlo Wix ist Ph.D.-Student am Exzellenzzentrum für Sustainable Architecture for Finance in Europe (SAFE) am House of Finance der Goethe-Universität Frankfurt. Er erhielt 2011 seinen Bachelor-Abschluss in VWL an der Universität Mannheim und betreute 2012 zusammen mit Dr. Martin Schmidberger den Bachelor-Kurs „Grundlagen der empirischen Kundendaten-Analyse" an der Goethe Universität Frankfurt.

Kontakt

Dr. Martin Schmidberger
ING-DiBa AG,
Theodor-Heuss-Alle 2,
60486 Frankfurt/M.,
m.schmidberger@ing-diba.de

Carlo Wix
wix@safe.uni-frankfurt.de

Die Customer Journey – Chance für mehr Kundennähe

Jens Böcker

Inhalt

1	Ausgangslage	166
2	Definition der Customer Journey	167
3	Medienaffinitäten	169
4	Tracking der Customer Journey	171
5	Wirkung von Online- und Offlinemedien im Vergleich	173
6	Zusammenfassende Betrachtung	176

Literatur ... 177
Kontakt ... 177

Management Summary

Die Vielzahl der Möglichkeiten, um mit Kunden in den Dialog zu treten, ist erheblich gestiegen. Unternehmen sind deshalb gefordert, die verschiedenen Kontaktkanäle mit ihren Kunden systematisch zu managen. Im Mittelpunkt steht dabei der Informations- und Entscheidungsprozess des Kunden, der als Customer Journey bezeichnet wird. Diese Journey ist definiert als Prozess zwischen dem ersten Kaufimpuls und der Kaufentscheidung. Dieser Prozess ist charakterisiert von der Nutzung verschiedener Medien bzw. Kontaktkanäle. Kunden nutzen die Kontaktkanäle, die ihnen in der aktuellen Situation als sehr einfach bzw. bequem erscheinen und zu ihren spezifischen Anliegen (Fragen zum Produkt, Bestellung etc.) passen. Erfahrungen zeigen, dass sich zwar Grundmuster identifizieren lassen, ansonsten die Wege der Kunden jedoch sehr individuell sein können.

Vor diesem Hintergrund werden zunehmend, aus Sicht des Marketings und Vertriebs, spezifische Steuerungsinformationen für die Kommunikation mit dem

Kunden benötig. Diese sollen helfen, die Customer Journey besser zu verstehen und entsprechende Maßnahmen abzuleiten. Wichtig ist dabei die Klärung, welche Medien überhaupt und mit welchem Budget eingesetzt werden. Besonders problematisch erweist sich die Customer Journey, wenn sie sowohl Online- als auch Offlinekanäle umfasst. In diesem Fall stößt das sogenannte Tracking der Customer Journey an Grenzen, weshalb kreative Lösungsmöglichkeiten in der Verknüpfung der beiden Kommunikationswelten gefordert sind.

Insgesamt zeichnet sich für die Zukunft ab, dass die an den Kunden orientierte Ausrichtung der Kommunikations- und Vertriebskanäle einen zentralen Wettbewerbsvorteil im Markt darstellt. Unternehmen, die Kundenwünsche verstehen und gleichzeitig daraus die Konsequenzen für den Dialog mit dem Kunden ableiten können, sind aus Sicht der Nachfrager besonders attraktiv und werden sich deshalb durchsetzen.

1 Ausgangslage

Unternehmen sind zunehmend gefordert, die Vielzahl der verschiedenen Kommunikations- und Vertriebskanäle zum Kunden zu managen. Denn auf Basis der technischen Entwicklung ist die Kommunikation erheblichen Veränderungen unterworfen. Neue Kommunikations- und Vertriebsmöglichkeiten kommen hinzu und bestehende Möglichkeiten verlieren an Bedeutung. Vor allem aber fällt so gut wie nichts weg, das heißt, bestehende und neue Kanäle existieren parallel nebeneinander. Die Folgen sind gravierend: Es entwickeln sich neue Verteilungsmechanismen bei der Budgetierung und neue Entscheidungsgrundlagen für die Mediaplanung. Vor allem aber besteht der Wunsch, den Kunden in seinem differenzierter werdenden Informations- und Entscheidungsverhalten stärker zu verstehen. So fällt es häufig schwer, die Wirkung einzelner Kontakte – den sogenannten Touchpoints – zu verstehen und einer konkreten Kaufentscheidung zuzuordnen. Im schlimmsten Fall wird der Entscheidungsprozess des Kunden zur Black Box, in der allenfalls noch der Anfang und das Ende der Kaufentscheidung bekannt sind. Dass der Kunde sich über verschiedene Medien in ein Produkt hineindenkt und sich ein zunehmender Informationsbedarf entwickelt, bleibt dabei weitgehend unberücksichtigt (siehe Abbildung 1).

Neben dem Umgang mit der Vielzahl der Touchpoints mit dem Kunden ergibt sich oftmals eine organisatorische Herausforderung für Unternehmen. Die in der akademischen Lehre verbreitete Trennung von Kommunikations- und Distributionsmaßnahmen im Sinne der 4er-Systematik des Marketingmix ist längst obsolet. Kommunikation und Vertrieb von Produkten sind mittlerweile zu einer integrierten Einheit verschmolzen. Insbesondere bei den digitalen Kanälen sind die Kommunikation und der Onlineverkauf aufs Engste miteinander verzahnt. Eine Trennung in unterschiedliche Instrumentalbereiche wirkt künstlich und führt zu einem unnötigen organisatorischem Aufwand für Unternehmen.

Abbildung 1: Inflation der Möglichkeiten, den Kunden zu erreichen, Quelle: Böcker, Jens: On- und Offline wirkungsvoll verbinden, 2014

2 Definition der Customer Journey

Die Customer Journey ist als Prozess vom ersten Kaufimpuls bis zum Kaufabschluss definiert. Dahinter steckt der Ansatz, dass sich ein Kunde im Zeitablauf mit dem Kauf eines Produktes beschäftig und seinen individuellen Informationsbedarf befriedigt. Anspruchsvoll wird der Umgang mit der Customer Journey insbesondere dadurch, dass Kunden sich sehr individuell im Punkt Informationsbeschaffung verhalten. Typische Informationsverläufe von Kunden lassen sich in der Regel nur grob abschätzen und sind deshalb besonders schwierig nachzuvollziehen. Dies gilt vor allem für eine Customer Journey, die sowohl über Online-, als auch Offlinekanäle hinweg geht.

Aus Sicht von Marketing und Vertrieb sind folgende Fragen zur Customer Journey besonders relevant:

- Wie sehen Informationspfade von Kunden aus bzw. lassen sich Gemeinsamkeiten feststellen?
- Welche Medien werden aus Kundensicht gern kombiniert, welche Kombinationen von Medien werden wenig genutzt?
- Was ist der effizienteste Einstieg in eine Customer Journey?
- Wo wird nach Abschluss des Informationsprozesses genau gekauft?
- Welche Wirkung haben die verschiedenen Medien, um den Kunden in seiner Kaufentscheidung zu beeinflussen?
- Wie sollte das Budget auf die verschiedenen Medien innerhalb der Customer Journey verteilt werden?
- Inwiefern lässt sich die Customer Journey beeinflussen?
- Wie lassen sich durch ein effizientes Management der Customer Journey Wettbewerbsvorteile im Markt erzielen?

Abbildung 2 veranschaulicht die Kernidee, den Weg des Kunden über die drei Phasen Kaufvorbereitung, Transaktion und Service zu erfassen. Darüber hinaus wird aufgezeigt, wie individuell die Wege des Kunden in diesem Prozess sein können.

Die Customer Journey – Kreuz und Quer

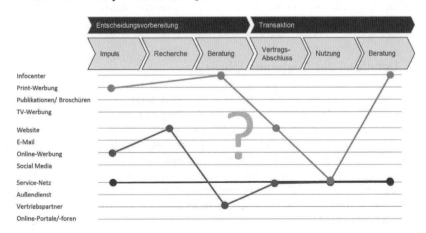

Abbildung 2: Die Customer Journey, Quelle: Böcker, Jens: On- und Offline wirkungsvoll verbinden, 2014

Der Stellenwert der Kenntnis der Customer Journey wird auch dadurch deutlich, dass sich Abschnitte des Informationsprozesses außerhalb der typischen Unternehmenskommunikation befinden und auch von dem Unternehmen nicht unmittelbar beeinflusst werden können. So hat beispielsweise der Handel sein früheres Informationsmonopol bei der Beratung seiner Kunden verloren. Stattdessen informieren sich Kunden über Facebook, Tripadvisor, Check24 und andere Plattformen – deutlich außerhalb der von Unternehmen gestaltbaren Kommunikation. Der steigende Stellenwert, gerade im Informationsprozess, resultiert aus einer höheren Glaubwürdigkeit. So lassen sich hier üblicherweise Nutzererfahrungen und -bewertungen finden, die ein hohes Maß an Objektivität und Detailgenauigkeit aufweisen. Einzig die Authentizität kann nicht ohne Weiteres aus Sicht des Interessenten verifiziert werden. So wird zumindest nicht immer ad hoc deutlich, ob es sich um einen dem Unternehmen gewogenen Blogger, einen Eintrag des Anbieters oder eines langjährigen Nutzers handelt. Vor diesem Hintergrund ist auch verständlich, dass Produktbewertungen zwar einen wichtigen, aber nicht dominanten Stellenwert aus Kundensicht haben. Bewertungen sind ein Bestandteil – neben anderen – im Prozess der Informationssuche.

3 Medienaffinitäten

Die beschriebene Vielfalt in der Kommunikation führt in vielen Unternehmen zu einem Gefühl der Überforderung bei der Steuerung der Kommunikation und Abstimmung der Vertriebsaktivitäten. Im Mittelpunkt steht dabei für Manager oft die Erkenntnis, dass Kunden im Punkt Kommunikation das machen, was sie wollen, wann sie es wollen und wo sie es wollen. Das Zusammenspiel von Diensten, Medien, Endgeräten und Kommunikationsanlässen benötigt deshalb einen neuen Rahmen in Form von Steuerungsdaten. Abgeleitet aus der Fragestellung, wie Unternehmen zum Kunden durchdringen können bzw. sich Wahrnehmung verschaffen können, bietet die Abbildung 3 einen Hinweis auf das Zusammenspiel von Zielgruppe und Mediennutzung. In Expertenkreisen etabliert sich für dieses Zusammenspiel zunehmend der Begriff der Medienaffinität heraus, der zum Ausdruck bringt, welche Zielgruppe positiv auf welche Medien reagiert. Gerade bei digitalen Medien lässt sich feststellen, dass Menschen oftmals Kommunikationskanäle bevorzugen oder im Gegensatz dazu komplett ablehnen. Dies bedeutet für Unternehmen zum einen, diesen Zusammenhang zunächst überhaupt erst einmal zu erfassen, aber auch zum anderen, diesen Zusammenhang immer wieder kritisch zu überprüfen. Ursache hierfür ist, dass Menschen ihr Kommunikationsverhalten anpassen. Die Gründe sind beispielsweise:

- Verfügbarkeit neuer – insbesondere digitaler – Dienste,
- Veränderungen in der Kommunikation im Freundes- und Kollegenkreis,
- Vereinfachungen gegenüber der herkömmlichen Kommunikation.

Wissen um Medienaffinitäten der Kunden wird zum zentralen Wettbewerbsvorteil

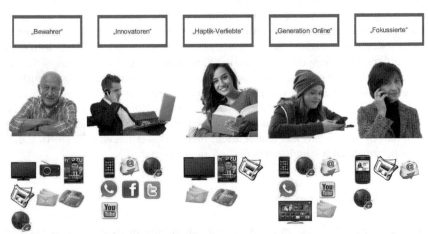

Abbildung 3: Wissen um Medienaffinitäten, Quelle: Böcker, Jens: On- und Offline wirkungsvoll verbinden, 2014

Ergänzend zu dieser Darstellung kann eine Erweiterung um die Kommunikationsanlässe vorgenommen werden. Angelehnt an Abbildung 3 entsteht in diesem Fall quasi ein Würfel mit den drei Parametern Zielgruppe, Medien und Kommunikationsanlässe. Die Berücksichtigung von Kommunikationsanlässen ist insofern entscheidend, da beispielsweise die Neukundenakquisition medial anders unterstützt werden kann als die Bearbeitung des Kundenbestandes, dem sogenannten Customer Base Management. Für die Neukundengewinnung eignen sich insbesondere Medien, die eine sehr hohe Aufmerksamkeit generieren. Hierzu zählt neben Fernsehen und Radio insbesondere der – idealerweise personalisierte – Brief. Der Brief sichert nach wie vor eine hohe Öffnungsquote und durch die Sicherstellung eines haptischen Erlebnisses eine besonders hohe Aufmerksamkeit. Beim Management der Kundenbeziehung ist die Generierung einer hohen Anfangsaufmerksamkeit nicht mehr zwangläufig notwendig, da ein bestehender Kunde die Kommunikation von „seinem" Lieferanten grundsätzlich schneller und präziser in einen Kontext einordnen kann.

Ansätze zur Entwicklung eines Medienwürfels mit den Achsen Zielgruppe, Medien und Kommunikationsanlässe werden teilweise in Unternehmen bereits diskutiert. Kritisch ist dabei jedoch die Datenlage, die die Darstellung eines quantitativen Zusammenhangs nicht erlaubt. Vor diesem Hintergrund gewinnen die Big-Data-Anwendungen erheblich an Bedeutung. Ziel ist es dabei, aus internen und externen Unternehmensdaten Hinweise für die Mediennutzung zu generieren. Die folgende Aufstellung liefert Anhaltspunkte für mögliche interne und externe Datenquellen:

- Opt-in-Erteilung des Kunden für ausgewählte Medien,
- in der Vergangenheit genutzte Medien des Kunden für die Kommunikation mit dem Unternehmen,
- Befragung von potentiellen Kunden sowie Wettbewerbskunden über das bevorzugte Mediennutzungsverhalten,
- Befragung der Kunden über die von Ihnen eingesetzten Medien und den Stellenwert dieser Medien,
- Erfahrungswerte bzw. das „Bauchgefühl" erfahrener Marketing- und Vertriebsmanager, mit welchen Medien, zu welchem Anlass eine Zielgruppe erfolgreich adressiert werden kann,
- Google Analytics bzw. ähnliche Analysetools über das digitale Mediennutzungsverhalten,
- Daten von Mediaagenturen über das Mediennutzungsverhalten der Zielgruppe,
- Beobachtung und Bewertung der eingesetzten Medien von Wettbewerbern.

Die Befragung der Kunden über die eingesetzten Medien funktioniert besonders gut, wenn die Kaufentscheidung nicht zu lange zurück liegt und die Kaufentscheidung eine hohe Aufmerksamkeit aus Sicht des Kunden erforderte (z. B. bei Mobilfunkverträgen, höherwertigen Elektronikprodukten, Reisen, Möbel). Ideal ist beispielsweise die Befragung über die genutzten Medien in einem Zeitraum bis zu sechs Monaten vor der Kaufentscheidung, der in der Regel ein hohes Maß an Erinnerung sicherstellt.

4 Tracking der Customer Journey

Eine der Kernfragen in der Customer Journey ist zum einen die Sicherstellung einer einheitlichen Analyse über Online- und Offlinemedien hinweg. Die Verbindung über beide mediale Welten gilt als deutlich kritischer, als das Tracking innerhalb der Online- oder Offlinewelt. Denn sowohl Online als auch Offline haben sich bereits Mechanismen zur Steuerung und Erfolgskontrolle etabliert. Bei Tracking im Onlinebereich steht das konkrete Click- bzw. Suchverhalten im Mittelpunkt. Bei den traditionellen Dialogmedien ist dagegen die Response-Quote von besonderem Interesse. Das Tracking in beiden Bereichen fokussiert sich weiterhin auf die Conversion Rate, das heißt die erfolgreiche Umwandlung eines Interessenten zum Käufer. Da in beiden Bereichen ausreichend Erfahrungen zum Tracking vorliegen, soll im Folgenden der Schwerpunkt auf Online/Offline übergreifende Ansätze gelegt werden.

Bei vielen Unternehmen hat sich mittlerweile die Erkenntnis durchgesetzt, wie wichtig es ist, dem Kunden gegenüber eine Vielzahl an unterschiedlichen Kommunikations- und Kontaktkanälen offen zu halten. Hintergrund dieser Überlegung ist die Erfahrung, dass Kunden die Kanäle wählen, die ihnen situationsbedingt am besten passen. Konsequenterweise stehen damit Online- und Offlinekanäle aus Marketing- und Vertriebssicht gleichwertig nebeneinander und müssen entsprechend gesteuert werden. Zwei Beispiele sollen aufzeigen, welche Möglichkeiten des übergreifenden Trackings für Unternehmen gegeben sind.

Der erste Fall bezieht sich auf die Situation, dass der Kunde sich vorab im Internet über das Produkt informiert und es sich anschließend im Einzelhandel kauft. Dahinter steht der Wunsch der Unternehmen, den ersten – möglicherweise digitalen – Kaufimpuls besser zu verstehen und in die Customer Journey einordnen zu können. Methodisch ist das Tracking dann lösbar, wenn sich der Kunde vorab im Internetportal des Anbieters beispielsweise mit seiner E-Mail Adresse einloggt. Das Suchverhalten kann dann in diesem Fall der identifizierbaren E-Mail-Adresse zugeordnet werden. Bei Produkten, in denen die Haptik eine Rolle für die Kaufentscheidung spielt oder bei der Unsicherheit im Vorfeld abgebaut werden muss (z. B. Klangerlebnis bei Lautsprechern), erfolgt anschließend ein Besuch im Einzelhandel. Identifiziert sich der Kunde beim Kaufabschluss mit Kundenkarte oder nennt an der Kasse seinen Namen (in beiden Fällen ist jeweils die E-Mail-Adresse hinterlegt), kann eine Zuordnung zwischen dem Suchverhalten in der digitalen Welt und dem Einkauf in der stationären Welt hergestellt werden.

Ein anderes Beispiel sind Gutscheine, die im Handel ausgegeben werden können. Ausgangspunkt dieses Ansatzes ist die Situation, dass sich der Kunde „den Kauf noch einmal überlegen möchte". Oftmals steht der sogenannte Show-Rooming-Effekt dahinter, das heißt, Kunden informieren sich im Handel über die Punkte und tätigen im Internet den Kaufabschluss. Besonders häufig ist dieser Effekt bei elektronischen Konsumgütern anzutreffen, wenig verbreitet dagegen beim Einkauf von Lebensmitteln (siehe Abbildung 4). Bei hochwertigen Konsumgütern (z. B. Möbel) besteht zusätzlich der Wunsch, noch einmal „eine Nacht" über die Entscheidung nachzudenken. Ein im Handel ausgegebener Gutschein, der beim Onlinekauf eingelöst werden kann, verstärkt den Kaufimpuls für den Kunden spürbar. Aus Unternehmenssicht ist die „Spur" des Gutscheins über Online- und Offlinekanäle gut nachzuvollziehen.

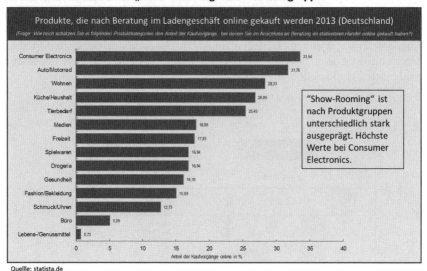

Abbildung 4: Show-Rooming nach Produktgruppen,
Quellen: http://www.retourenforschung.de/upload/Auswertung_ Showrooming. pdf; zitiert nach de.statista.com

5 Wirkung von Online- und Offlinemedien im Vergleich

Eine weitere Kernfrage ist aus Marketing- und Vertriebssicht die Einschätzung einer möglicherweise unterschiedlichen Wirkungsweise von Online- und Offlinemedien. Erkenntnisse über den Wirkungsgrad sind entscheidend über die Auswahl der einzusetzenden Medien als auch über die damit zusammenhängende Allokation des Budgets.

Zur Ermittlung der Wirkungszusammenhänge wurde folgendes Vorgehen gewählt. Auswahl eines gut isolierbaren Kommunikationsanlasses, der idealerweise sowohl online, als auch offline abbildbar ist. Herangezogen wurde die Rechnung von Telekommunikationsunternehmen an private Endkunden, die entweder als Brief oder E-Mail verschickt wird. Zum Aufbau der Datenbasis wurden fünf Workshops mit Managern aus den Bereichen CRM, Marketing und Vertrieb bei Telekommunikationsanbietern durchgeführt. Ziel der Untersuchung war es, die Wirkungseffekte der Brief- und E-Mail-Rechnung ganzheitlich zu erfassen. Dieses Vorgehen erschien sinnvoll, da in den Telekommunikationsunternehmen aus Kostengründen eine starke Substitution der Briefrechnung zugunsten der digitalen Rechnung vorgenommen wurde. Gleichzeitig stellte der Vertrieb fest, dass Angebote in sogenannten „Beilagen" in Abhängigkeit vom eingesetzten Medium unterschiedlich genutzt wurde. Abbildung 5 und Erläuterungen geben abstrahierend einen Überblick über die Ergebnisse.

Exkurs: Prozesskostenvergleich Brief- und Onlinerechnung

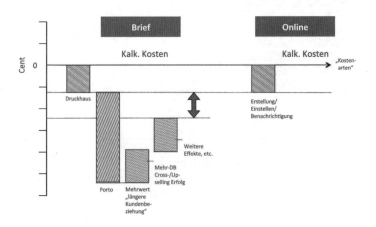

Abbildung 5: Vergleichende Betrachtung der Brief- und E-Mail-Rechnung, Quellen: Böcker Ziemen: Studie zur Wirkung der Online- und Offline Rechnung im Vergleich, 2010; Mengen, Andreas: Kostenersparnis durch Rechnungsstellung via Internet – Wie günstig ist die Abkehr von der traditionellen Papierrechnung wirklich? In : Controller Magazin Nov./ Dez. 2010, S. 51

Für die vergleichende Betrachtung sind die Parameter relevant, die sich in Abhängigkeit von dem eingesetzten Medium unterscheiden. Aus diesem Grund bestand keine Notwendigkeit, die gesamte Aufbereitung der Rechnungsdaten bis zur Verarbeitung der Rechnungsdaten auf den unterschiedlichen Medien zu berücksichtigen.

Bei der Erstellung und dem Versand der E-Mail-Rechnung entsteht pro Rechnung ein Betrag im einstelligen Eurocent-Bereich. Die Verfahren zum Versand oder Abruf der Onlinerechnung unterscheiden sich dabei im Punkt Benutzerfreundlichkeit erheblich. Es konnte festgestellt werden, dass insbesondere E-Mail-Rechnungen, die auf einem Server abgelegt werden, häufig nicht von den Kunden abgerufen werden. Mit der Rechnung verbundene Werbebotschaften (z. B. über neue Tarife, Endgeräte, Services) werden auf diese Weise nicht wahrgenommen und können zwangsläufig nicht den gewünschten Kaufimpuls senden. Die mit der Onlinerechnung empfundene Komplexität wird aus Kundensicht unter anderem dadurch gelöst, dass die Onlinerechnung grundsätzlich nicht abgerufen wird. Der Ersatz zur Kontrolle des Rechnungsbetrages erfolgt häufig durch Kontrolle der Kontoauszüge. Nur im Fall einer nicht plausiblen Rechnung wird für die Prüfung der Validität die E-Mail-Rechnung herangezogen oder das Callcenter kontaktiert.

Bei der Briefrechnung entstehen zunächst Kosten für Druck und Papier (interessanterweise lagen die Werte in der Größenordnung von Erstellung und Versand der E-Mail-Rechnung!). Anschließend entstehen Portokosten für den Transport der Briefrechnung zum Rechnungsempfänger. Bis zu diesem Punkt ergibt sich ein deutlicher Kostennachteil für die Briefrechnung. Jedoch konnte in den durchgeführten Workshops festgestellt werden, dass messbare positive ökonomische Effekte zugunsten der Briefrechnung existieren. Diese sind in der folgenden Aufzählung dargestellt:

- Mehrwert-Papier: Ein Teil der Kunden (ca. zehn Prozent) sind bereit, für die Briefrechnung einen zusätzlichen Beitrag zu leisten. Diese Bereitschaft können die Telekommunikationsanbieter als zusätzliche Einnahme verbuchen.
- Lebensdauer: Kunden, die eine Papierrechnung erhalten, haben eine nachweisbar längere „Lebensdauer" im Customer Life Cycle. Hintergrund ist offensichtlich ein stärkerer Kontaktimpuls zu dem Kunden. Der Kunde nimmt durch die Papierrechnung bewusst die durch ihn in Anspruch genommene Leistung wahr. Die Geschäftsbeziehung wird emotional bestätigt und mögliche kognitive Dissonanzen abgebaut. Bei der E-Mail-Rechnung ist dieser „Bestätigungseffekt" geringer.

- Cross- und Up-Selling: Die Beilage erfolgt bei der E-Mail-Rechnung in der Regel durch einen Link zu den zusätzlichen Angeboten, wobei sich ein neues Fenster im Browser öffnet. Die geringe Öffnungsquote der E-Mail-Rechnung führt, wie bereits erläutert, nicht zu einer gewünschten Wahrnehmung des Angebotes. Die Briefrechnung weist demgegenüber eine nahezu vollständige Öffnungsquote auf. Beilagen in Papierform werden demzufolge im Vergleich mit der E-Mail-Rechnung stärker wahrgenommen, Kaufimpulse stärker in die Zielgruppe gesendet und ein höherer Vertriebserfolg erzielt.

Diese drei dargestellten Effekte führen zu einer Relativierung des Kostennachteils, der der Rechnung in Papierform durch die Portokosten entsteht. Zusammenfassend lässt sich damit feststellen, dass der Kostennachteil Briefrechnung zwar weiterhin existiert, der Abstand zur E-Mail-Rechnung jedoch durch die positiven Kundenbindungs- und Vertriebseffekte deutlich kleiner als gedacht ist. Insgesamt ist damit eine Gesamtbetrachtung erforderlich, ob Überlegungen zur Reduzierung der Kosten oder Überlegungen zur Kundenbindung und Kundenentwicklung priorisiert werden. Kritisch zu sehen sind in diesem Zusammenhang die Diskussionsbeiträge in den Workshops, dass in den Unternehmen eine Optimierung der Bereichs- oder Abteilungsinteressen vorherrscht. Damit stehen häufig die Kostenüberlegungen im Vordergrund. Eine ganzheitliche Sicht aller auf den Kunden im Sinne einer langfristigen Bindung und Entwicklung kommt dabei oftmals zu kurz.

6 Zusammenfassende Betrachtung

Die Customer Journey hat zum Ziel, den Prozess vom Kaufimpuls zum Kaufabschluss zu analysieren und aus diesen Erkenntnissen konkrete Maßnahmen abzuleiten. Die Journey sollte nicht dem Zufall überlassen werden. Alle aus Kundensicht denkbaren Touchpoints sollten aus Unternehmenssicht berücksichtigt werden. Jeder Touchpoint innerhalb der Customer Journey sollte grundsätzlich genutzt werden, Informationen und Emotionen zu transportieren, um damit die Kaufentscheidung zu erleichtern.

Voraussetzung hierfür ist eine belastbare Datenbasis, die Rückschlüsse auf die Gestaltung, Steuerung und Budgetverteilung der Customer Journey erlaubt. Kritisch ist die Gewinnung von Daten bei der Verknüpfung von Online- und Offlinekanälen. An verschiedenen Beispielen konnte aufgezeigt werden, dass methodische Ansätze die Verzahnung zwischen beiden Kommunikationswelten sicherstellen können. Zukünftig ist davon auszugehen, dass sich die Datenbasis erheblich verbessern wird und als Konsequenz sich daraus automatisierte Kampagnen ableiten lassen.

Es ist davon auszugehen, dass sich das Management der Customer Journey zunehmend als ein zentraler Wettbewerbsvorteil für Unternehmen herausstellt. Eine Kombination aus einem attraktiven Produkt, einem kreativ und zielstrebig geführten Kundendialog stellt eine wichtige Voraussetzung für den zukünftigen Markterfolg dar. Kunden werden diese Ansätze als vorteilhaft erkennen, weil sie immer weniger bereit sind, einen Aufwand in die Beschaffung zu investieren. Die Freiheit bei der Auswahl der Kommunikations- und Kontaktkanäle mit einem Unternehmen sichert aus Kundensicht Einfachheit und Attraktivität.

Literatur

Böcker, Jens: On- und Offline wirkungsvoll verbinden, Studie 2014
Böcker Ziemen: Wirkung der Online- und Offline Rechnung im Vergleich, Studie 2010
Bonner Management Forum: Management Summary der Konferenz „Die Customer Journey – vom Interessenten zum Käufer", Studie 2014
Mengen, Andreas: Kostenersparnis durch Rechnungsstellung via Internet – Wie günstig ist die Abkehr von der traditionellen Papierrechnung wirklich? In : Controller Magazin Nov./ Dez. 2010, S. 46-51
http://www.retourenforschung.de/upload/Auswertung_Showrooming.pdf;
http://de.statista.com/statistik/daten/studie/162127/umfrage/produkte-die-nach-beratung-im-ladengeschaeft-online-gekauft-werden/

Kontakt

Prof. Dr. Jens Böcker
Hochschule Bonn-Rhein-Sieg
Prof. Dr. Jens Böcker
Fachbereich Wirtschaftswissenschaften
Grantham-Allee 20
53757 Sankt Augustin
E-Mail: jens.boecker@h-brs.de

"Gekaufte Sympathie": Eine explorative Untersuchung zur Praxis von Facebook-Fankäufen

Melanie Sellak / Matthias Schulten / Gotthard Pietsch

Inhalt

1 Einführung 180
2 Ablauf von Facebook-Fankäufen 181
3 Motive für Facebook-Fankäufe 184
4 Risiken von Facebook-Fankäufen 185
5 Umgang mit Fankauf-Vorwürfen 187
6 Schlussbetrachtungen 190

Literatur 191
Die Autoren 193
Kontakt 193

Management Summary

Unternehmen beurteilen den Erfolg ihrer Social-Media-Aktivitäten sehr oft anhand der Fanzahl ihrer Facebook-Seite. Entsprechend groß ist das Bemühen vieler Verantwortlicher auf diese Kennzahl einzuwirken. Häufig werden hierzu auch Fankäufe in Erwägung gezogen, die jedoch noch weitgehend unerforscht sind. Der vorliegende Beitrag stößt genau in diese Lücke. Er verdeutlicht, dass beim Kauf von Fans Entscheidungen zu fällen sind, die die Auswahl des Anbieters sowie die Bestellung und Auslieferung der Fans betreffen. Darüber hinaus zeigt er, dass sich Fankäufe vor allem zur Beeinflussung von Fanpage-Besuchern, zur Verbesserung von Rankings und Zielerreichungsgraden sowie zur Schädigung von Wettbewerbern eignen. Der Kauf ist dabei nicht frei von Risiken. So drohen bei einer Aufdeckung von Fankäufen Abwertungen und Sanktionen durch Facebook, Klagen von Wettbewerbern und Imageschäden durch Shitstorms enttäuschter oder empörter Fans. Diesen sollte, wie eine Conjont-Analyse zeigt, insbesondere durch Vorgabe von Unwissenheit begegnet werden.

1 Einführung

Soziale Medien erfreuen sich wachsender Beliebtheit. Allein in Deutschland nutzen rund 26 Millionen Menschen Facebook (Allfacebook 2013). Für Unternehmen gehört es daher inzwischen zum guten Ton, auf Facebook vertreten zu sein und mit den eigenen Fans zu interagieren. Sehr viele von ihnen sehen dabei in der Fanzahl eine wichtige Kennzahl zur Beurteilung des eigenen Social-Media-Erfolgs (Eldagsen et al. 2012). Entsprechend stark ist ihr Bemühen auf diese Kennzahl einzuwirken.

Zur Steigerung der Fanzahl stehen Unternehmen zahlreiche Möglichkeiten zur Verfügung. Sie reichen von der cross-medialen Vermarktung der eigenen Facebook-Seite über Onlinewerbung bis hin zu viralen Kampagnen. Aber auch der Kauf von Facebook-Fans greift um sich. So äußerte Mario Rönsch, Geschäftsführer der Fan-Anbieter Fandealer und Cyburios, in einem Interview mit dem Spiegel, dass sich 80 Prozent der Unternehmen, die von der Möglichkeit von Fankäufen Kenntnis bekämen, am Ende auch für diese entscheiden (Lill et al. 2012).

Gleichwohl gilt die Praxis des Fankaufs vielen Menschen als verwerflich, da sie mit einer Täuschung der Fanpage-Besucher verbunden ist. So wurde der US-Präsidentschaftskandidat Mitt Romney im Juli 2012 mit dem Vorwurf konfrontiert, 100.000 Twitter-Follower gekauft zu haben. Eine Studie, die diesen Vorwurf thematisierte, gelangte kurz darauf zu dem Schluss, dass 64 Prozent der US-Bürger ihre Stimme nur ungern einem Kandidaten geben würden, der über Datenkauf und maßgeschneiderte Werbung auf sich aufmerksam mache (Lehner 2012).

Erstaunlicherweise hält die Forschung mit der wachsenden Bedeutung von Facebook-Fankäufen kaum Schritt. Abläufe, Motive und Risiken von Facebook-Fankäufen sind noch weitgehend unerforscht. Auch zum Umgang mit Krisen, die aus Fankauf-Vorwürfen resultieren, gibt die vorhandene Forschung keine Antworten. Der vorliegende Beitrag stößt genau in diese Forschungslücke, indem er Antworten auf folgende Fragen gibt:

1. Wie laufen Facebook-Fankäufe ab?
2. Welche Motive stehen hinter Facebook-Fankäufen?
3. Mit welchen Risiken sind Facebook-Fankäufe verbunden?
4. Wie sollte mit Fankauf-Vorwürfen kommunikativ umgegangen werden?

Der Aufbau des Beitrags orientiert sich an der Reihenfolge der Fragestellungen. Zunächst wird der Ablauf von Facebook-Fankäufen anhand von Anbieteranalysen beleuchtet. Dann werden Motive und Risiken von Facebook-Fankäufen mit Hilfe von Experteninterviews exploriert. Hieran schließt sich eine Conjoint-Analyse an, auf deren Basis Empfehlungen für den optimalen Umgang mit Fankauf-Vorwürfen ausgesprochen werden. Abschließend werden die Ergebnisse des Beitrags kurz zusammengefasst und weiterführender Forschungsbedarf aufgezeigt.

2 Ablauf von Facebook-Fankäufen

Zur Erfassung der Abläufe von Facebook-Fankäufen wurden Anbieteranalysen vorgenommen. Dabei zeigte sich, dass Fankäufe in der Regel in drei Schritten erfolgen:

(1) Auswahl des Anbieters,
(2) Bestellung der Fans und
(3) Auslieferung der Fans.

Mit Blick auf die Auswahl des Anbieters muss zunächst zwischen vertikal und nicht vertikal integrierte Anbieter unterschieden werden. Vertikal integrierte Anbieter zeichnen sich dadurch aus, dass sie Likes anbieten, die „inhouse" generiert werden. Diese Vorgehensweise hat den Vorteil, dass der Kaufauftrag außerhalb des Unternehmens nicht bekannt wird und ein hohes Maß an Vertraulichkeit gewahrt bleibt. Nachteilig ist, dass das Fanspektrum weniger breit ist als bei nicht vertikal integrierten Anbietern. Diese konzentrieren sich allein auf die Vermittlung von Likes gegen Provision. Die Likes werden in der Folge von einem breiten Fanspektrum gesetzt. Der Käufer muss jedoch damit rechnen, dass im Zuge der Vermittlung Informationen über den Fankauf nach außen dringen.

Neben dem Integrationsgrad lassen sich Anbieter danach unterscheiden, ob sie über eine eigene Internetplattform verfügen oder nicht. Zur Gruppe der Anbieter mit eigener Internetplattform gehören Unternehmen, wie zum Beispiel socialsponsor.com oder fandealer.com, die mit der Qualität ihrer Fans werben, ausgefeilte Möglichkeiten zur Aussteuerung der Fanzusammensetzung anbieten und eine Premiumpreis-Strategie verfolgen. Zur zweiten Gruppe zählen hingegen Unternehmen, die über keine eigene Internetplattform verfügen und stattdessen z. B. auf eBay präsent sind. Bei ihnen steht weniger die Qualität der Fans und deren Aussteuerungsmöglichkeiten im Vordergrund, als vielmehr der Preis, der aufgrund der häufig verfolgten Preis-/Mengen-Strategie vergleichsweise niedrig ist. Legt man die Wortgruppe „Kauf Facebook-Fans" zugrunde, so zählen zu ihnen aktuell (Stand: 20.10.14) allein auf eBay rund 280 Unternehmen. Die Preisspanne für 1.000 Fans reicht dabei von 5,99 Euro bis hin zu 56 Euro. Abbildung 1 fasst die Vor- und Nachteile der unterschiedlichen Anbieterformen aus Käufersicht nochmals zusammen.

	Mit eigener Internetplattform	Ohne eigene Internetplattform
	Vorteile	Vorteile
Vertikal integrierter Anbieter	• Wahrung eines hohen Maßes an Vertraulichkeit • Möglichkeiten zur Aussteuerung der Fan-Zusammensetzung	• Wahrung eines hohen Maßes an Vertraulichkeit • Vergleichsweise geringe Preise aufgrund Preis-/Mengen-Strategie
	Nachteile	Nachteile
	• Vergleichsweise schmales Fan-Spektrum • Vergleichsweise hohe Preise aufgrund Premiumpreis-Strategie	• Vergleichsweise schmales Fan-spektrum • Kaum Möglichkeiten zur Aussteuerung der Fan-Zusammensetzung
Nicht vertikal integrierter Anbieter	Vorteile	Vorteile
	• Vergleichsweise breites Fan-spektrum • Möglichkeiten zur Aussteuerung der Fan-Zusammensetzung	• Vergleichsweise breites Fan-spektrum • Vergleichsweise geringe Preise aufgrund Preis-/Mengen-Strategie
	Nachteile	Nachteile
	• Wahrung von Vertraulichkeit unsicher • Vergleichsweise hohe Preise aufgrund Premiumpreis-Strategie	• Wahrung von Vertraulichkeit unsicher • Kaum Möglichkeiten zur Aussteuerung der Fan-Zusammensetzung

Abbildung 1: Vor- und Nachteile unterschiedlicher Anbieterformen

An die Auswahl der Anbieter schließt sich die Bestellung der Fans an. Bei nicht vertikal integrierten Anbietern sind neben der Anzahl der zu kaufenden Fans auch deren Charakteristika, wie z. B. Herkunftsort, Alter, Geschlecht und Beziehungsstatus festzulegen. Darüber hinaus können Tages- und Stundenlimits gesetzt werden, um das Wachstum der Fanzahl natürlich und organisch wirken zu lassen. Auf diese Weise lässt sich verhindern, dass die Fanzahl rasant ansteigt und Facebook oder die Öffentlichkeit auf den Fankauf aufmerksam werden. Regelmäßig besteht zudem die Möglichkeit, einen Lieferschutz abzuschließen.

Dieser stellt sicher, dass gekaufte Fans, die ihren Like innerhalb von zwei Monaten zurücknehmen, durch neue Fans ersetzt werden. Die Bezahlung der Fans erfolgt in der Regel per Vorkasse. Grundsätzlich gilt, dass der Preis umso geringer ist, je mehr Fans bestellt werden und umso höher, je mehr Kriterien zur Auswahl der Fans hinzugezogen werden. Das Kriterium „Herkunftsort" (inversus ausländische Herkunft) wirkt dabei besonders preistreibend. Stunden- bzw. Tageslimits sowie Lieferschutz werden von den meisten Anbietern zusätzlich veranschlagt.

Die Auslieferung der Fans erfolgt entweder automatisch oder manuell. Bei der automatischen Auslieferung stammen die Likes von computergenerierten Profilen, die oftmals illegalen Ursprung sind. So sind mittlerweile sehr viele Rechner aufgrund von Sicherheitsmängeln mit Malware infiziert. Durch diese können Botnet-Betreiber nicht nur auf die Facebook-Identität der PC-Nutzer zugreifen, sondern zusätzlich auch noch weitere Facebook-Konten auf deren Rechnern einrichten, um Facebook-Likes zu vergeben. Die PC-Nutzer merken hiervon oft nichts. So stellte Channel 4 (2013) in einer Dokumentation einen PC-Nutzer vor, über dessen Facebook-Konto nach erfolgtem Identitätsdiebstahl 4.787 Facebook-Likes gesetzt worden waren (Von Hase 2013).

In die manuelle Auslieferung sind hingegen „echte" Menschen involviert. Diese betreiben das „Liking" semi-professionell oder professionell. Bei den semi-professionellen „Likern" handelt es sich oftmals um Menschen, die für das Liking einen Teil ihrer Freizeit verwenden, um Nebeneinkünfte zu erzielen. Die professionellen „Liker" verdienen sich hingegen durch Likes ihren Lebensunterhalt. Sie haben ihren Wohnsitz in der Regel im Ausland und gehen beim Liking sehr systematisch vor. So berichtet Atkins (2013) von einem Unternehmen aus Bangladesch, das 1.000 Facebook-Fans für 15 USD anbietet und diese innerhalb von drei bis vier Stunden ausliefert. Die Mitarbeiter des Unternehmens greifen hierzu auf jeweils ca. 1.000 Facebook-Profile zu, mit denen die Fanpages gelikt werden. Für jeden geleisteten Like werden dem Unternehmen einige Cent auf sein Nutzerkonto gutgeschrieben. Ab einer gewissen Summe kann es sich den Betrag auf sein Konto überweisen lassen. Die Mitarbeiter erhalten hiervon schließlich einen Teilbetrag, der von den geleisteten Likes abhängt.

Die Auszahlung ist dabei mit Unsicherheiten verbunden. Ursache hierfür ist der unübersichtliche Markt, in dem mittlerweile ein Kampf um die Vorherrschaft entbrannt ist. Einige Akteure schrecken dabei auch nicht vor Hacker-Angriffen auf konkurrierende Fananbieter zurück, um Auszahlungen zu verhindern und deren Ruf zu schädigen (Voß 2013).

3 Motive für Facebook-Fankäufe

Die Ausführungen zeigen, dass der Markt für Facebook-Fankäufe sehr unübersichtlich ist und es zahlreiche dubiose Anbieter gibt. Es stellt sich daher die Frage, was seriöse Unternehmen dazu treibt, in solch einem Markt aktiv zu werden und Fans zu kaufen. Zur Beantwortung dieser Frage wurden drei semistrukturierte Tiefeninterviews mit Experten aus den Bereichen Social Media, Fanvermarktung und Recht durchgeführt. Dabei zeigte sich, dass Facebook-Fankäufe vor allem zur

(1) Beeinflussung von Fanpage-Besuchern,
(2) zur Verbesserung von Rankings und Zielerreichungsgraden sowie
(3) zur Schädigung von Wettbewerbern vorgenommen werden.

Die Experten erachteten dabei die Beeinflussung von Fanpage-Besuchern als wichtigstes Motiv. Lindstrom (2012, S. 149 f.) erklärt hierzu, dass Menschen wie Vögel und Schafe dem Herdentrieb folgen und „dass nur 5 Prozent ‚informierte Einzelne' ausreichen, um die Richtung einer Menge von bis zu 200 Menschen zu beeinflussen." Gleiches lässt sich für Facebook vermuten. So konstatierte einer der Experten im Interview: „Wo Menschen schon zusammenkommen, da gesellen sich mehr dazu. Das gilt für Restaurants und Clubs genauso wie für Facebook-Seiten. Viele Besucher gelten als Zeichen von Qualität." Einen Beleg hierfür liefert die Studie von Egebark und Ekström (2011), nach der Menschen bevorzugt Inhalte liken, die andere Personen bereits gelikt haben. Daraus lässt sich ableiten, dass durch den Kauf von Fans das Like-Verhalten von Fanpage-Besucher beeinflusst werden kann. Vor allem für Unternehmen mit geringem Bekanntheitsgrad oder eher unemotionalen Produkten ist dies eine interessante Option. Denn sie tun sich mit der Gewinnung neuer Fans oftmals schwer (ähnlich: Hollenstein 2012).

Neben der Beeinflussung von Fanpage-Besuchern führten die Experten die Verbesserung von Rankings und Zielerreichungsgraden als wichtiges Motiv für Facebook-Fankäufe an. Obwohl inzwischen andere Vergleichsparameter existieren, werden Wettbewerbsvergleiche noch immer gerne anhand von Fanzahlen vorgenommen. Es verwundert daher nicht, dass viele Unternehmen bei dieser Kennzahl vorne liegen möchten und sie auch als Zielgröße verwenden. Zieht der Wettbewerb davon oder drohen Zielverfehlungen, liegen Facebook-Fankäufe durch Mitarbeiter, Abteilungen oder Agenturen nahe.

Ein weiteres Motiv liegt in der Schädigung von Wettbewerbern. Konkurrieren zwei Unternehmen miteinander, so besteht die Möglichkeit, Fans für den Wettbewerber hinzuzukaufen, um ihm anschließend mit Hilfe eines Tipps an die Presse Imageschäden zuzufügen (Göpfert 2012). So sah sich die FDP im Frühjahr 2013 genötigt zu erklären, dass sie weder Twitter- noch Facebook-Accounts kaufe. Anlass waren Fankauf-Mutmaßungen, nachdem sich innerhalb weniger Tage die Zahl der Twitter-Follower der Partei von etwa 6.400 auf 36.000 verfünffacht hatte. Der Fan-Anbieter Fandealer, der einen Teil der Follower vermittelt hatte, entlastete schließlich die FDP. Es sei nicht die FDP gewesen, die den Kauf in Auftrag gegeben habe. Vielmehr seien rund 900 Follower von einem politischen Mitbewerber gekauft worden. Dies ließe sich zweifelsfrei anhand der E-Mail-Adresse nachweisen. Der Name des Mitbewerbers wurde aber aus datenschutzrechtlichen Gründen nicht bekannt gegeben (Thomas 2013).

4 Risiken von Facebook-Fankäufen

Die bisherigen Ausführungen deuten bereits darauf hin, dass der Kauf von Facebook-Fans nicht frei von Risiken ist. Um diese im Detail zu erfassen, wurden die Experten weiter befragt. Dabei zeigte sich, dass bei Facebook-Fankäufen

(1) Abwertungen und Sanktionen durch Facebook,
(2) Klagen von Wettbewerbern und
(3) Imageschäden durch Shitstorms enttäuschter oder empörter Fans drohen.

So teilte Facebook im August 2012 mit, dass das Unternehmen gefälschte und computergenerierte Profile aufspüren und Fankäufe algorithmisch und/oder manuell sanktioniere. Algorithmische Sanktionierungen greifen vor allem im Zusammenhang mit der Auslieferung von Posts. So hängt die Wahrscheinlichkeit der Auslieferung eines Posts von der Relevanz ab, die Facebook der Fanpage beimisst. Ein wichtiger Indikator hierfür ist die Quantität und Qualität der Interaktionen, die auf der Fanpage stattfinden. Steigt durch Käufe die Fanzahl, ohne dass die Interaktionen auf der Fanpage zunehmen, so verringert sich der prozentuale Anteil aktiver Fans. Dies wirkt sich wiederum negativ auf die Relevanz der Fanpage und in der Folge auf die algorithmisch ausgesteuerte Auslieferung der Posts aus (Leuwer 2012). Neben diesen algorithmischen Sanktionierungen behält sich Facebook manuelle Sanktionierungen vor. Diese reichen von der Löschung von Likes gefälschter und computergenerierter Profilen über die Entfernung des Like-Buttons von der Fanpage bis hin zu einer temporären Nicht-Veröffentlichung der Fanpage (Facebook 2012; Facebook 2013).

Mit Blick auf das Risiko von Wettbewerbsklagen muss zunächst vorangestellt werden, dass § 5 UWG Angaben verbietet, die Verbraucher täuschen und „dadurch deren wirtschaftliches Verhalten [...] beeinflussen, Mitbewerber [...] beeinträchtigen und nicht unerheblich sind." Es liegt daher der Schluss nahe, dass auch Fankäufe nach § 5 UWG eine wettbewerbsrechtliche Irreführung darstellen, da hiermit Täuschungen hinsichtlich der tatsächlichen Beliebtheit und Relevanz von Fanpages einhergehen. Das Landgericht Hamburg entschied jedoch im Zusammenhang mit Online-Gewinnspielen im Januar 2013, dass mit der Bestätigung des Like-Buttons „lediglich eine unverbindliche Willensäußerung zum Ausdruck [kommt], mit der das Netzwerk des betroffenen Nutzers keine weiteren Erwartungen oder Gütevorstellungen verbindet" (LG Hamburg 2013).

Das Urteil hat zur Folge, dass die rechtlichen Konsequenzen von Fankäufen aktuell sehr unterschiedlich eingeschätzt werden. Während ein Teil der Juristen seit dem Hamburger Urteil davon ausgeht, dass Fankäufe keine rechtlichen Konsequenzen nach sich ziehen, verweist ein anderer Teil darauf, dass werbliche Online-Gewinnspiele nicht mit einem normalen Fanpage-Liking vergleichbar sind und der Tatbestand der Irreführung weiter besteht. Es existiert also nach wie vor die Gefahr, dass sich Fankäufer wettbewerbsrechtlichen Ansprüchen (Unterlassung, Auskunft und Schadensersatz) aussetzen. Auch beim Fankauf für Mitbewerber ist Vorsicht geboten. Erfährt der Mitbewerber, dass Fans für seine Seite gekauft wurden, um ihm Nachteile zuzufügen, kann das kaufende Unternehmen wegen Wettbewerbsbehinderung nach § 4 Nr. 10 UWG belangt werden und nach § 823 Abs. 1 BGB in Verbindung mit § 1004 Abs. 1 S. 2 BGB auf Unterlassung, Auskunft und Schadensersatz verklagt werden. Der Mitbewerber ist dabei allerdings in der Darlegungs- und Beweispflicht.

Neben Abwertungen und Sanktionen durch Facebook und Klagen von Wettbewerbern drohen bei Fankäufen Imageschäden durch Shitstorms enttäuschter oder empörter Fans. Laut ZDF-Studie Community 2010 treten 57 Prozent der Fans einer Fanpage bei, weil sie sich mit dem Produkt, der Marke und/oder der Sache an sich identifizieren können (Frees und Fisch 2011, S. 160). Die Betätigung des Like-Buttons ist also auch Ausdruck einer positiven Einstellung zum Fanpage-Betreiber. Werden Fankäufe publik, so ist mit enttäuschten oder empörten Fans zu rechnen, die sich negativ äußern, die Fanpage disliken und sich gegebenenfalls sogar vollständig von der Marke abwenden. Aufgrund von Netzeffekten in sozialen Medien und der viralen Verbreitung besteht die Gefahr, dass sich negative Äußerungen exponentiell verbreiten und zu imageschädigenden Shitstorms weiterentwickeln, denen Unternehmen oftmals hilflos gegenüberstehen.

5 Umgang mit Fankauf-Vorwürfen

Um einen Eindruck zu gewinnen, wie in der Praxis mit Fankauf-Vorwürfen umgegangen wird, wurden verschiedene Personen, Unternehmen und Organisationen analysiert, die hiermit bereits konfrontiert waren. Die Analyse ergab, dass beim Umgang mit Fankauf-Vorwürfen sechs Gestaltungsparameter zu beachten sind:

(1) Das Medium, über das primär kommuniziert wird,
(2) der Zeitpunkt der Kommunikation,
(3) die Haltung und
(4) Stellungnahme zum Fankauf-Vorwurf sowie
(5) der Ausdruck von Bedauern und
(6) die Bitte um Treue.

Die Gestaltungsparameter wiesen dabei bis zu drei Ausprägungen auf.

So erfolgte bei den untersuchten Krisen die Kommunikation primär über Facebook, die eigene Homepage oder die Presse. Hinsichtlich des Zeitpunkts der Kommunikation gab es zwei Arten von Unternehmen bzw. Organisationen: Solche, die nur auf Presseberichte reagierten und solche, die proaktiv möglichen Presseberichten zuvor kamen. Hinsichtlich ihrer Haltung ließen sich relativierende und rationalisierende Personen, Unternehmen und Organisationen unterscheiden und auch bei der Stellungnahme zum Fankauf-Vorwurf gab es Unterschiede. Sie reichte von Zugabe über Schuldzuweisungen an Dritte bis hin zu Unwissenheit. Weiterhin gab es Personen und Unternehmen, die ihr Bedauern zum Ausdruck brachten und um Treue baten und solche, die dies nicht taten.

Nach Erfassung der Gestaltungsparameter und ihrer Ausprägungen wurde eine standardisierte Onlineumfrage durchgeführt, um Aussagen zum optimalen Umgang mit Fankauf-Vorwürfen treffen zu können. Hierzu wurde auf eine klassische Conjoint-Analyse zurückgegriffen. Bei dieser handelt es sich um ein multivariates Analyseverfahren, bei dem Präferenzwerte für unterschiedliche Profile eines Betrachtungsgegenstandes erhoben werden, um Teilnutzenwerte für Ausprägungen von Gestaltungsparametern dekompositionell zu ermitteln und Aussagen zur relativen Wichtigkeit der Gestaltungsparameter zu treffen (ähnlich: Backhaus et al. 2011, S. 501). Konkret wurden im vorliegenden Fall Präferenzwerte für verschiedene Krisenumgänge erhoben, um den Einfluss der identifizierten Gestaltungsparameter auf die Wahrscheinlichkeit, dass die Fans trotz

Fankauf-Vorwurfs Fan der Marke bleiben, zu ermitteln. Hierzu wurde in sechs Schritten vorgegangen.

Im ersten Schritt wurden die Gestaltungsparameter und ihre Ausprägungen auf Basis der analysierten Krisen festgelegt. Der zweite Schritt befasste sich mit der Festlegung der Stimulipräsentation. Die Entscheidung fiel hier auf eine textuelle Darstellung der Krisenumgänge, da diese den kommunikativen Maßnahmen (u. a. Pressemitteilungen) der analysierten Unternehmen am nächsten kam (vgl. Abbildung 2).

Parameter	Ausprägungen		
	Facebook	Homepage	Presse
Medium	Die Marke teilt über **Facebook** Folgendes mit:	Die Marke teile über die **Homepage** Folgendes mit:	Die Marke teile über die **Presse** Folgendes mit:
	Nach der Presse		Vor der Presse
Zeitpunkt	„Die Presse hat vom raschen Anstieg unserer Fanzahlen **schon** berichtet.		„Die Presse hat vom raschen Anstieg unserer Fanzahlen **noch nicht** berichtet.
	Relativieren		Rationalisieren
Haltung	Plötzliche Fanzahl-Anstiege lassen sich oft auf den Kauf von Fans zurückführen. Es handelt sich hierbei um eine **übliche Vorgehensweise** in der Unternehmenspraxis.		Plötzliche Fanzahl-Anstiege lassen sich oft auf den Kauf von Fans zurückführen. **Fanseiten wirken hierdurch belebter**, weshalb sie in der Folge häufiger gelikt werden.
	Zugabe	Schuldzuweisung	Unwissenheit
Stellungnahme	Auch bei uns ist der Anstieg auf den **Kauf von Fans** zurückzuführen.	Wir selbst würden niemals Fans kaufen. Das muss **jemand getan haben**, der uns schaden will.	Den Anstieg unserer Fanzahlen können wir uns allerdings **nicht erklären**.
	Kein Bedauern		Bedauern
Bedauern	-		Wir **bedauern es sehr**, wenn es hierdurch zu Irritationen gekommen ist.
	Keine Bitte um Treue		Bitte um Treue
Treue	-		Bitte bleiben Sie uns **treu**!" (Presse/Homepage) Bitte bleibt uns **treu**!" (Facebook)

Abbildung 2: Gestaltungsparameter und Ausprägungen

Im dritten Schritt wurden die verschiedenen Ausprägungen der einzelnen Gestaltungsparameter zu Stimuli verknüpft und mit Hilfe des Ansatzes von Addelman (1962) auf 16 Stimuli reduziert, um einer Überforderung von Probanden vorzubeugen. Im vierten Schritt wurden die 16 Stimuliprofile in zufälliger Reihenfolge 325 Umfrageteilnehmern mit der Bitte vorgelegt, für jede Krisenkommunikation ihre Wahrscheinlichkeit der Marke treu zu bleiben auf einer Skala von 0 (ganz sicher nicht) bis 100 (ganz sicher) anzugeben. Der fünfte Schritt widmete sich der Berechnung individueller Präferenzwerte für jeden einzelnen Umfrageteilnehmer. Diese wurden schließlich im sechsten Schritt mit Hilfe einer gemeinsamen Conjoint-Analyse aggregiert. Das aggregierte Ergebnis kann Abbildung 3 entnommen werden.

Aus Abbildung 3 wird ersichtlich, dass die Stellungnahme zum Fankauf-Vorwurf mit einer relativen Wichtigkeit von 50 Prozent die Wahrscheinlichkeit Fan zu bleiben am stärksten beeinflusst. Die Vorgabe von Unwissenheit scheint hierbei der beste Ansatz zu sein. Darüber hinaus hat ein Ausdruck von Bedauern mit einer relativen Wichtigkeit von 21 Prozent einen recht großen Einfluss auf die Wahrscheinlichkeit Fan zu bleiben. Der Zeitpunkt der Kommunikation ist mit einer relativen Wichtigkeit von neun Prozent ebenfalls ein bedeutsamer Aspekt für die Umfrageteilnehmer. Dabei zeigte sich, dass eine proaktive Kommunikation mehr geschätzt wird als eine reaktive. Das Medium, über das primär kommuniziert wird, und die Bitte um Treue weisen eine relative Wichtigkeit von acht Prozent auf. Erstaunlicherweise wurde dabei eine Kommunikation über die Presse mehr geschätzt als eine Kommunikation über Facebook oder die eigene Homepage. Am wenigsten wichtig war den Umfrageteilnehmern die Haltung des Unternehmens. Sie hat mit einer relativen Wichtigkeit von vier Prozent kaum Einfluss auf die Wahrscheinlichkeit Fan zu bleiben.

Parameter	Ausprägung	Teilnutzen in Prozent	Relative Wichtigkeit
Medium	Facebook	0%	8%
	Homepage	7%	
	Presse	8%	
Zeitpunkt	Nach der Presse	0%	9%
	Vor der Presse	9%	
Haltung	Relativieren	0%	4%
	Rationalisieren	4%	
Stellungnahme	Zugabe	0%	50%
	Schuldzuweisung	23%	
	Unwissenheit	50%	
Bedauern	Kein Bedauern	0%	21%
	Bedauern	21%	
Treue	Keine Bitte um Treue	0%	8%
	Bitte um Treue	8%	

n = 325 Teilnehmer

Abbildung 3: Teilnutzenwerte und relative Wichtigkeiten

6 Schlussbetrachtungen

Facebook-Fankäufe zählen zu jenen Forschungsgebieten, die bislang von der Wissenschaft kaum beachtet wurden. Der vorliegende Beitrag stößt in diese Lücke, indem er sich mit den Abläufen, Motiven und Risiken von Fankäufen befasste und Empfehlungen für den kommunikativen Umgang mit Fankauf-Vorwürfen aussprach.

Er verdeutlichte dabei, dass beim Kauf von Fans zahlreiche Entscheidungen zu fällen sind, die die Auswahl des Anbieters sowie die Bestellung und Auslieferung der Fans betreffen. Darüber hinaus zeigte er, dass Fankäufe vor allem zur Beeinflussung von Fanpage-Besuchern, zur Verbesserung von Rankings und Zielerreichungsgraden sowie zur Schädigung von Wettbewerbern vorgenommen werden. Der Kauf ist dabei nicht frei von Risiken. So drohen bei einer Aufdeckung von Fankäufen Abwertungen und Sanktionen durch Facebook, Klagen von Wettbewerbern und Imageschäden durch Shitstorms enttäuschter oder empörter Fans. Eine Conjoint-Analyse ergab dabei, dass proaktive Vorgabe von Unwissenheit über die Presse in Verbindung mit einem Ausdruck von Bedauern und der Bitte um Treue die beste Strategie ist, um Fankauf-Vorwürfen kommunikativ zu begegnen und Shitstorms abzuwenden.

Die vorliegende Untersuchung ist somit ein erster Schritt auf dem Weg zu einem besseren Verständnis von Facebook-Fankäufen. Gleichwohl besteht noch weiterführender Forschungsbedarf. So ist die Wirtschaftlichkeit von Facebook-Fankäufen nach wie vor Gegenstand kontroverser Diskussionen. Weiterhin sind Käufe von Views oder Likes für YouTube-Videos bzw. von Tweets oder Followern für Twitter und andere Plattformen noch weitgehend unbeleuchtet. Über allen Käufen schweben zudem komplexe ethisch-moralische Fragen, die in der Öffentlichkeit erstaunlich wenig thematisiert werden. Wir glauben daher, dass die Auseinandersetzung mit dem Kauf von Facebook-Fans bzw. Social-Media-Nutzern auch in Zukunft ein interessantes und dynamisches Forschungsfeld sein wird.

Literatur

Addelman, S. (1962): Orthogonal Main-Effect Plans for Factorial Experiments. In: Technometrics, S. 21 ff.

Allfacebook (2013): Facebook Nutzerzahlen. URL: http://allfacebook.de/nutzerzahlen, Zugriff am 25.10.14.

Atkins, Ch. (2013): Click farms': how some businesses manipulate social media. URL: http://www.theguardian.com/media/video/2013/aug/02/click-farms-social-media-video, Zugriff am 25.10.14.

Backhaus, K./Erichson, B./Plinke, W./Weiber, R. (2011): Multivariate Analysemethoden – Eine anwendungsorientierte Einführung. 13. Auflage. Springer: Heidelberg et al.

Channel 4 (2013): How hackers are hijacking your Facebook 'likes'. URL: http://www.channel4.com/news/facebook-likes-hacking-fan-data-internet-how, Zugriff am 25.10.14.

Egebark, J./Ekström, M. (2011): Like What You Like or Like What Others Like? – Conformity and Peer Effects on Facebook. URL: http://www2.ne.su.se/paper/wp11_27.pdf, Zugriff am 28.11.13.

Eldagsen, B./Taeubner, S./Dreusicke, M./Köppen, A. (2012): Software-generierte Fans, gekaufte Likes, inszenierter Shitstorm? Neuer Service informiert über die Methoden von Social Media Manipulation. URL: http://www.pressrelations.de/new/standard/result_main.cfm?r=506321&aktion=jour_pm, Zugriff am 25.10.14.

Facebook (2012): Improvements To Our Site Integrity Systems. URL: https://www.facebook.com/notes/facebook-security/improvements-to-our-site-integrity-systems/10151005934870766, Zugriff am 30.11.13.

Facebook (2013): Seitenlimits und Warnungen. URL: https://www.facebook.com/help/131420600332690/, Zugriff am 16.12.13.

Frees, B./Fisch, M. (2011): Veränderte Mediennutzung durch Communitys? In: Media Perspektiven, Heft 3/2011, S. 160.

Göpfert, Y. (2012): Falsche Fans im Social Web: Was Unternehmen sich davon erhoffen. URL: http://www.lead-digital.de/aktuell/social_media/ falsche_fans_im_social_web_was_unternehmen_sich_davon_erhoffen, Zugriff am 28.11.2012.

Hollenstein, E. (2012): Gekaufte Facebook-Fans: Diese Freunde sind das Geld nicht wert. URL: http://www.nzz.ch/aktuell/feuilleton/medien/diese-freunde-sind-das-geld-nicht-wert-1.17657146, Zugriff am 29.11.13.

Lehner, K. (2012): Facebook & Co - Fans kaufen = Erfolg? Kauft man Fans, Views & Co hat man Social Media missverstanden. URL: http://www.pics.co.at/blog/facebook-co-mehr-erfolg-durch-fan-kauf, Zugriff am 25.10.14.

Leuwer, R. (2012): Facebook-Fans – wenn käuflich, wertlos. URL: http://www.adzine.de/de/site/ausgabe-kw-31/7354/page/newsletter/popup.xml, Zugriff am 30.11.13.

LG Hamburg (2013): Urteil vom 10.01.2013. Az.: 327 O 438 (11, n. rkr.).

Lill, T./Müller, M./Scheidl, F./Schmundt, H. (2012): Falsche Fans. URL: http://www.spiegel.de/spiegel/print/d-87482751.html, Zugriff am 25.10.14.

Lindstrom, M. (2012): Brand washed – Was Du kaufst, bestimmen die anderen. Campus: Frankfurt / New York.

Thomas, K. (2013): FDP will ominöse Twitter-Fans wieder loswerden. URL: http://www.sueddeutsche.de/politik/neue-twitter-follower-raetselhafter-zuwachs-fuer-die-fdp-auf-twitter-1.1605861, Zugriff am 25.10.14.

Von Hase, D. (2013): Gekaufte Likes von Facebook-Fans - ein Marktüberblick. URL: http://www.akademie.de/wissen/gekaufte-likes-facebook-fans-ein-marktueberblick, Zugriff am 25.10.14.

Voß, O. (2013): Firmen tricksen für bessere Reputation - Der große Pfusch bei Kundenbewertungen. URL: http://www.wiwo.de/technologie/digitale-welt/firmen-tricksen-fuer-bessere-reputation-bezahlte-likes-werden-zum-problem/7896956-4.html, Zugriff am 25.10.14.

Die Autoren

Melanie Sellak studierte Online-Medien an der Hochschule Furtwangen und arbeitet seit ihrem Abschluss 2014 als Projektmanagerin für Atelier Goldner Schnitt GmbH in Münchberg. Dort ist sie für das Reporting und Controlling im Bereich E-Commerce zuständig.

Prof. Dr. Matthias Schulten ist Professor für Marketingkonzeption an der Hochschule Furtwangen. Seine Forschungsschwerpunkte liegen in den Bereichen Social Branding, Customer Relationship Management und Innovation Management.

Prof. Dr. Gotthard Pietsch ist Professor für Digitale Wirtschaft an der Hochschule Furtwangen. Seine Forschungsschwerpunkte liegen in den Bereichen E-Business/Online-Produktmanagement, Controlling und Organisationsforschung.

Kontakt

Melanie Sellak
Ganghoferstr. 6
95213 Münchberg
melanie.sellak@googlemail.com

Prof. Dr. Matthias Schulten
Hochschule Furtwangen
Fakultät Digitale Medien
Robert-Gerwig-Platz 1
78120 Furtwangen
Matthias.Schulten@hs-furtwangen.de

Prof. Dr. Gotthard Pietsch
Hochschule Furtwangen
Fakultät Digitale Medien
Robert-Gerwig-Platz 1
78120 Furtwangen
Gotthard.Pietsch@hs-furtwangen.de

Kundenbindung im B2B-Marketing
Ergebnisse einer empirischen Untersuchung zum Einfluss der Kundenbindung auf das Kaufverhalten im Business-to-Business-Bereich

Peter Lorscheid

Inhalt

1	Einleitung	196
2	Theoretischer Hintergrund	197
3	Methodisches Vorgehen	199
4	Kernergebnisse	200
4.1	Wahrnehmung der Kundenbindung	200
4.2	Wichtigkeit und Kaufentscheidungsbeeinflussung der Maßnahmen	202
4.3	Compliance	204
5	Fazit und Empfehlung	205
	Literatur	207
	Der Autor	208
	Kontakt	208

Management Summary

Wie sollte Kundenbindung in einem B-to-B-Umfeld gestaltet werden? Dieser in der Literatur noch unzureichend beantworteten Frage ist das Siegfried Vögele Institut in einer Studie nachgegangen. Dazu wurden Kunden in B-to-B-Geschäftsbeziehungen befragt, wie sie die Kundenbindung durch ihre Lieferanten und Dienstleister wahrnehmen.

In dieser Wahrnehmung spielen vor allem spezifische B-to-B-Kundenbindungsinstrumente eine große Rolle, die sich aus der ökonomisch-technischen Geschäftsbeziehung zwischen Institutionen ergeben (z.B. Lieferverträge, technischer Support, Abstimmung von Prozessen). Eine untergeordnete Rolle spielen hingegen die persönliche Kundenbeziehung stärkende Elemente.

Die vorwiegend genutzten Instrumente ökonomisch-technischer Bindung werden von den Betroffenen auch als die wichtigsten und wirkungsvollsten bezeichnet. Unternehmen aus dem B-to-B-Bereich ist daher zu empfehlen, sich auf diese spezifischen Kundenbindungsinstrumente zu konzentrieren und diese Maßnahmen möglichst nah an den Bedürfnissen der Kunden auszurichten.

1 Einleitung

Der Wandel des Marktumfeldes von regional begrenzter zu stetig zunehmender, globaler Wettbewerbsintensität zwischen Unternehmen bewirkt Preiswettkampf und Sättigungstendenzen. Aus den Angebotsüberschüssen resultieren gestiegene Ansprüche und Wechselbereitschaften auf der Kundenseite. Für die Anbieterseite leitet sich daraus das Bemühen ab, sich durch die Bindung von aktuellen Kunden einen entscheidenden Vorsprung im Wettbewerb zu sichern.

Insbesondere seit der Jahrtausendwende hat sich eine Vielzahl von Publikationen mit der Materie Kundenbindung aus theoretischer wie praktischer Sicht beschäftigt. Bei näherer Betrachtung zeigt sich, dass die Kundenbindung im B-to-B-Marketing zwar in den letzten Jahren sichtlich an Bedeutung gewonnen hat, aber dennoch „das Ausmaß der Beachtung der wirtschaftlichen Bedeutung dieses Bereiches immer noch nicht gerecht wird" (Kuß/Tomzcak 2007, S. 249). Allgemein wird in der Literatur beklagt, dass sich die Arbeiten nahezu alle mit dem privaten Endverbraucher und der B-to-C-Bindung beschäftigen.

Die Geschäftskundenbeziehung weist in mehrfacher Hinsicht sehr spezifische Eigenschaften auf: Kaufentscheidungen sind Mehrpersonenentscheidungen; es lassen sich persönliche wie institutionelle Vorteile zur Bindung nutzen; schließlich ist die Rolle des Themas Compliance zu beachten. Dies lässt vermuten, dass sich Erkenntnisse zur Kundenbindung aus dem B-to-C-Marketing nicht ohne Weiteres auf den B-to-B-Fall übertragen lassen.

Im Rahmen einer Bachelorarbeit (Görner 2014) hat das Siegfried Vögele Institut daher die Kundenbindung in B-to-B-Geschäftsbeziehungen untersucht. Dazu wurden Kunden in B-to-B-Geschäftsbeziehungen danach befragt, wie sie die Kundenbindung durch ihre Lieferanten und Dienstleister wahrnehmen. Dabei stand die Bedeutung spezifischer B-to-B-Kundenbindungsinstrumente im Mittelpunkt des Interesses. Hierbei handelt es sich um ökonomisch-technische Instrumente der Bindung zwischen Institutionen, beispielsweise Lieferverträge, technischer Support oder die Abstimmung von Prozessen.

Neben der Nutzung der Bindungsinstrumente durch die Anbieter wurde auch auf die Wahrnehmung der Wirksamkeit dieser Instrumente abgestellt. Hieraus wurden Empfehlungen für den Einsatz von Kundenbindungsinstrumenten in B-to-B-Kundenbeziehungen abgeleitet.

2 Theoretischer Hintergrund

In der zweiten Hälfte des 20. Jahrhunderts hat sich ein grundlegender Wechsel vom Verkäufer- zum Käufermarkt vollzogen. Kundenorientierung ist damit für Unternehmen zum entscheidenden Faktor geworden, um im sich verschärfenden Wettbewerb zu bestehen (vgl. Meffert et al. 2007, S. 8). Unter dem Stichwort „Customer Relationship Management" (CRM) ist dabei seit dem Jahrtausendwechsel die Pflege des Netzwerks der Kundenbeziehungen in den Vordergrund getreten. Dabei wird das Ziel verfolgt, bestehende Kundenbeziehungen zu stabilisieren und nach Möglichkeit zu intensivieren – und damit den Kunden an das Unternehmen zu binden.

Dabei gilt ein potenzieller Kunde als gebunden, wenn er gegenüber der Geschäftsbeziehung mit dem Anbieter positiv eingestellt ist, sodass er zum Wiederkauf bei diesem Anbieter bereit ist (vgl. Diller 1996, S. 83). Kundenbindung hat damit einerseits eine emotionale Komponente, soweit der Kunde die Geschäftsbeziehung positiv erlebt. Andererseits hat sie eine rationale Komponente, indem der Kunde durch die Inanspruchnahme gewährter Vorteile zur Fortsetzung der Geschäftsbeziehung motiviert wird. Um beide Aspekte zu bedienen, stehen Unternehmen eine Reihe von Kundenbindungsinstrumenten zur Verfügung, beispielsweise Kundenclubs, Kundenveranstaltungen, Rabattgewährung, Kundenmagazine usw. Der Begriff Kundenbindung ist damit doppeldeutig, indem er einerseits das „Gebunden-Sein" aus Kundensicht meint, andererseits auch die Aktivitäten des Anbieters zur Verstärkung des Bindungseffekts meint (vgl. hierzu z. B. Meffert 2003, S. 129; Garcia/Rennhak 2006, S. 4).

Bezogen auf B-to-C-Unternehmen stehen zahlreiche Quellen zur Verfügung, die sich mit Kundenbindungsinstrumenten und ihrer Wirkung auf die Wiederkaufbereitschaft beschäftigen und Unternehmen entsprechende Empfehlungen zum

Einsatz der Instrumente geben. Für B-to-B-Unternehmen hingegen stehen leider kaum Quellen zur Verfügung, die sich mit den spezifischen Anforderungen der Kundenbindung beschäftigen (vgl. Kuß/Tomzcak 2007, S. 249).

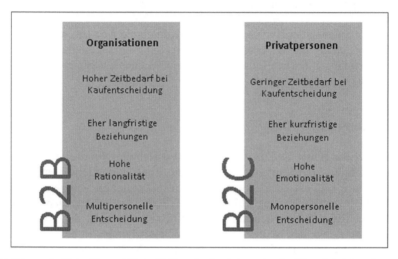

Abbildung 1: B-to-B- und B-to-C-Kundenbeziehungen im Vergleich (nach Foscht/Swoboda 2011, S. 278)

Wie Abbildung 1 zeigt, sind für B-to-B-Unternehmen bei der Kundenbindung einige Besonderheiten der Kundenbeziehung zu berücksichtigen. Diese resultieren daraus, dass man es mit Institutionen als Kunden zu tun hat. Geschäftskundenbeziehungen funktionieren in mehrfacher Hinsicht anders als die Beziehungen zu Privatkunden. Dies betrifft insbesondere die folgenden Aspekte:

- Kaufentscheidungen in Unternehmen sind häufig Mehrpersonenentscheidungen, bei denen Entscheidungsvorbereitung, letztgültige Entscheidung und formale Abwicklung auseinander fallen. Kundenbindung muss alle diese an der Entscheidung Beteiligten berücksichtigen, sollte sich aber vor allem auf diejenigen konzentrieren, die den größten Einfluss auf die Kaufentscheidung ausüben.
- Kundenbindende Vorteile können sowohl den Unternehmen als B-to-B-Kunden als auch den Entscheidern in diesen Unternehmen persönlich gewährt werden. Beide Vorgehensweisen haben ihre Berechtigung und spezifischen Einsatzgebiete. Bei der Gewährung von persönlichen Vorteilen für den Entscheider sind Compliance-Richtlinien zu beachten, sodass persönliche Vor-

teile oft nicht oder nur bis zu einem bestimmten Wert entgegengenommen werden dürfen.
- In den Unternehmen führt die Fluktuation dazu, dass Ansprechpartner wechseln. Ziel der Kundenbindung sollte daher sein, dass diese auch nach einem Ansprechpartnerwechsel möglichst unvermindert fortbesteht. Idealerweise sollte sich zudem der alte Ansprechpartner auch an seinem neuen Arbeitsplatz noch an den Anbieter gebunden fühlen.

Vor dem Hintergrund dieser Besonderheiten standen bei diesem Forschungsprojekt des Siegfried Vögele Instituts drei verschiedene Fragestellungen im Vordergrund:

1. Welche Kundenbindungsinstrumente werden in B-to-B-Geschäftsbeziehungen von den Unternehmen in der Praxis eingesetzt? Welche werden von den Kunden als wichtig eingeschätzt?
2. Welchen Einfluss haben die eingesetzten Instrumente auf die Kaufentscheidung der Kunden? Sind die häufig eingesetzten Instrumente auch diejenigen, von denen die Kunden sagen, dass sie sie in ihrer Kaufentscheidung beeinflussen?
3. Welche Rolle spielt das Thema Compliance beim praktischen Einsatz der Kundenbindungsinstrumente?

3 Methodisches Vorgehen

Um aussagekräftige Zahlen zur Kundenbindung als Einflussfaktor auf das B-to-B-Kaufverhalten zu gewinnen, lud das SVI über ein Online-Panel Einkaufentscheider von deutschen B-to-B-Unternehmen zur Teilnahme an der Studie ein. Als Grundgesamtheit der Erhebung galten alle B-to-B-Kunden, die im Rahmen ihrer Berufstätigkeit mit den Themen Einkauf und Beschaffung befasst sind. Dies muss nicht der Schwerpunkt ihrer Tätigkeit sein, sondern betrifft auch alle Personen, die an der Beauftragung von Dienstleistern und der Auswahl von Lieferanten jeglicher Art beteiligt sind. Die Untersuchung beschränkt sich somit nicht nur auf den Unternehmensbereich Einkauf, sondern umfasst auch Entscheider in Fachabteilungen wie beispielsweise Marketing, Produktion und IT. Nicht relevant sind lediglich Entscheider, die z. B. nur über Personaleinstellungen bestimmen.

Die Umfrage lief über sieben Tage und erreichte insgesamt 358 Probanden, von denen nur 208 die zuvor genannten Screening-Kriterien für die weitere Befragung erfüllten. Der zur Beantwortung der Forschungsfragen entwickelte Fragebogen behandelte neben Angaben zu Soziodemografie und Beschaffungsverhalten die Themen Wahrnehmung der Kundenbindungsinstrumente, Einfluss der Kundenbindung auf das eigene Kaufverhalten und Bedeutung von Compliance-Richtlinien.

Die 208 Befragten sind mehrheitlich männlich, schwerpunktmäßig 30-50 Jahre alt und arbeiten in eher kleineren Unternehmen (unter 100 Beschäftigte) verschiedener Branchen. Sie bekleiden überwiegend die Stellung eines Team- oder Abteilungsleiters; darüber hinaus sind auch Mitglieder der Geschäftsführung und Angestellte in den Bereichen Einkauf und Produktion vertreten. Den Schwerpunkt der beruflichen Tätigkeit bildete die Beschaffung bei 60 Prozent der Befragten.

Die Befragten tätigen im Mittel etwa 20 Einkäufe monatlich und geben dabei typischerweise zwischen 25.000 und 100.000 Euro aus. Dabei haben die meisten der Befragten Kundenbeziehungen zu zahlreichen Lieferanten; jeder Zweite kauft bei mehr als zehn Lieferanten ein. Die Beschaffung von Verbrauchsgütern, Dienstleistungen und Investitionsgütern sind gleichermaßen vertreten.

4 Kernergebnisse

4.1 Wahrnehmung der Kundenbindung

Den Probanden wurde eingangs die offene Frage „Was bedeutet Kundenbindung für Sie?" gestellt. Bei den Antworten zeigte sich, dass viele Befragte dies trotz ihrer Rolle als Nachfrager durchaus aus der Perspektive des Anbieters sehen. Am häufigsten wurde genannt, dass Kundenbindung ein wichtiges Instrument zur Sicherung von Kundenzufriedenheit und Unternehmenserfolg sei. Kundenbindung schaffe Vertrauen und Loyalität, indem sie für Verbindlichkeit, Verlässlichkeit und Liefertreue stehe. Sie ziele auf langfristige Kundenbeziehungen und Wiederkäufe ab. Darüber hinaus stehen auch die regelmäßige Kommunikation mit bekannten Ansprechpartnern sowie eine partnerschaftliche, individuelle und beratende Kundenbeziehung im Kern der Wahrnehmung.

Die Sicht auf die Kundenbindung ist damit im Kern ähnlich wie auch bei B-to-C-Kundenbeziehungen. Allerdings sind einige Aspekte hier wohl wichtiger als im Consumer-Bereich, etwa die Verlässlichkeit und Liefertreue, die Rolle der Ansprechpartner und auch die Rabattgewährung bei großen Abnahmemengen. Rein emotionale Aspekte wie etwa die Begeisterung für den Anbieter bzw. dessen Marke treten demgegenüber deutlich in den Hintergrund.

Im Weiteren sollten die Probanden die Nutzungsintensität und die subjektive Wichtigkeit der Bindungsmaßnahmen ihrer Lieferanten einschätzen. Die Abbildung 2 zeigt die wahrgenommeine Nutzungsintensität und Wichtigkeit der Maßnahmen im Vergleich. Auffällig ist, dass neben der Rabattgewährung vor allem solche Maßnahmen als intensiv genutzt wahrgenommen werden, die die technische Abwicklung der Lieferbeziehung betreffen und typisch für B-to-B-Kundenbeziehungen sind: die Abstimmung von Prozessen, der Abschluss langfristiger Lieferverträge und der technische Support. Im Vergleich zu diesen rationalen Maßnahmen fällt auf, dass emotional wirkende Maßnahmen wie die persönliche Kundenbeziehung, Präsente und Einladungen sowie Kundenclubs deutlich weniger intensiv genutzt werden – zumindest in der Wahrnehmung der Kunden.

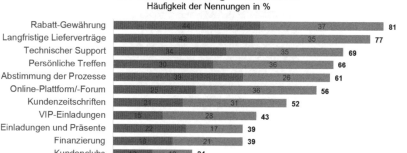

Abbildung 2: Wahrgenommene Nutzung und Nutzungsintensität von Kundenbindungsmaßnahmen

Ein besonders hoher Anteil intensiver Nutzung findet sich bei der Abstimmung der Prozesse zwischen Anbieter und Kunde. Diese Maßnahme wird, wenn sie genutzt wird, in fast zwei Dritteln der Fälle intensiv genutzt und liegt damit hinsichtlich der intensiven Nutzung auf dem dritten Rang. Offenbar ist dies eine für die Anbieter recht aufwändige Maßnahme, die vielen nur bei einer intensiven Nutzung attraktiv erscheint.

An der Nutzungsintensität orientieren sich auch die in offener Abfrage genannten Verbesserungsvorschläge der Kunden: Genannt werden hier beispielsweise nach Mengen oder Dauer der Kundenbeziehung gestaffelte Rückvergütungen. Auch Aspekte der Gestaltung von Lieferverträgen und des technischen Supports treten bei den Nennungen häufig auf.

4.2 Wichtigkeit und Kaufentscheidungsbeeinflussung der Maßnahmen

Die Probanden wurden darüber hinaus gebeten, die Wichtigkeit der einzelnen Kundenbindungsmaßnahmen aus ihrer Sicht zu beurteilen (vgl. Abbildung 3). In dieser Hinsicht liegen vier Instrumente deutlich vor den anderen, nämlich neben der Rabattgewährung die Prozessabstimmung, langfristige Lieferverträge und technischer Support. Bei diesen handelt es sich auch um die am intensivsten genutzten Instrumente.

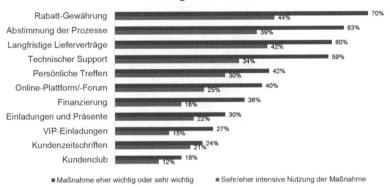

Abbildung 3: Wahrgenommene Wichtigkeit und Nutzungsintensität von Kundenbindungsmaßnahmen im Vergleich

Auffällig ist zudem, dass die Kundenzeitschriften bei der Wichtigkeit weit hinten rangieren und eine im Vergleich dazu recht intensive Nutzung aufweisen – die Anbieter scheinen die Wichtigkeit dieses Instruments eher überzubewerten. Im Gegensatz dazu wird die Unterstützung bei der Finanzierung im Vergleich zu ihrer Nutzungsintensität als recht wichtig eingestuft – die Anbieter zeigen beim Einsatz dieses Instruments somit noch einen recht hohen Nachholbedarf.

Kundenbindung im B2B-Marketing

Ein ähnliches Bild zeigt sich bei der Einschätzung der Wirksamkeit der Kundenbindungsmaßnahmen durch die Befragten (vgl. Abbildung 4). Bei den vier am intensivsten eingesetzten Maßnahmen zeigt sich hier eine übereinstimmende Reihenfolge zum Urteil über die Wirksamkeit der Maßnahmen. Die Unternehmen scheinen also schwerpunktmäßig auf diejenigen Maßnahmen zu setzen, die in den Augen der Kunden die größte Wirkung entfalten.

Differenzierter fällt das Bild bei den als weniger wirksam eingeschätzten Maßnahmen aus: Hier zeigen insbesondere persönliche Treffen, Kundenzeitschriften und Kundenclubs eine im Vergleich zu der ihnen beigemessenen Wirkung recht intensive Nutzung. Demgegenüber fällt auch hier wieder die geringe Nutzungsintensität von Finanzierungsinstrumenten im Vergleich zu ihrer Wichtigkeit auf.

Abbildung 4: Wahrgenommene Wirksamkeit und Nutzungsintensität von Kundenbindungsmaßnahmen im Vergleich

Fragt man genauer nach, wie sich die eingesetzten Maßnahmen auswirken, so ist zunächst festzustellen, dass nahezu alle Befragten davon ausgehen, dass die Bindungsmaßnahmen eine Wirkung auf ihr Verhalten haben (vgl. Abbildung 5). Nur drei Prozent sind der Ansicht, dass die von ihren Lieferanten eingesetzten Maßnahmen keine Wirkung entfalten. Mehr als die Hälfte der Befragten sehen ein gesteigertes Vertrauen in die Qualität der Leistungen des Anbieters, ebenso wie eine höhere Wiederkaufbereitschaft. Auf knapp die Hälfte der Nennungen kommt, dass der Kunde sich weniger nach Wettbewerbsangeboten umsieht und zur einer Weiterempfehlung seines Anbieters bereit ist. Insgesamt ändern die Kunden ihr Beschaffungsverhalten also dahin, dass sie regelmäßiger bei einem bestimmten Unternehmen einkaufen und damit ihr Kundenwert durch die Kundenbindungsmaßnahmen des Anbieters positiv beeinflusst wird.

Nur geringe Toleranz erzeugen die Kundenbindungsmaßnahmen gegenüber Lieferproblemen und Preiserhöhungen. Dies verwundert nicht, wenn man berücksichtigt, dass die Prozessabstimmung und die damit einher gehende zeitpunktgenaue Anlieferung ebenso wie die Rabattgewährung und langfristige Lieferverträge bei der Wirkung der eingesetzten Maßnahmen ganz vorn liegen.

Abbildung 5: Wahrgenommene Wirkweisen der Kundenbindungsmaßnahmen

4.3 Compliance

Insgesamt betrifft 44 Prozent der Befragten das Thema Compliance, dem damit eine recht hohe Relevanz zukommt. Von diesen musste etwa jeder Zweite (21 Prozent) bereits Angebote von Geschäftspartnern, beispielsweise die Teilnahme an Kundenveranstaltungen, aufgrund interner Compliance-Vorgaben ablehnen. In den meisten Fällen regeln mehr oder weniger verbindliche Compliance-Richtlinien den Umgang mit Kundenbindungsmaßnahmen der Lieferanten und Dienstleister. Lediglich fünf Prozent der Befragten geben an, dass sie zwar vom Thema Compliance betroffen sind, jedoch keine verbindlichen Regeln hierzu vorgegeben sind.

Kundenbindung im B2B-Marketing

In Abbildung 6 wird deutlich, dass das größte Annahmeverbot aufgrund von Compliance-Richtlinien die Kundenbindungsmaßnahmen VIP-Einladungen und Präsente (gegebenenfalls ab bestimmtem Wert) betrifft. Bei den anderen Maßnahmen kommen Annahmebeschränkungen nur selten oder gar nicht vor. Vergleicht man dies mit den Angaben zur intensiven Nutzung dieser Maßnahmen, so fällt auf, dass die intensiv genutzten Maßnahmen kaum von Compliance-Richtlinien betroffen sind. Ob sich die Anbieter wegen der Compliance-Problematik vor allem auf die für B-to-B-Kundenbeziehungen typischen technischen Bindungsmaßnahmen beschränken oder ob dies (auch) andere Gründe hat, lässt sich den Daten nicht unmittelbar entnehmen. Es ist aber zu vermuten, dass hierbei andere Gründe wie die Einschätzung der Wirksamkeit eine entscheidendere Rolle spielen, da ansonsten Maßnahmen wie etwa persönliche Geschenke zumindest bei den von Compliance nicht Betroffenen intensiver genutzt werden müssten.

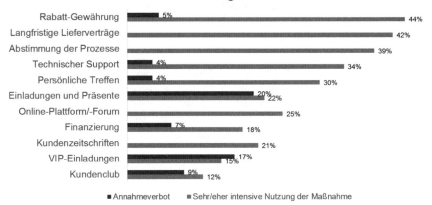

Abbildung 6: Annahmeverbot und intensive Nutzung von Kundenbindungsmaßnahmen

5 Fazit und Empfehlung

Die vorliegende Studie fokussiert auf die Wahrnehmung der Kundenbindung in B-to-B-Geschäftsbeziehungen aus Sicht der Kunden. Aus dieser Wahrnehmung wird deutlich, dass im B-to-B-Marketing vor allem sehr spezifische Bindungsinstrumente eingesetzt werden, die im B-to-C-Marketing nicht existieren oder nur eine untergeordnete Bedeutung haben. Lediglich Rabatte können aus dem Kanon der für B-to-C-Kundenbindung üblichen Instrumente eine hohe Nutzung verzeichnen, wobei davon auszugehen ist, dass auch hier die konkrete Ausgestaltung der Rabatte sich von der im B-to-C-Bereich üblichen unterscheidet.

Insgesamt treffen die Lieferanten und Dienstleister mit der Auswahl der von ihnen bevorzugten Bindungsinstrumente recht gut das, was von den Geschäftskunden als wichtig und wirksam eingeschätzt wird. Hierbei mögen verschiedene Gründe eine Rolle spielen:

- Unternehmen sollten die Chance nutzen, mit ihren Kunden in eine strategische Allianz einzutreten. Hierfür bieten sich Instrumente wie Lieferverträge, Support oder die Abstimmung von Prozessen hervorragend an, ebenso wie eine adäquate, auf eine langfristige Beziehung ausgelegte Rabattgewährung.

- Ansprechpartner bei Lieferanten wie bei Kunden wechseln. Dies sollte beachtet werden, bevor man der persönlichen Ebene der Kundenbeziehung allzu viel Priorität einräumt. Ein rationaler bzw. professioneller Umgang mit dem Thema Kundenbindung sollte daher im Vordergrund stehen. Die emotionale Ebene der Kundenbindung kann dann – wo passend – ergänzend hinzutreten.

- Nicht nur Compliance-Richtlinien verhindern häufig die Gewährung persönlicher Vorteile. Vielfach sind auch die internen Strukturen der beschaffenden Unternehmen zu berücksichtigen, bei denen eine Beschaffung zwar von der Fachabteilung veranlasst, aber formal über den Einkauf abgewickelt wird. Persönliche Vorteile zu gewähren, ist daher häufig nur begrenzt sinnvoll.

Die Instrumente der Kundenbindung an den Bedürfnissen der Geschäftskunden auszurichten, bedeutet somit primär, sich auf die für eine B-to-B-Kundenbeziehung typischen, eher technisch-ökonomischen Instrumente zu konzentrieren. Hier gilt es, im Detail so gut wie möglich (und von den Kosten vertretbar) den Kundenwünschen zu entsprechen. Die in den Interviews geäußerten Verbesserungsvorschläge können hier nur ein erster Anhaltspunkt sein: flexiblere Verträge, mengengestaffelte Rückvergütung oder kostenlose Lieferung stehen hier beispielsweise auf der Wunschliste der Kunden.

Bei der Optimierung des eingesetzten Kundenbindungsinstrumentariums sollte zunächst eine kritische Bestandsaufnahme im Vordergrund stehen. Wie gut sind die Kunden tatsächlich gebunden und welche Hebel lassen sich identifizieren, um die Kundenbindung weiter zu verbessern? Neben einem beratenden Blick von außen können hier insbesondere Kundenzufriedenheits-Marktforschungen nützlich sein, um relevante Handlungsfelder für die Kundenbindung zu identifizieren.

Literatur

Diller, H. (1996): Kundenbindung als Marketingziel. In: Marketing Zeitschrift für Forschung und Praxis, München, Heft 2/1996, S. 83.

Foscht, Th./Swoboda, B. (2011): Käuferverhalten. Grundlagen – Perspektiven – Anwendungen. 4. Auflage, Wiesbaden.

Garcia, A. G./Rennhak, C. (2006): Kundenbindung: Grundlagen und Begrifflichkeiten. In: Rennhak, C. (Hrsg): Herausforderung Kundenbindung, Wiesbaden, S. 3-14.

Görner, L. (2014): Kundenbindung als positiver Einflussfaktor auf das Kaufverhalten im Business-to-Business-Bereich. Bachelorarbeit Duale Hochschule Baden-Württemberg, Mannheim (unveröffentlicht).

Kuß, A./Tomczak, T. (2007): Käuferverhalten. Eine marketingorientierte Einführung. 4. Auflage, Stuttgart.

Meffert, H. (2003): Kundenbindung als Element moderner Wettbewerbsstrategien. In: Bruhn, M./Homburg, Ch. (Hrsg.): Handbuch Kundenbindungsmanagement, 4. Auflage, Wiesbaden, S. 125-145.

Meffert, H./Burmann, Ch./Kirchgeorg, M. (2007): Marketing. Grundlagen marktorientierter Unternehmensführung. Konzepte, Instrumente, Praxisbeispiele. 10. Auflage, Wiesbaden.

Der Autor

Prof. Dr. Peter Lorscheid verantwortet beim Siegfried Vögele Institut als Teamleiter den Bereich Data & Customer Analytics. In dieser Funktion ist er für Analyse- und Beratungsprojekte in den Bereichen CRM, Kundenzufriedenheit und Dialog-Controlling zuständig. Lorscheid unterstützt zahlreiche Unternehmen bei der Kundenwert-orientierten Optimierung ihrer Dialogkommunikation. Vor seinem Wechsel zum Siegfried Vögele Institut übte der gelernte Diplom-Statistiker eine langjährige Lehr- und Forschungstätigkeit an der Heinrich-Heine-Universität Düsseldorf aus, die er nunmehr nebenberuflich weiterführt.

Kontakt

Prof. Dr. Peter Lorscheid
Siegfried Vögele Institut GmbH
Fritz-Erler-Straße 5
53113 Bonn
p.lorscheid@sv-institut.de

Die haptische Gestaltung von Direct Mailings: Konzeptionelle Überlegungen und empirische Befunde zur Kundenwahrnehmung

Andrea Barkhof / Andreas Mann

Inhalt

1 Die Relevanz von Direct Mailings im Dialogmarketing 210
2 Elemente eines Direct Mailing Packages und deren haptische Gestaltungsmöglichkeiten – Papier als wesentliches Gestaltungselement 213
3 Wahrnehmung und Wirkung von Papier in Abhängigkeit des Papiergewichts und der Papieroberfläche 214
3.1 Psychologische Hintergründe 214
3.2 Empirische Überprüfung 216
3.2.1 Datenerhebung und Struktur der Untersuchungen 216
3.2.2 Untersuchungsergebnisse 217
4 Fazit 224

Literatur 224
Anhang 227
Die Autoren 228
Kontakt 228

Management Summary

Direct Mail ist in der Unternehmenspraxis nach wie vor von großer Relevanz für die direkte Kundenansprache. Ursächlich hierfür sind nicht nur die verschiedenen Einsatzmöglichkeiten und mit dem Medium verbundene Vorteile auf Unternehmensseite, sondern auch die hohe konsumentenseitige Akzeptanz von Direct Mailings. Einen wesentlichen Faktor für den Erfolg einer Direct-Mail-Kampagne stellt die Gestaltung der Direct Mailings dar. Im Mittelpunkt des vorliegenden Beitrags steht die haptische Gestaltung des Briefpapiers. Anhand von empirischen Ergebnissen aus zwei Studien wird auf die Relevanz des Flächengewichts und der Oberflächenstruktur des Briefpapiers als wesentliche haptische Gestaltungsmerkmale eingegangen.

1 Die Relevanz von Direct Mailings im Dialogmarketing

Auch in Zeiten von Social Media ist Direct Mail ein wertvolles Dialogmarketing-Instrument, das von privaten Empfängern grundsätzlich als seriös, zuverlässig und persönlich eingestuft wird (vgl. Barkhof/Mann 2014a, S. 31). Zudem präferieren Konsumenten die Push-Ansprache über Direct Mailings signifikant eher als über andere Dialogmedien. Doch nicht nur auf der Empfängerseite ist die Akzeptanz von Direct Mailings recht groß, sondern ebenso auf der Seite der Botschaftssender. Jedes sechste Unternehmen setzt im Rahmen seiner Kommunikationsmaßnahmen volladressierte Werbebriefe (Direct Mail im engeren Sinn) ein. Die Ausgaben für den Direct-Mail-Einsatz lagen in 2013 bei 8,6 Milliarden Euro, mehr als für andere Dialogmedien, wie Website, Telefon oder E-Mail (vgl. Deutsche Post 2014, S. 12 und S. 52). Dies verdeutlicht die hohe Relevanz dieses klassischen Dialogmediums im Vergleich zu modernen Onlinemedien. Sein Stellenwert ist nicht zuletzt deshalb sehr hoch, weil es zur Erreichung zahlreicher **Ziele** beitragen kann (vgl. van der Scheer et al. 1996, S. 19):

- kognitive Ziele (z. B. Information der Konsumenten über bestimmte Angebote oder Steigerung des Bekanntheitsgrades),
- affektive Ziele (z. B. Imagepflege),
- konative Ziele (z. B. Verkauf von Produkten / Dienstleistungen, konsumentenseitige Informationsanforderungen).

Auch wenn statistisch der Anteil von Unternehmen, die Direct Mailings einsetzen, mit dem erzielten Jahresumsatz steigt (vgl. Deutsche Post 2014, S. 54) erfordert die Nutzung von Direct Mailings keine spezifischen Mindesthöhen beim Kommunikationsbudget. Es ist daher gerade auch für kleine und mittelständische Unternehmen einsetzbar, die beispielsweise die Produktion und Ausstrahlung von TV- oder Radio-Spots nicht finanzieren können. Vor allem im Handel (4,9 Milliarden Euro in 2013) und im Dienstleistungsbereich (3,1 Milliarden Euro in 2013) werden Direct Mailings vordringlich eingesetzt, während das produzierende Gewerbe (0,6 Milliarden Euro in 2013) weniger affin gegenüber Direct Mailings ist (vgl. Deutsche Post 2014, S. 53). Direct Mailings werden dennoch sowohl im Business-to-Business-Bereich als auch im Business-to-Consumer-Bereich eingesetzt. Bei Letzterem haben Direct Mailings den Vorteil gegenüber anderen Dialogmedien, dass sie hinsichtlich der rechtlichen Anforderungen weniger restriktiv sind und beispielsweise keine ausdrückliche Zustimmung des Empfängers zur Kontaktaufnahme gemäß den gesetzlichen Richtlinien des UWG erforderlich ist.

Vorteilhaft ist weiterhin, dass beim Einsatz von Direct Mailings eine genaue Zielgruppenansprache möglich ist, was wiederum mit geringeren Streuverlusten einhergeht. Zudem besteht die Möglichkeit der Personalisierung bzw. Individualisierung. Hierbei sind verschiedene Abstufungen, von einer persönlichen Ansprache bis hin zur individuellen (inhaltlichen) Gestaltung, möglich. Darüber hinaus bietet dieses Medium einen hohen Grad an Flexibilität hinsichtlich des zeitlichen Einsatzes. Eine erfolgreiche Umsetzung einer Direct-Mail-Kampagne ist auch bei einem kleinen Zeit-/Planungsfenster möglich (vgl. van der Scheer et al. 1996, S. 19; Holland 2009, S. 15).

Einen weiteren wesentlichen Vorteil von Direct Mailings stellen die Möglichkeiten der ex-ante- und ex-post-Erfolgskontrolle dar. Mit Hilfe von Pre-Tests kann das Mailing und seine Wirkung vor einem Kampagnen-Roll-Out getestet werden (vgl. Faulkner/Kennedy 2008, S. 469). Möglich ist unter anderem die Durchführung eines Adressen-, Angebots- oder auch Response-Mitteltests (vgl. Vögele 2003, 238 ff.). Mit Hilfe von verschiedenen Response-Quotenausprägungen (z. B. allgemeine Response-Quote, Abschluss-/Bestellquote, Festbestellquote) kann der Erfolg einer Kampagne im Hinblick auf verschiedene Erfolgsgrößen differenziert gemessen werden (vgl. Holland 2009, S. 449 f.). Darüber hinaus lassen sich auch die Kosten der Zielgruppenansprache relativ einfach für unterschiedliche Bezugsbasen ermitteln, wie z. B. die Kosten pro Kontakt (CpC: Cost per Contact), pro Interessent (CpI: Cost per Interest) oder pro Auftrag (CpO: Cost per Order). Bei vertriebsbezogenen Kampagnen liefern diese Kosteninformationen die Grundlage für weitere Wirtschaftlichkeitsanalysen, wie z. B. die Ermittlung der Break-even-Bestellquote, bei der sich eine Kampagne selbst trägt, sowie Rohgewinn- und Return-on-Investment-Berechnungen (vgl. Mann 2006, S. 368).

Die vorstehend skizzierten **Vorteile** von Direct Mailings sind möglicherweise ein Grund dafür, dass dieses Medium im Rahmen von cross-medialen Kampagnen eine wichtige Rolle übernehmen kann, um beispielsweise die Aufmerksamkeit von Konsumenten auf Angebote bzw. Leistungen eines Anbieters zu lenken und diese dann zur Online-Informationssuche oder zum Kauf zu aktivieren. Die Verwendung von QR-Codes in Direct Mails ermöglicht dabei eine einfache Verbindung des klassischen Offlinemediums mit der mobilen Onlinewelt und führt somit zur Kombination der spezifischen Vorteile der beiden Kommunikationsformen.

Selbst wenn das Mailing ungeöffnet weggeworfen wird und keine verhaltensbezogenen Ziele der Kommunikationskampagne erreicht werden können, ist bei zugestellten Mailings zumindest ein **Berührungserfolg** garantiert. Durch die Platzierung des Firmen- oder Markenlogos auf dem Kuvert kann beispielweise ein Kontakt zwischen Unternehmen und Konsument erzeugt und eine Bekanntheitssteigerung erreicht werden.

Ob Direct Mailings geöffnet werden, entscheiden die Empfänger binnen kürzester Zeit (ca. acht Sekunden), wobei sie den Umschlag in der Regel ein bis zwei Mal umdrehen. Dies zeigen einige von Vögele durchgeführte Laboruntersuchungen (vgl. Vögele 2002, S. 114). Es ist zu vermuten, dass der erste Eindruck des Direct Mailings, der für die Öffnungswahrscheinlichkeit und das weitere Interesse relevant ist, nicht nur von der optischen Gestaltung des Mailings abhängig ist, sondern auch von dessen **haptischer Gestaltung**, weil diese zur Differenzierung gegenüber anderen Briefen beiträgt (vgl. Barkhof/Mann 2014b). Studien zeigen, dass die visuellen Gestaltung, z. B. farbliche Gestaltung, Bilder) einen positiven Einfluss auf die Öffnungsquote hat (vgl. z. B. Feld et al. 2013, S. 154).

Die haptische Gestaltung von Direct Mailings ist in der Marketingforschung allerdings bislang ein seltener Untersuchungsgegenstand. Eine Studie von Peck/Wiggins (2006) untersucht den Einfluss eines integrierten Tastelements auf die konsumentenseitige Einstellung und Verhaltensabsicht. In Abhängigkeit des individuellen **Berührungsbedürfnisses** (Need for Touch) kann ein Tastelement, das neutral oder positiv von den Mailing-Empfängern empfunden wird, bei Personen mit einem hohen autotelischen Berührungsbedürfnis, zu einer stärkeren affektiven Reaktion und zu einer größeren Überzeugung vom Leistungsangebot führen. Ein direkter Bezug zwischen Tastelement und Produkt ist dabei nicht erforderlich. Unter einem **autotelischen** Berührungsbedürfnis ist das Berühren als Selbstzweck zu verstehen, das weitgehend spontan abläuft (vgl. Peck/ Childers 2003, S. 431). Die persuasive Wirkung eines Mailings kann hingegen bei Personen, bei denen die autotelische Dimension des Need for Touch schwach ausgeprägt ist, gesteigert werden, wenn ein logischer Zusammenhang zwischen Tastelement und Kommunikationsbotschaft besteht (vgl. Peck/Wiggins 2006). In einer weiteren Untersuchung weisen Peck/Wiggins Johnson (2011) nach, dass ein integriertes Tastelement beim Direct Mailing bei Personen, die ein niedriges Involvement aufweisen, überzeugender wirkt.

2 Elemente eines Direct Mailing Packages und deren haptische Gestaltungsmöglichkeiten – Papier als wesentliches Gestaltungselement

Ein Direct Mailing sollte mindestens immer aus einem Kuvert, Anschreiben, Prospekt/Flyer und Reaktionsmittel bestehen (vgl. Vögele 2002, S. 208 ff.; Holland 2009, S. 31). In der Regel wird bei diesem klassischen Package ein Gesamtgewicht von 20 Gramm nicht überschritten, wenn gängige Formate, wie eine DIN-A4-Seite für das Anschreiben oder einem Briefumschlag im Lang-DIN-Format, eingehalten werden (vgl. Vögele 2002, S. 209 f.). Diese klassischen Direct Mailing Packages können durch Beilagen, beispielsweise Produktproben, ergänzt werden (vgl. Vögele 2002, S. 211).

Das **Kuvert** schützt nicht nur den Inhalt des Direct Mailings, sondern kann beim ersten Kontakt mit dem Empfänger auch Interesse an dem Mailinginhalt erzeugen (vgl. Holland 2009, S. 31). Das Öffnen des Mailings ist für den Erfolg einer Direct-Mailing-Kampagne als notwendige Bedingung anzusehen (vgl. Feld et al. 2013, S. 156). Denn wird das Mailing ungeöffnet im Papierkorb entsorgt, ist der Kontakt unterbrochen und ein Response-Verhalten, beispielsweise in Form einer weiteren Informationssuche im Web oder der Anforderung zusätzlicher Print-Kataloge, unmöglich. Die Gestaltung des Kuverts ist daher von großer Bedeutung für den Direct-Mailing-Erfolg. Ansatzpunkte für eine haptische Gestaltung stellt in erster Linie das Umschlagmaterial dar. Am Markt sind neben Papierkuverts auch Umschläge aus anderen Materialen, wie z. B. Folie, verfügbar. Die häufigste Verwendung finden in der Praxis allerdings Papierumschläge.

Die Darstellung des Leistungsangebots des Kommunikationssenders erfolgt in der Regel im **Anschreiben**. Für eine detaillierte Produkt-/Dienstleistungs- oder Angebotsdarstellung dient ein Prospekt/Flyer (vgl. Holland 2009, S. 31). Anschreiben und Prospekt/Flyer sind meistens auf Papier gedruckt.

Das **Reaktionsmittel** kann in Form einer Antwortkarte oder eines Bestellscheins dem Package beigefügt werden (vgl. Holland 2009, S. 33 f.). Alternativ können die Nennung von Kontaktdaten (Post-Anschrift, E-Mail-Adresse, Telefon) und/oder QR-Codes als Responsemittel fungieren (vgl. Wirtz 2009, S. 175). Beim Einsatz von Antwortkarte oder Bestellschein stellt wieder das Papier die wesentliche haptische Gestaltungskomponente dar.

Die Bandbreite möglicher **Beilagen** eines Direct Mail Packages ist groß und erstreckt sich von Produktproben bis hin zu Werbepräsenten (vgl. Wirtz 2009,

S. 175). Dementsprechend kommen viele Möglichkeiten der haptischen Gestaltung in Betracht. Im Hinblick auf die Vielfalt möglicher Beilagen sind die Oberflächenbeschaffenheit, das Gewicht, die Konsistenz und die Form etwaige haptische Gestaltungsparameter.

Die Ausführungen verdeutlichen, dass das **Papier** als ein wesentliches Gestaltungsmerkmal beim Direct Mailing angesehen werden kann. Es kann durch verschiedene Drucktechniken veredelt oder mit Prägungen versehen werden. Papiere an sich unterscheiden sich hinsichtlich ihrer Oberflächenbeschaffenheit, des Papierflächengewichts, der Opazität (Undurchsichtigkeit) und dem (Nicht-)Vorhandensein von Einschlüssen (beispielsweise florale Elemente). Die Oberflächenrauheit sowie die Papiersteifheit stellen dabei die wichtigsten Dimensionen dar, die eine Unterscheidung von Papieren ermöglichen (vgl. Summers et al. 2008, S. 532). Sie stehen daher in den weiteren Ausführungen im Fokus. Das Ziel des vorliegenden Beitrags ist es, nicht nur die generelle Bedeutung des Briefpapiers als haptischen Reiz bei der direkten Kundenansprache herzustellen, sondern vor allem den Einfluss des Papiergewichts und der Papieroberfläche als haptische Gestaltungsmerkmale auf Eindrucks- und Verhaltenswirkungen zu analysieren. Hierzu werden nachstehend die Ergebnisse von zwei Laboruntersuchungen vorgestellt und praktische Implikationen für den Direct-Mail-Einsatz abgeleitet.

3 Wahrnehmung und Wirkung von Papier in Abhängigkeit des Papiergewichts und der Papieroberfläche

3.1 Psychologische Hintergründe

Im Rahmen einer Kommunikation kann die Wahl eines Mediums selbst als Botschaft angesehen werden (vgl. Klebe Treviño et al. 1987, S. 558 f.). Medien übermitteln in diesem Zusammenhang nicht nur inhaltliche Informationen sondern auch eine symbolische Bedeutung (vgl. Sitkin et al. 1992, S. 564). Die haptische Gestaltung eines Mailings kann die symbolische Bedeutung vermutlich unterstützen. Ein hohes Papierflächengewicht und eine strukturierte Papieroberfläche kennzeichnen beispielsweise Urkunden oder Glückwunschkarten, die zumeist als etwas Besonderes wahrgenommen werden, weil sie nicht den üblichen Vorstellungen eines Briefpapiers entsprechen. Der Einsatz solcher Papiere kann demzufolge unter anderem eine Wertschätzung gegenüber dem Rezipienten oder die Bedeutung des Anliegens ausdrücken. In diesem Zusammenhang zeigen

Studienergebnisse, dass haptische Eindrücke ein Priming und Framing der (kognitiven) Informationsverarbeitung bei Individuen auslösen können.

Priming und auch Framing basieren dabei auf der Annahme der semantischen Netzwerktheorie, mit deren Hilfe die Informationsspeicherung im Gedächtnis veranschaulicht werden kann (vgl. Schemer 2013, S. 154). Wisseneinheiten (z. B. Begriffe) werden als Knoten des Netzwerks dargestellt. Eigenschaften dieser Wisseneinheiten/Begriffe bzw. damit verbundene Assoziationen stellen die Verbindungen zu anderen Wisseneinheiten dar, wobei die Verbindungsstärke mit der Ähnlichkeit der Eigenschaften steigt. Die Aktivierung eines Knotens (Priming) führt zur Aktivierung damit verbundener Knoten (vgl. Collins/Loftus 1975, S. 411). Beim **Priming** prägt somit der erste haptische Eindruck die anschließende Informationsverarbeitung im Gehirn durch die Aktivierung von (impliziten) semantischen Gedächtnisinhalten (vgl. Strack et al. 1988, S. 430). Eng mit dem Konzept des Priming ist die **Embodied Cognition** verbunden. Hierbei geht man davon aus, dass die sensorische Wahrnehmungen von Menschen, z. B. in Form von Berührungen, deren Entscheidungen oder Beurteilungen des Wahrnehmungsobjekts beeinflussen bzw. primen können (vgl. Williams et al. 2009, S. 1264). Kognitive Prozesse beruhen in diesem Zusammenhang also auf der Interaktion des Körpers mit seiner physischen Umwelt (vgl. Niedenthal et al. 2005, S. 186; Betsch et al. 2011, S. 62). Verbindungen zwischen sensorischen Erfahrungen und abstrakten Konzepten spiegeln sich dabei häufig in weitgehend akzeptierten Metaphern wider, beispielsweise in der Beschreibung von zwischenmenschlichen Beziehungen als kalt oder warm (vgl. Krishna/Schwarz 2014, S. 161).

Ergebnisse aus der Embodiment-Forschung weisen darauf hin, dass die Schwere ein Konzept von Wichtigkeit und Bedeutung darstellt. Dies beruht auf Erfahrungen, dass die Auseinandersetzung mit schweren Sachen mit einer größeren körperlichen und/oder kognitiven Anstrengung einhergeht (vgl. Jostmann et al. 2009, S. 1169). Gewicht hat demnach einen Einfluss auf die Informationsverarbeitung (vgl. Jostmann et al. 2009, S. 1173). Von Interesse ist daher, ob diese Erkenntnisse ebenfalls auf den Untersuchungsgegenstand Briefpapier übertragen werden können.

Framing bezieht sich auf den Prozess der Entwicklung von Kategorisierungen (Schemata) oder deren Änderung (vgl. Chong/Druckman 2007, S. 104). Frames können daher als Erklärungsrahmen bei der Informationsverarbeitung angesehen werden und sind in Kommunikationsprozessen relevant, bei dem einzelne Merkmale einer Botschaft vom Sender herausgestellt werden, um eine Bewertung bzw. Entscheidung des Rezipienten zu beeinflussen (vgl. Entman 1993, S. 52 f.; Scheufele 2004, S. 30). Eine unterschiedliche Präsentation der gleichen Information kann daher zu abweichenden Bewertungen bzw. Entscheidungen eines Rezipienten führen (vgl. Jou et al. 1996, S. 1).

Es können verschiedene Typen von Framig-Effekten unterschieden werden, wobei im Folgenden das Attribut-Framing von Relevanz ist. Beim (Attribut-)Framing wird ein Deutungsrahmen für die Bewertung eines Gegenstandes geschaffen, bei dem der Gegenstand des Framing ein Objektmerkmal (z. B. die haptische Beschaffenheit) darstellt (vgl. Janiszewski et al. 2003, S. 312 f.; Levin et al. 1998, S. 150 ff.). Es ist denkbar, dass Papier als Frame fungieren kann und die Beurteilung des Direct Mailings bzw. dessen Botschaft beeinflusst. So können beim haptischen Framing dieselben (Werbe-)Botschaften beispielsweise in Abhängigkeit des Gewichts und der Oberfläche eines Briefpapiers die Informationsverarbeitung und möglicherweise sogar das Verhalten des Adressaten unterschiedlich beeinflussen. Empirische Studien weisen z. B. darauf hin, dass eine Veredelung von Printwerbung, durch Prägung, Glanzeffekte und einem hohen Papierflächengewicht, zu einer positiveren Einstellung gegenüber dieser Werbung und der beworbenen Marke führt, als dieselbe Printwerbung ohne Veredelung (vgl. Bauer et al. 2012, S. 268).

Grundsätzlich ist zu berücksichtigen, dass es nicht nur Vorstellungen bzw. Schemata für bestimmte Papiereinordnungen, sondern ebenso für bestimmte Kommunikationsanlässe, wie z. B. Werbung (Direct Mail im engeren Sinn), Rechnungen oder Beschwerdereaktionen, gibt. Es ist daher davon auszugehen, dass die Erwartungen an die haptische Gestaltung des Briefpapiers hiervon ebenfalls beeinflusst werden und damit verschiedene Anlässe unterschiedliche Papiere erfordern, um erwartungskonform zu sein. Da im vorliegenden Beitrag der werbliche Einsatz von Briefen im Vordergrund steht, werden andere Einsatzbereiche der brieflichen Kommunikation hier nicht weiter thematisiert.

3.2 Empirische Überprüfung

3.2.1 Datenerhebung und Struktur der Untersuchungen

Zur Ermittlung der Wirkung haptischer Gestaltungsmöglichkeiten bei Direct Mails wurden zwei aufeinander aufbauende Laboruntersuchungen durchgeführt. In der ersten Studie wurde zunächst die Wahrnehmung von Papieren unterschiedlicher **Oberfläche** und unterschiedlichen **Flächengewichts** analysiert. Die

Untersuchung basiert auf einer persönlichen Befragung von 72 Probanden eines Convenience Samples. Die Teilnehmerzahl setzt sich aus 80,3 Prozent Frauen und zu 19,7 Prozent Männern zusammen. Das Durchschnittsalter liegt bei rund 25 Jahren. Hinsichtlich der großen Differenz zwischen dem Frauen- und Männeranteil der Stichprobe ist anzumerken, dass Frauen feinere Details von Oberflächen wahrnehmen können. Dies liegt daran, dass Frauen in der Regel kleinere Hände und vor allem Finger haben als Männer und daher die Rezeptorendichte zur Wahrnehmung von haptischen Informationen größer als bei männlichen Personen ist (vgl. Peters et al. 2009). Die Ergebnisse der Studie sind daher tendenziell eher für die Ansprache weiblicher Konsumenten relevant.

Gegenstand der Untersuchung sind sechs verschiedene Papiere, die in drei Gruppen zusammengefasst wurden, um den Einfluss des Flächengewichts und der Oberfläche von Papieren als haptische Gestaltungsmerkmale zu analysieren:

- Papiergruppe A: 60 g/m² Papier mit glatter Oberfläche
- Papiergruppe B: 100 g/m² Papier mit glatter Oberfläche
- Papiergruppe C: 100 g/m² Papier mit strukturierter Oberfläche

Zur Ermittlung des Einflusses des Papiergewichts auf verschiedene Wahrnehmungsgrößen (wie z. B. Werbemittelinvolvement, Absenderimage und Öffnungsabsicht), werden Mittelwertvergleiche zwischen der Papiergruppe A und B durchgeführt. Um den Einfluss der Papieroberfläche auf die entsprechenden Wahrnehmungsbereiche festzustellen, erfolgen Mittelwertvergleiche zwischen Papier B und C.

Im Rahmen der Befragung schätzen die Probanden die Papiere einzeln anhand verschiedener Beurteilungskriterien auf einer fünfstufigen Rating-Skala ein. Das Papier konnte während der Beurteilung ohne zeitliche Beschränkung von den Probanden angefasst werden (vgl. Barkhof/Mann 2014b, S. 14).

In der zweiten Untersuchung wurden im Rahmen einer simulierten Selektionsentscheidung am Briefkasten die haptischen Präferenzen von 30 Probanden (73,3 Prozent Frauen und 26,7 Prozent Männer) eines Convenience Samples analysiert.

3.2.2 Untersuchungsergebnisse

Um die Wirkung von Papier auf die psychologischen Wirkungsgrößen untersuchen zu können, müssen die unterschiedlichen Ausprägungen des Papierflächengewichts und der Oberflächenbeschaffenheit von den Probanden auch wahrgenommen werden. Um dies zu überprüfen, wurde die subjektive Wahrnehmung dieser Merkmale erhoben, indem die Probanden auf einer Rating-Skala angeben mussten, inwieweit sie ein Papier hinsichtlich der beiden Merkmale einschätzen (Skala von 1 = schwer bis 5 = leicht und 1 = rau bis 5 = glatt). Dabei konnte im Rahmen eines t-Tests zum Vergleich der Mittelwerte festgestellt werden, dass die Papiergruppe A (Mw = 4,92) signifikant leichter wahrgenommen wird, als die Papiergruppe B (Mw = 2,97) und die Oberfläche der Papiergruppe B (Mw = 4,50) signifikant glatter wahrgenommen wird als die Oberfläche der Papiergruppe C (Mw = 2,97). Demzufolge stimmt die subjektive Wahrnehmung mit den objektiven Kriterien überein.

Bei der Ermittlung des **Gesamturteils** des Papiers zeigt sich, dass die 100 g/m²-Papiere signifikant besser beurteilt werden als die Papiergruppe A (siehe Abbildung 1). Ein hohes Papierflächengewicht führt also zu einem guten Gesamteindruck. Das vergleichsweise leichte 60 g/m²-Papier wird weder als gut noch als schlecht eingestuft. Keine Wirkung auf die Gesamtbeurteilung eines Papiers konnte für die Papieroberfläche ermittelt werden. Da – wie im vorliegenden Fall – bei kleinen Stichproben die Ermittlung signifikanter Ergebnisse schwieriger ist als bei großen Stichproben, wurden zusätzlich auch die Effektstärken auf Basis des (standardisierten) Cohen's-d-Koeffizienten ermittelt. Hiermit lässt sich die Bedeutung der Mittelwertunterschiede besser einschätzen. Mit einem d-Wert von 1 ist beim Papiergewicht ein großer Effekt im Hinblick auf die generelle Papiereinschätzung gegeben (vgl. Cohen 1988, S. 24 ff.; Bortz/Schuster 2010, S. 109.

		Gesamteindruck des Papiers		
		Papieroberfläche		
		fein	grob	
Papierflächengewicht / 60 g/m²	A	3,3 n = 36 SD 1,186		Einfluss des Papierflächengewichts (Papier A ↔ Papier B) Signifikanz (t-Test): 4,053, p < 0,01 Effektstärke (Cohen's d): 1,0
Papierflächengewicht / 100 g/m²	B	2,2 n = 36 SD 1,017	C 2,2 n = 36 SD 0,811	Einfluss der Oberflächenstruktur (Papier B ↔ Papier C) Signifikanz (t-Test): n. s. Effektstärke (Cohen's d): 0,1

Frage: Wie gefällt Ihnen das Papier insgesamt?
Skala: 1 = sehr gut bis 5 = sehr schlecht
Mittel- / Durchschnittswert aller Befragten
n. s. = nicht signifikant

Abbildung 1: Gesamteindruck der Papiere

Weitere Detailauswertungen zeigen, dass vom Papiergewicht auch ein signifikanter Einfluss auf die **Preis- und Qualitätswahrnehmung** des Briefpapiers ausgeht. Wie aus Abbildung 2 hervorgeht, werden Papiere mit einem hohen Papierflächengewicht (100 g/m²) eher als hochwertig und teuer beurteilt. Papiere mit einem leichten Papierflächengewicht (60 g/m²) werden von den Probanden hinsichtlich dieser Kriterien signifikant schlechter eingeschätzt. Die Probanden bewerten sie als eher minderwertig und preiswert. Die Werte der Effektgröße Cohen's d weisen sowohl bei der eingeschätzten Qualität als auch bei dem vermuteten Preis auf einen sehr großen Effekt hin.

		Qualität		Preis	
		Papieroberfläche		Papieroberfläche	
		fein	grob	fein	grob
Papierflächengewicht	60 g/m²	A 3,9 n = 36 SD 1,025		A 4,1 n = 36 SD 1,052	
	100 g/m²	B 2,3 n = 36 SD 1,042	C 1,8 n = 36 SD 0,655	B 2,5 n = 36 SD 0,971	C 1,8 n = 36 SD 0,722

Einfluss des Papierflächengewichts (Papier A ↔ Papier B)
Signifikanz (t-Test): 6,501; p ≤ 0,01
Effektstärke (Cohen's d): 1,5

Einfluss des Papierflächengewichts (Papier A ↔ Papier B)
Signifikanz (t-Test): 6,753; p ≤ 0,01
Effektstärke (Cohen's d): 1,6

Einfluss der Papieroberfläche (Papier B ↔ Papier C)
Signifikanz (t-Test): -2,438; p ≤ 0,01
Effektstärke (Cohen's d): 0,6

Einfluss der Papieroberfläche (Papier B ↔ Papier C)
Signifikanz (t-Test): -3,445, p ≤ 0,01
Effektstärke (Cohen's d): 0,8

Wie beurteilen Sie das Papier hinsichtlich der folgenden Kriterien?
Qualität: 1 = hochwertig bis 5 = minderwertig
Preis: 1 = teuer bis 5 = preiswert
Mittel- / Durchschnittswert aller Befragten

Abbildung 2: Die wahrgenommene Wertigkeit eines Papiers (Quelle: Barkhof/Mann 2014b, S. 14)

Signifikante Unterschiede bei der Beurteilung der **Wertigkeit** des Briefpapiers treten auch bei der Papieroberfläche auf. Das strukturierte Papier wird im Vergleich zu dem Papier mit glatter Oberfläche signifikant hochwertiger und teurer wahrgenommen. Die Effektstärken sind mit Werten von d = 0,6 und d = 0,8 als mittelstark zu bewerten.

Die Informationsaufnahme über Direct Mailings erfolgt bei den Lesern häufig im Rahmen einer High-Involvement-Situation. Dies ist damit zu begründen, dass von den Rezipienten beim Lesen des Anschreibens ein bestimmtes kognitives Engagement gefordert ist, um die Informationen aufzunehmen und zu verarbeiten (vgl. Trommsdorff/Teichert 2011, S. 53). Es ist zu vermuten, dass die Oberflächenbeschaffenheit und das Gewicht des Briefpapiers zu einer phasischen Aktivierung beitragen und die Aufmerksamkeit bzw. das Interesse an dem Direct Mailing beim Adressaten steigern. Dieses Potenzial des Papiers wird im Folgenden als **Papierinvolvement** bezeichnet und untersucht (vgl. Barkhof/Mann 2014b, S. 14 f.). Die Operationalisierung des Papierinvolvements geht auf die Überlegungen von Zaichkowsky (1985) zurück und wurde in Bezug auf den Untersuchungsgegenstand Papier angepasst. Das Papierinvolvement bezieht sich dementsprechend darauf, inwieweit das Papier als anregend, attraktiv, interessant, bedeutungsvoll und exklusiv eingeschätzt wird.

Wie die Befragungsergebnisse zeigen, lässt sich das Papierinvolvement durch ein hohes Flächengewicht steigern. Das schwere Papier wird bei allen abgefragten Kriterien signifikant besser bewertet als das leichte Papier (siehe Abbildung 3). Besonders große Unterschiede der Bewertung treten bei der Wahrnehmung des Papiers als bedeutungsvoll, exklusiv und interessant auf. Auch die Effektstärken der Mittelwertdifferenzen, die zwischen d = 0,6 und d = 1,6 liegen, sind durchweg als groß einzustufen.

Die haptische Gestaltung von Direct Mailings 221

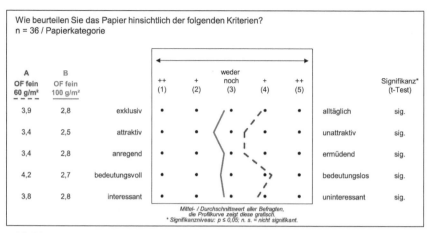

Abbildung 3: Das wahrgenommene Papierinvolvement in Abhängigkeit des Papiergewichts

Auch die Oberflächenstruktur des Briefpapiers beeinflusst das Papierinvolvement. Wie Abbildung 4 zeigt, werden Papiere mit einer strukturierten Oberfläche mit Ausnahme des Kriteriums „attraktiv" signifikant besser bewertet als Briefpapiere mit einer glatten Oberfläche. Die strukturierten Papiere werden dabei insbesondere als exklusiver und bedeutungsvoller wahrgenommen als glatte Papiere. Die Effektstärken, die zwischen d = 0,2 und d = 0,9 liegen, sind zwar bei den meisten Mittelwertunterschieden als mittelstark einzustufen, sie liegen aber tendenziell unter den Effektstärken des Papiergewichts.

Um den Zusammenhang zwischen den wahrgenommenen Papiereigenschaften, der Papierwertigkeit und dem Papierinvolvement genauer zu analysieren, wurde ein Strukturgleichungsmodell aufgestellt und mit der Statistiksoftware SmartPLS (Ringle et al. 2005) getestet.

Die zwei ermittelten Wirkungsbeziehungen sind anhand der Ausprägung der Pfadkoeffizienten als (statistisch) bedeutsam zu interpretieren. Wie Abbildung 5 zeigt, können insgesamt 51,2 Prozent der Varianz der wahrgenommenen Wertigkeit durch die beiden Papiereigenschaften (Gewicht und Oberfläche) erklärt werden: Je schwerer und je rauer ein Papier wahrgenommen wird, desto teurer und hochwertiger wird dieses empfunden. Auch für die zweite Wirkungsbeziehung gilt ein positiver Einfluss: Je höher die Wertigkeit eines Briefpapiers ein-

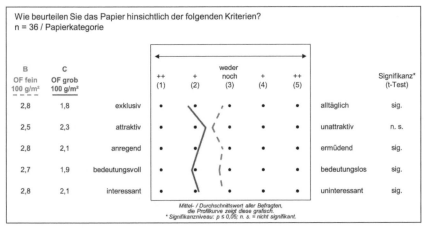

Abbildung 4: Das wahrgenommene Papierinvolvement in Abhängigkeit der Papieroberfläche

geschätzt wird, desto höher ist wiederum das Papierinvolvement (Pfadkoeffizient 0,88). Insgesamt können 77,4 Prozent der Varianz des Papierinvolvements erklärt werden. Damit wird eine wichtige Voraussetzung für die inhaltliche Auseinandersetzung mit einer Direct-Mail-Botschaft geschaffen. Die untersuchten Papiereigenschaften sind damit ein wesentlicher Erfolgsfaktor für Direct-Marketing-Kampagnen.

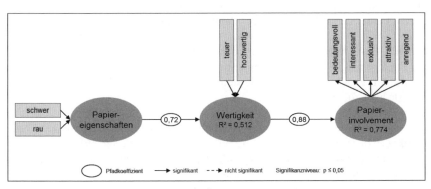

Abbildung 5: Strukturmodell zum Wirkungsverbund von Papiereigenschaften, -wertigkeit und -involvement

Nach den zuvor dargestellten Ergebnissen scheint das Papiergewicht insgesamt einen größeren Einfluss auf die Wahrnehmung von Briefpapieren auszuüben als die Papieroberfläche. Die Oberflächenbeschaffenheit hängt jedoch teilweise mit dem Flächengewicht zusammen, so weisen strukturierte Papiere in der Regel auch ein höheres Flächengewicht auf. Glatte Papiere können hingegen auch mit geringem Flächengewicht hergestellt werden. Dies ist auch der Grund dafür, dass bei den durchgeführten Tests keine leichten Papiere mit einer groben Oberfläche berücksichtigt werden konnten.

Um die Wirkung der Papieroberfläche isoliert zu betrachten, wurde eine zweite Untersuchung durchgeführt. Dabei wurden die Probanden gebeten, einen handelsüblichen Briefkasten zu leeren und sich für einen **Briefumschlag** zu entscheiden, den sie als Erstes öffnen wollen. Der Inhalt des Briefkastens bestand aus vier Briefumschlägen (DIN-Lang-Format), die sich hinsichtlich der Papieroberfläche (sehr glatt, normal, rau und strukturiert) unterschieden. Optisch (Adressaufkleber) waren alle Briefumschläge identisch gestaltet und sie hatten alle dasselbe Briefgewicht und die gleiche Dicke.

Das Ergebnis dieses Tests ist eindeutig: Der Briefumschlag aus strukturiertem Papier weckte – wie Abbildung 6 zeigt – das größte Interesse. Die deutliche Mehrheit der Probanden (73,3 Prozent) gab an, diesen Briefumschlag zuerst öffnen zu wollen, weil er sich aus ihrer Sicht von den anderen Briefumschlägen am stärksten abgehoben hat. Zudem assoziierten sie mit diesem Kuvert persönliche Anlässe, wie Einladungen oder Glückwunschschreiben. Dieses Ergebnis weist darauf hin, dass der Papieroberfläche gleich zu Beginn des Direct-Mail-Kontakts eine große Bedeutung zukommt.

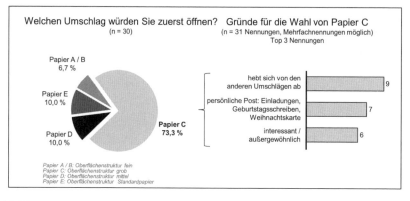

Abbildung 6: Die Selektionsentscheidung am Briefkasten

4 Fazit

Die Ergebnisse der Untersuchung zeigen, dass Papier als wesentliches Gestaltungsmerkmal eines Direct Mail Packages wirkt. Die unterschiedliche Wirkung und Wahrnehmung wird durch Papiereigenschaften determiniert. Die Papieroberfläche und das Papierflächengewicht sind hierbei von besonderer Relevanz. Die Wahl des Papiers transportiert nicht nur gedruckte Werbebotschaften, sondern ebenso eine Wertschätzung des Adressaten durch den Sender (vgl. Barkhof/ Mann 2014b, S. 16).

Die Papierauswahl sollte daher bei der Durchführung einer Direct-Mail-Kampagne bewusst getroffen werden. Konsumenten schätzen schwere Papiere mit einer strukturierten Oberfläche wertiger ein als leichte und glatte Alternativen. Diese Papiere erzeugen darüber hinaus ein höheres Papierinvolvement. Möglicherweise strahlt die Wahrnehmung der Papiere auf die Wahrnehmung des Kommunikationsmittels bzw. dessen Inhalt oder sogar auf den Absender/das werbende Unternehmen aus.

Die Wirkung von Papier bezieht sich möglicherweise nicht nur auf einstellungsbezogene Größen, sondern auch auf das Konsumentenverhalten. Einen ersten Hinweis gibt hierfür die durchgeführte Studie. Durch das Papier eines Umschlags kann großes Interesse an dem Brief geweckt werden, sodass der Empfänger diesem Brief mehr Aufmerksamkeit schenkt. Denkbar ist zudem, dass dies positive Auswirkungen auf die weitere Auseinandersetzung mit dem Direct Mail oder das Response-Verhalten hat. Die vorgestellten Laborergebnisse sind, insbesondere aufgrund der Stichprobenzusammensetzung, als Tendenzaussagen anzusehen. In Feldstudien sind die Ergebnisse zu validieren und beispielsweise hinsichtlich des Geschlechts von Direct-Mail-Empfängern, der angebotenen Produkt-/Dienstleistungskategorie sowie der (Marken-)Positionierung des Absenderunternehmens zu differenzieren.

Literatur

Barkhof, A./Mann, A. (2014a): Images von „klassischen" Dialogmedien bei Konsumenten, in: DDV – Deutscher Dialogmarketing Verband e. V. (Hrsg.): Dialogmarketing-Perspektiven 2013/2014. Tagungsband 8. wissenschaftlicher interdisziplinärer Kongress für Dialogmarketing, Wiesbaden, Verlag: Springer Gabler, S. 25-43.

Barkhof, A./Mann. A. (2014b): Die Relevanz haptischer Gestaltungsmöglichkeiten des Briefpapiers für die postalische Kundenansprache, in: transfer – Werbeforschung & Praxis, 60. Jg., (4), S. 6-18.

Bauer, H./Heinrich, D./Hampel, S. (2012): Mit hochveredelten Printmedien ein Leseerlebnis schaffen, in: Bauer, H./Heinrich, D./Samak, M. (Hrsg.): Erlebniskommunikation. Erfolgsfaktoren für die Marketingpraxis, Berlin/Heidelberg, Verlag: Springer, S. 251-273.

Betsch, T./Funke, J./Plessner, H. (2011): Denken – Urteilen, Entscheiden, Problemlösen. Allgemeine Psychologie für Bachelor, Berlin/Heidelberg, Verlag: Springer.

Bortz, J./Schuster, C. (2010): Statistik für Human- und Sozialwissenschaftler, 7. Auflage, Berlin/Heidelberg, Verlag: Springer.

Chong, D./Druckman, J. (2007): Framing Theory, in: Annual Review of Political Science, Vol. 10 (1), S. 103-126.

Cohen, J. (1988): Statistical power analysis for the behavioral sciences, Hinsdale, Verlag: Erlbaum.

Collins, A./Loftus, E. (1975): A Spreading-Activation Theory of Semantic Processing, in: Psychological Review, Vol. 82 (6), S. 402-428.

Deutsche Post (2014): Dialogmarketing Deutschland 2014. Dialog Marketing Monitor Studie 26, Bonn.

Entman, R. (1993): Framing: Toward Clarification of a Fractured Paradigm, in: Journal of Communication, Vol. 43 (4), S. 51-58.

Faulkner, M./Kennedy, R. (2008): A new tool for pre-testing direct mail, in: International Journal of Market Research, Vol. 50 (4), S. 469-490.

Feld, S./Frenzen, H./Krafft, M./Peters, K./Verhoef, P. (2013): The effects of mailing design characteristics on direct mail campaign performance, in: International Journal of Research in Marketing, Vol. 30 (2), S. 143-159.

Holland, H. (2009): Direkt-Marketing. Im Dialog mit dem Kunden, 3. Auflage, München: Verlag Franz Vahlen.

Janiszewski, C./Silk, T./Cooke, A. (2003): Different Scales for Different Frames: The Role of Subjective Scales and Experience in Explaining Attribute-Framing Effects, in: Journal of Consumer Research, Vol. 30 (3), S. 311-325.

Jostmann, N./Lakens, D./Schubert, T. W. (2009): Weight as an Embodiment of Importance, in: Psychological Science, Vol. 20 (9), S. 1169-1174.

Jou, J./Shanteau, J./Harris, R. (1996): An information processing view of framing effects: The role of causal schemas in decision making, in: Memory & Cognition, Vol. 24 (1), S. 1-15.

Klebe Treviño, L. K./Lengel, R. H./Daft, R. L. (1987): Media Symbolism, Media Richness, and Media Choice in Organizations. A Symbolic Interactionist Perspective, in: Communication Research, Vol. 14 (5), S. 553-574.

Krishna, A. / Schwarz, N. (2014): Sensory marketing, embodiment, and grounded cognition: A review and introduction, in: Journal of Consumer Research, Vol. 24 (2), S. 159-168.

Levin, I./Schneider, S./Gaeth, G. (1998): All Frames Are Not Created Equal: A Typology and Critical Analysis of Framing Effects, in: Organizational Behavior and Human Decision Processes, Vol. 76 (2), S. 149-188.

Mann, A. (2006): Direktmarketing-Controlling, in: Zerres, C./Zerres, M. (Hrsg.): Handbuch Marketing-Controlling, 3. Auflage, Berlin/Heidelberg, Verlag: Springer, S. 345-374.

Niedenthal, P. M./Barsalou, L. W./Winkielman, P./Krauth-Gruber, S./Ric, F. (2005): Embodiment in Attitudes, Social Perception, and Emotion, in: Personality and Social Psychology Review, Vol. 9 (3), S. 184-211.
Peck, J./Childers, T. (2003): Individual Differences in Haptic Information Processing. The "Need for Touch" Scale, in: Journal of Consumer Research, Vol. 30 (3), S. 430-442.
Peck, J./Wiggins Johnson, J. (2011): Autotelic need for touch, haptics, and persuasion: The role of involvement, in: Psychology & Marketing, Vol. 28 (3), S. 222-239.
Peck, J./Wiggins, J. (2006): It just feels good: Customers' affective response to touch and its influence on persuasion, in: Journal of Marketing, Vol. 70 (4), S. 56-69.
Peters, R./Hackeman, E./Goldreich, D. (2009): Diminutive Digits Discern Delicate Details: Fingertip Size and the Sex Difference in Tactile Spatial Acuity, in: The Journal of Neuroscience, Vol. 29 (50), S. 15756-15761.
Ringle, C. M./Wende, S./Will, S.: SmartPLS 2.0 (M3) Beta, Hamburg 2005, http://www.smartpls.de
Schemer, C. (2013): Priming, Framing, Stereotype, in: Schweiger, W./Fahr, A. (Hrsg.): Handbuch Medienwirkungsforschung, Wiesbaden, Verlag: Springer, S. 153-169.
Scheufele, B. (2004): Framing-Effekte auf dem Prüfstand. Eine theoretische, methodische und empirische Auseinandersetzung mit der Wirkungsperspektive des Framing-Ansatzes, in: Medien und Kommunikationswissenschaften, Vol. 52 (1), S. 30-55.
Sitkin, S./Sutcliffe, K./Barrios-Choplin, J. (1992): A Dual-Capacity Model of Communication Media Choice in Organizations, in: Human Communication Research, Vol. 18 (4), S. 563-598.
Strack, F./Martin, L. L./Schwarz, N. (1988): Priming and communication: Social determinants of information use in judgments of life satisfaction, in: European Journal of Social Psychology, Vol. 18 (5), S. 429-442.
Summers, I./Irwin, R./Brady, A. (2008): Haptic discrimination of paper, in: Grunwald, M. (Hrsg.): Human Haptic Perception: Basics and Applications, Basel/Boston/Berlin, Verlag: Birkhäuser, S. 525-535.
Trommsdorff, V./Teichert, T. (2011): Konsumentenverhalten, 7. Auflage, Stuttgart, Verlag: Kohlhammer.
Van der Scheer H. R./Hoekstra, J. C./Vriens, M. (1996): Using „Opt Out" Reply Cards in Direct Mail. Optimal Design, Target Selection, and Profit Implications, in: Journal of Direct Marketing, Vol. 10 (3), S. 18-27.
Vögele, S. (2002): Dialogmethode: Das Verkaufsgespräch per Brief und Antwortkarte, 12. Auflage, Heidelberg, Verlag: Redline Wirtschaft.
Vögele, S. (2003): 99 Erfolgsregeln für Direktmarketing. Der Praxis-Ratgeber für alle Branchen, 5. Auflage, Frankfurt a. M., Verlag: Redline Wirtschaft.
Williams, L. E./Huang, J. Y./Bargh, J. (2009): The scaffolded mind: Higher mental processes are grounded in early expierence of the physical world, in: European Journal of Social Psychology, Vol. 39 (7), S. 1257-1267.
Wirtz, B. W. (2009): Direktmarketing-Management. Grundlagen – Instrumente – Prozesse, 2. Auflage, Wiesbaden, Verlag: Gabler.
Zaichkowsky, J. L. (1985): Measuring the Involvement Construct, in: Journal of Consumer Research, Vol. 12 (3), S. 341-352.

Anhang

Gütekriterien bei reflektiven Messmodellen
- Diskriminanzvalidität: Fornell-Larcker-Kriterium ✓
- Diskriminanzvalidität: Cross-Loadings ✓
- Diskriminanzvalidität: Explorative Faktorenanalyse ✓

Gütekriterien bei formativen Messmodellen
- Multikollinearität: Variance Influence Factor: VIF Werte zwischen 1,712 und 6,293

Konstrukt/ Faktor	Indikator	Faktor-ladung	Messmodell	Durchschnittlich erfasste Varianz	Cronbachs Alpha	Dillon-Golstein's Rho
Papiereigenschaften	schwer - leicht	-	formativ	-	-	-
	rau - glatt	-				
Wertigkeit	teuer - preiswert	-	formativ	-	-	-
	hochwertig - minderwertig	-				
Papierinvolvement	bedeutungsvoll - bedeutungslos	0,907		0,750	0, 917	0,937
	interessant - uninteressant	0,893				
	exklusiv - alltäglich	0,849				
	attraktiv - unattraktiv	0,841				
	anregend - ermüdend	0,838				

	R^2	p	Q^2
Papierinvolvement	0,774		0,572
Wertigkeit		0,880	
Wertigkeit	0,512		
Papiereigenschaften		0,716	0,484

p = Pfadkoeffizient, Q^2 = Prognoserelevanz, * Signifikanzniveau: $p \leq 0,05$

Die Autoren

Dipl.-Oec. Andrea Barkhof, MA ist wissenschaftliche Mitarbeiterin am DMCC der Universität Kassel. Sie befasst sich schwerpunktmäßig mit den Wirkungen der haptischen Kundenansprache.

Univ.-Prof. Dr. Andreas Mann ist Leiter des DMCC – Dialog Marketing Competence Center an der Universität Kassel. Er hat zahlreiche Veröffentlichungen in seinen Arbeits- und Forschungsgebieten Dialogmarketing, Service- und Vertriebsmanagement.

Kontakt

Univ.-Prof. Dr. Andreas Mann
Universität Kassel
Fachbereich Wirtschaftswissenschaften
Mönchebergstr. 1
34109 Kassel
mann@wirtschaft.uni-kassel.de

Neue Möglichkeiten im Kundendialog durch Kontextsensitives Marketing

Rebecca Bulander / Felix Fries

Inhalt

1 Einleitung 230
2 Kontextsensitive Anwendungen 231
2.1 Kontext 231
2.2 Kontextsensitivität 235
2.3 Technologien zur Kontextermittlung 236
3 Kontextsensitives Marketing 241
3.1 Definition und Funktionsweise 241
3.2 Integration in die Prozesse des CRM 242
4 Die Anwendungsbereiche des kontextsensitiven Marketings 243
4.1 Klassifizierung der Anwendungsbereiche 244
4.2 Universelle Onlineanwendungen 245
4.3 Mobile Anwendungen 248
4.4 Umgebungsintegrierte Anwendungen 252
5 Zusammenfassung 253

Literatur 254
Die Autoren 259
Kontakt 259

Management Summary

Konzepte wie Customer Relationship Management, welches eine individuelle Ausgestaltung einer langfristigen Anbieter-Nachfrager-Beziehung anstrebt, gewinnen zunehmend an Bedeutung. Aktuelle Innovationen im Bereich der Informationstechnologie bieten dabei Potenziale, dessen Umsetzung noch stärker auf den Kunden auszurichten. Dieser Beitrag behandelt speziell die kontextsensitiven Anwendungen, welche den Kontext eines Nutzers berücksichtigen, um situationsrelevante Informationen und/oder Dienste bereitzustellen und sich dadurch für eine Umsetzung von dialogorientierten Marketingmaßnahmen eignen. Es wird nun im Folgenden bestimmt, wie sich diese Technologie in die Prozesse des Customer Relationship Managements integrieren lässt und ausgearbeitet, welche Anwendungen für kontextsensitives Marketing bereits am Markt vorhanden sind. Zur verbesserten Veranschaulichung werden diese in spezifische Anwendungsbereiche zusammengefasst.

1 Einleitung

In Zeiten gesättigter Märkte und zunehmendem Wettbewerbsdruck, bedingt durch eine fortschreitende Globalisierung, erscheint es für Unternehmen immer schwieriger, sich von der bestehenden Konkurrenz zu differenzieren (vgl. Holland 2001, S. 14 ff.). Der Ansatz des Customer Relationship Managements (CRM) bietet die Möglichkeit, eine Unique Selling Proposition (USP) durch eine individuelle Ausgestaltung der Anbieter-Nachfrager-Beziehung zu erzielen. Der Individualisierung der Beziehung, hier realisiert durch eine personalisierte Kommunikation, kommt eine zentrale Rolle zu (vgl. Eggert 2001, S. 90; Hildebrand 1997, S. 1 und S. 40 ff.; Leußer et al. 2011, S. 17). Verschiedene Autoren charakterisieren dies als einen zunehmenden Wandel vom Massenmarketing über das Zielgruppenmarketing bis hin zu einem kundenindividuellen Marketing (vgl. dazu z. B. Meffert 1994; Pine 1993). Im Jahr 2011 setzte deshalb laut statistischem Bundesamt fast jedes zweite Unternehmen auf ein elektronisches Customer Relationship Management (eCRM) (vgl. Statistisches Bundesamt 2011). Da infolgedessen eine Angleichung der Unternehmensleistungen erfolgt, ist es notwendig, aktuelle technologische Entwicklungen im Betrachtungsfokus zu haben und zu überprüfen, ob hierdurch wiederum USPs gegenüber Konkurrenten erzielt werden können.

In diesem Beitrag werden speziell kontextsensitive Anwendungen für die Realisierung von Marketingmaßnahmen betrachtet. Dabei handelt es sich um informationstechnologische Anwendungen, welche dem Nutzer situationsrelevante Informationen und/oder Dienste offerieren. Kontext bezeichnet die Gesamtheit der Informationen, welche die aktuelle Situation eines Nutzers beschreiben, worunter dessen physikalische Umwelt wie Ort, Zeit und Umgebung oder auch personenspezifische Daten wie Identität oder dessen momentane Aktivität fallen (Dey/Abowd 1999). Ein aktuell häufig diskutiertes Beispiel stellen die Location Based Services (LBS) dar, welche Informationen und/oder Dienste auf den momentanen Aufenthaltsort eines Nutzers abstimmen (vgl. Goldmedia 2013, S. 8 f.). Ein weiterer Anwendungsfall, welcher dieses Prinzip realisiert, ist Googles E-Mail-Dienst „Googlemail". Dieser analysiert die Benachrichtigungen eines Nutzers auf deren Inhalt und liefert darauf abgestimmte Werbeanzeigen (vgl. Google 2014). Dabei ist also nicht der Ort der berücksichtigte Situationsfaktor, sondern vielmehr der Nachrichteninhalt. Doch welche weiteren kontextsensitiven Marketinganwendungen existieren bereits am Markt und welche Kontextinformationen werden von diesen genutzt?

In diesem Beitrag werden kontextsensitive Anwendungen am Markt ermittelt, innerhalb von Anwendungsbereichen klassifiziert und auf Faktoren wie deren verwendete Kontextinformationen analysiert. Kontextsensitive Anwendungen eignen sich wegen ihres Funktionsspektrums für eine Vielzahl von Einsatzbereichen, wie z. B. der Chirurgie (vgl. NBC News 2014) oder der Lagerhaltung (vgl. It-production 2013). Aufgrund dieses umfangreichen Anwendungseinsatzes erfolgt innerhalb dieses Beitrags eine Fokussierung auf kontextsensitive Anwendungen, welche sich explizit für eine Umsetzung von Marketingmaßnahmen eignen. Da der Schwerpunkt der einschlägigen Literatur hauptsächlich auf der situationsrelevanten Bereitstellung von Informationen und/oder Diensten für einen einzelnen Nutzer liegt (vgl. dazu z. B. Dey/Abowd 1999; Rauscher/Hess 2005), wird sich dieser Beitrag auf das Marketing im Business-to-Consumer-Bereich beschränken.

2 Kontextsensitive Anwendungen

Dieser Abschnitt vermittelt informationstechnologische Grundkenntnisse zum Themenbereich der kontextsensitiven Anwendungen. Dabei werden der Begriff Kontext definiert und kategorisiert, die Funktionen einer kontextsensitiven Anwendung erläutert, deren Aufbau dargestellt sowie Technologien zur Ermittlung des Kontexts dargestellt.

2.1 Kontext

In den Sprachwissenschaften definiert sich Kontext als „umgebender Text einer sprachlichen Redeeinheit" oder als „inhaltlicher Gedanken-, Sinnzusammenhang, in dem eine Äußerung steht, und Sach- und Situationszusammenhang, aus dem heraus sie verstanden werden muss." (Duden 2014) Diese Begriffsbestimmung ist allerdings rein linguistisch orientiert und beschreibt weder, wie sich Kontext im Zusammenhang mit einer kontextsensitiven Anwendung charakterisiert, noch in welche Bestandteile er sich untergliedern lässt. Eine im informationstechnologischen Sektor gebräuchliche Definition stammt von Dey und Abowd und beschreibt Kontext wie folgt:

„Kontext ist jede Information, welche dazu verwendet werden kann, die Situation einer Entität zu charakterisieren. Eine Entität ist eine Person, ein Ort oder ein Objekt, welche relevant für die Interaktion zwischen einem Benutzer und einer Anwendung, einschließlich dem Nutzer und der Anwendung selbst, ist." (Dey/Abowd 1999)

Da eine Situation grundsätzlich aus mehreren Einflussvariablen besteht, erscheint die Phrase „jede Information" als zu generisch. Eine erste Überlegung zu einer Klassifizierung von Kontext stammt von Schilit et al. aus dem Jahr 1994 und teilt Kontext in drei verschiedene Kategorien ein (vgl. Schilit et al. 1994):

- **Datenverarbeitungskontext**, wie z. B. Netzwerkverbindung, Verbindungskosten, Netzwerkbandbreite.
- **Physikalischer Kontext**, wie z. B. Lichtverhältnisse, Geräuschpegel.
- **Benutzerkontext**, wie z. B. Aufenthaltsort, soziale Situation, den Nutzer umgebende Personen.

Chen und Kotz erweitern diese Dimensionen um den Faktor Zeit, welcher sowohl Tages- und Jahreszeit wie auch Woche und Monat umfasst (vgl. Chen/Kotz 2000). Brown et al. bezeichnen Kontext als aktuellen Aufenthaltsort eines Nutzers, Personen in dessen Umgebung, Tages-/Jahreszeit und die Temperatur (vgl. Brown et al. 1997), wohingegen er für Ryan et al. den Aufenthaltsort des Benutzers, dessen Umgebung, Identität und die aktuelle Zeit darstellt (vgl. Ryan et al. 1997). Auf Basis dieser Überlegungen werden von Dey und Abowd folgende primären Kontextkategorien vorgeschlagen (vgl. Dey/Abowd 1999):

- **Identität:** Beinhaltet sämtliche Informationen zur Charakterisierung der Identität eines Nutzers. Beantwortet die Frage nach dem „wer" (z. B. Name, Alter, Geschlecht, Präferenzen).
- **Aktivität:** Beschreibt, welche Aktivität zum Zeitpunkt der Interaktion zwischen einem Nutzer und der Anwendung abläuft und ermittelt somit „was" passiert (z. B. Suche nach einem Restaurant, Abfragen von Aktienkursen, Gesprächsinhalte).
- **Ort:** Beschreibt den momentanen Aufenthaltsort des Nutzers und gibt dadurch Antwort auf das „wo" (z. B. Bahnhof, Innenstadt).

- **Zeit:** Umfasst die aktuelle Zeit an der jeweiligen Nutzerposition und spezifiziert dadurch „wann" die jeweilige Aktion stattfindet (z. B. Tageszeit, Jahreszeit).
- **Umgebung:** Beschreibt die physikalische Umwelt eines Nutzers (z. B. Luftdruck, Temperatur).

Aus diesen primären Kontextkategorien lassen sich weitere sekundäre Informationen für dieselbe Entität ableiten. So gibt die Identität eines Nutzers beispielsweise Rückschlüsse über dessen E-Mail-Adresse, Telefonnummer, Heimanschrift, Geburtsdatum. Außerdem wird dadurch eine Identifikation von primären Kontextinformationen anderer Entitäten bewerkstelligt. Der Aufenthaltsort eines Anwenders kann beispielsweise der Ermittlung von umliegenden Nutzern oder Objekten dienen. Darüber hinaus können diese primären Dimensionen in Kombination verwendet werden. So werden für einen Wetterbericht sowohl Ort als auch Zeit benötigt, um die gewünschten, situationsrelevanten Informationen zu erhalten. Diese Kategorisierungen dienen Anwendungsdesignern zu einer Veranschaulichung darüber, welche Kategorien des Kontexts potenziell realisierbar sind. Die Programmierer wählen bestimmte, für sie relevante Kontextinformationen aus und definieren Bedingungen (If/Then), wie die Anwendung darauf reagieren soll, wenn diese als Input-Informationen vorliegen (vgl. Dey/Abowd 1999).

Ein Beispiel wäre die Ausgestaltung eines LBS, welcher Informationen zu den umliegenden Restaurants eines Nutzers liefert. Der Applikationsdesigner muss hierbei also festlegen, welche Informationen die Anwendung (in diesem Fall Informationen zu Restaurants) bei Feststellung der vordefinierten Kontextinformationen (in diesem Fall der Ort) liefern soll. Tabelle 1 fasst die dargestellten Auffassungen zur Kategorisierung des primären Kontexts zusammen und ergänzt diese um Meinungen weiterer Autoren.

	Benutzerkontext		Physikalischer Kontext			Datenverarbeitungskontext
Schilit et al. (1994)	Benutzerkontext		Physikalischer Kontext			Datenverarbeitungskontext
Brown et al. (1997)			Ort	Zeit	Umgebung	
Ryan et al. (1997)	Identität		Ort	Zeit	Umgebung	
Dey/Abowd (1999)	Identität	Aktivität	Ort	Zeit	Umgebung	
Chen/Kotz (2000)	Benutzerkontext			Zeit	Physikalischer Kontext	Datenverarbeitungskontext
Amberg et al. (2002)	Identität		Ort	Zeit		
Samulowitz (2002)	Identität	Aktivität	Ort	Zeit	Umgebung	Datenverarbeitungsressourcen
Brèzillon (2003)	Informationeller Kontext		Situativer Kontext		Physikalischer Kontext	
Kriewald (2005)	Person	Zweck	Ort	Zeit	Mobilität	Technik
Rauscher/ Hess (2005)	Personenbezogener Kontext		Physikalischer Kontext			
	Intra-personell	Inter-personell	Ort	Zeit	Umweltvariablen	Computing Resources

Tabelle 1: Kategorien des primären Kontexts, Quelle: In Anlehnung an Rauscher/Hess 2005, S. 12

Der intrapersonelle Kontext eines Nutzers umfasst statische bzw. soziodemografische Daten und dynamische Verhaltensaspekte. Unter interpersonellen Kontext fallen sämtliche Informationen, welche eine Interaktion zwischen an der aktuellen Situation beteiligten Personen beschreiben. Im Allgemeinen wird die Situation eines Nutzers aus unendlich vielen Variablen charakterisiert, weswegen die unterschiedlichen Forschungsmeinungen lediglich eine Hilfestellung zu einer überschaubaren Einteilung des Kontexts geben; dabei werden zur Situationsbeschreibung immer mindestens eine oder mehrere Kategorien angewendet (vgl. Rauscher/Hess 2005, S. 10 ff.). Einige Kontextinformationen variieren des Weiteren kontinuierlich (beispielsweise Aufenthaltsort eines Nutzers), wodurch Kontext als ein dynamisches Gebilde zu betrachten ist (vgl. Bulander/Kölmel 2014, S. 244 f.; Bulander et al. 2005, S. 18 ff.; Greenberg 2001).

2.2 Kontextsensitivität

Da Kontext innerhalb einer kontextsensitiven Anwendung Verwendung findet, um die Situation eines Nutzers zu charakterisieren, wird im Folgenden auf den Funktionsumfang einer solchen Anwendung eingegangen.

Pascoe beschreibt Kontextsensitivität als die Fähigkeit eines Gerätes verschiedene Zustände von sich selbst und seiner Umwelt wahrzunehmen (vgl. Pascoe 1998). Für Ryan et al. ist es eine Anwendung, welche über Umweltsensoren Kontextinformationen aufzeichnet und Benutzern eine Auswahl physischer und logischer Kontexte, basierend auf deren Interessen und Aktivitäten, ermöglicht (vgl. Ryan et al. 1997). Hull et al. sehen es als eine von der Umwelt gesteuerte Anwendung, welche Veränderungen der Umwelt aufzeichnet und deren Prozesse an vordefinierte Richtlinien oder Benutzer-Guidelines anpasst (Umwelt-gesteuert wird hier synonym für kontextsensitiv verwendet) (vgl. Hull et al. 1997).

Sämtliche dargestellten Meinungen überschneiden sich in ihrer Auffassung, dass unter einer kontextsensitiven Anwendung ein System zu verstehen ist, welches Kontext erhebt und daraufhin eine Anpassung seiner Aktionen vornimmt. Dey und Abowd liefern dafür folgende Definition:

„Ein System ist kontextsensitiv, wenn es Kontext verwendet, um dem Nutzer relevante Informationen und/oder Dienste anzubieten, wobei die Relevanz von der Aufgabe des Nutzers abhängt." (Dey/Abowd 1999).

Dieses Funktionsspektrum kontextsensitiver Anwendungen wird von verschiedenen Autoren noch exakter zusammengefasst. Schilit et al. unterteilen es in zwei orthogonale Dimensionen, welche eine Differenzierung zwischen Diensten und Informationen sowie einer manuellen und automatisierten Bereitstellung beinhalten. Folgende Punkte ergeben sich dadurch (vgl. Schilit et al. 1994):

- **Manuelle, kontextuelle Informationsbereitstellung:** Informationen zu in der Nähe befindlichen Geräten, Personen, Benutzern oder relevanten Orten werden angezeigt.
- **Automatische, kontextuelle Informationsbereitstellung:** Anwendungen passen Informationen automatisch an den Kontext eines Benutzers an. Befindet man sich beispielsweise in einem Raum mit Arbeitskollegen desselben Projektteams, ist es vorstellbar, dass eine mobile Smartphone-Anwendung automatisch Notizen der letzten Besprechung öffnet.
- **Manuelle, kontextuelle Dienstausführung:** Die Dienste einer Anwendung werden ortsbasiert angepasst und dem Nutzer bereitgestellt. Nähert sich ein

Benutzer einer Kaffeemaschine in seiner Küche, könnte der Befehl „Kaffee kochen" auf dem Display erscheinen, in der Nähe eines Druckers hingegen „Dokument drucken".

- **Automatische, kontextuelle Dienstausführung:** Anwendungen passen sich automatisch an den aktuellen Kontext an und führen automatisch bestimmte Dienste aus. Dabei unterliegen sie einfachen If-Then-Regeln. Verlässt ein Nutzer sein Haus, könnten sich beispielsweise sämtliche definierten, elektronischen Geräte automatisch abschalten.

Für Dey und Abowd stellen sich zusammenfassend die Funktionen einer kontextsensitiven Anwendung wie folgt dar (vgl. Dey/Abowd 1999):

- Präsentation von Informationen und Diensten für einen User.
- Automatische Ausführung eines Dienstes.
- Anbringen von Kontext an Informationen für eine spätere Abfrage.

2.3 Technologien zur Kontextermittlung

Für eine Ermittlung von Kontextinformationen werden ein physikalischer Sensor und/oder eine spezialisierte Software benötigt. Sensoren tragen bei der Aufnahme diverser Situationsvariablen bei, welche anschließend von der Software eingegliedert und ausgewertet werden, wobei auch Softwareanwendungen selbst zur Erhebung von Kontextinformationen genutzt werden (vgl. Bulander/Kölmel 2014, S. 244 ff.; Lanzer 2012, S. 43). Für stationäre Computer werden zwar bereits Schnittstellen zum Einsatz von Sensortechniken bereitgestellt, wie z. B. von Microsoft innerhalb seines Betriebssystems Windows 7, allerdings sind diese bisweilen nur sehr vereinzelt integriert (Webcam, Mikrofon usw.) (vgl. Microsoft Windows 2014), wobei neueren mobilen Endgeräten hingegen eine Vielzahl davon zur Verfügung stehen. Tabelle 2 enthält aktuell am Markt vorhandene Sensortechniken mobiler Endgeräte und erläutert deren Funktionsweise.

Sensor	Funktionsweise
Systemuhr	Erfasst die Zeit am Standort eines Nutzers.
ID	Über Identifizierungstechnologien, wie der in einem Mobiltelefon integrierten SIM-Karte, wird die Identität eines Anwenders bestimmt.
Mikrofon	Gibt Auskunft über den sprachlichen Kontext.
Kamera	Wird zur maschinellen Verarbeitung der physikalischen Umwelt genutzt. Bei neueren Smartphones ist eine Kamera sowohl auf der Vorder- wie auch auf der Rückseite angebracht.
Anwendungsmanager	Bestimmt, welche Anwendungen momentan ausgeführt werden.
Stromverbrauch und Displayanzeige	Informiert über den aktuellen Stromverbrauch eines Gerätes und passt die Displayanzeige daran an.
Positionsbestimmungssysteme	Positionsbestimmungssysteme orten die Position eines Anwenders. Sämtliche Verfahren werden im weiteren Verlauf des Abschnitts näher erläutert.
Helligkeitssensor (RGB Sensor)	Analysiert umliegende Lichtquellen. Bei Bedarf nimmt das Gerät eine Anpassung der eigenen Displayhelligkeit vor.
Annäherungssensor	Stellt fest, ob sich ein Benutzer in Displaynähe befindet. Anrufe können somit durch Annäherung des Kopfes angenommen werden.
Gestensensor	Erkennt Handbewegungen eines Akteurs. Bestimmte Aktionen können somit berührungslos durchgeführt werden.
Neigungssensor (Gyroskop)	Erkennt Rotationen des Gerätes, wodurch z. B. eine automatisierte Drehung des Displays erfolgen kann.
Beschleunigungssensor	Erkennt dreidimensionale Bewegungen eines mobilen Endgerätes.
Geomagnet	Misst die Stärke von Magnetfeldern. Wird für eine Orientierung von Karten wie z. B. Google Maps verwendet.
Temperatur- und Feuchtigkeitssensor	Ermittelt Temperatur und Luftfeuchtigkeit am aktuellen Standort eines Nutzers.
Luftdrucksensor (Barometer)	Gibt Auskunft über den aktuellen Luftdruck am Standort des Nutzers.
Biomedizinische Sensoren	Informieren über den aktuellen Gesundheitszustandes eines Anwenders.
Hall-Geber	Stellt fest, ob die Schutzhülle eines Mobiltelefons geöffnet oder geschlossen ist.

Tabelle 2: Sensoren mobiler Endgeräte, Quelle: In Anlehnung an Mayrhofer et al. 2003, S. 29 f.; Lanzer 2012, S. 43 f.; Samsung Tomorrow 2013.

Zu einer besseren Veranschaulichung werden sämtliche Kontextermittlungstechnologien im weiteren Verlauf innerhalb von Dey und Abowds Kategorisierung, bestehend aus Identität, Aktivität, Ort, Zeit und Umgebung, unterteilt.

Für eine Ermittlung der Identität eines Anwenders eignen sich Methoden der aktiven und der passiven Profilierung. Die aktive Profilierung identifiziert Nutzer anhand von manuell erstellten Profilen und leitet daraus Informationen wie Alter, Geschlecht, Präferenzen, Beruf usw. ab, das allerdings von deren Bereitschaft abhängt, Daten von sich selbst preiszugeben (vgl. Bulander et al. 2005, S. 13). Versprechen sich die Anwender einen erhöhten Nutzen von der Plattform, innerhalb welcher ein Profil erstellt wird, sind diese im Regelfall eher gewillt, Informationsmaterial zur Verfügung zu stellen (vgl. Winters/Hafner 2011). Die passive Profilierung beschreibt ein Verfahren, bei welchem ohne Einwirkung der Nutzer Profile erstellt und dadurch Informationen erhoben werden (vgl. Bulander et al. 2005, S. 13). Hierfür eignen sich Cookies, welche einem Nutzer beim Öffnen bestimmter Webseiten auf dessen Festplatte platziert werden, dessen Surfverhalten festhalten, es auswerten und daraus Rückschlüsse über bestimmte Merkmale wie Alter, Geschlecht usw. ziehen. Speziell im Bereich des Marketings wird dieses Prinzip schon seit Längerem unter dem Begriff des Behavioural Targeting geführt (vgl. Kreutzer 2012, S. 180 f.). Ebenso eignen sich Sensoren wie Kamera/Webcam für eine Erstellung von Profilen. Wird ein Nutzer durch eine Kamera als menschliches Wesen erkannt, können Körpermaße Rückschlüsse über Merkmale wie Alter und Geschlecht geben, weshalb dieses Verfahren unter dem Begriff der optischen Profilierung geführt wird. Für die Feststellung der Identität eines Nutzers eignet sich für mobile Endgeräte die sogenannte Mobile Subscriber International Subscriber Directory Number (MSISDN), eine in die SIM-Karte integrierte Adressierungstechnologie, anhand derer einer Rufnummer innerhalb eines Mobilfunknetzes ein Benutzer zugeordnet wird. Erfolgt dessen Identifizierung, eignen sich im Data Warehouse hinterlegte Informationen zu einer gezielten Ansprache (vgl. Amberg et al. 2002, S. 38.; Lanzer 2012, S. 60).

Die Aktivität eines Anwenders wird durch den Verwendungszweck einer Anwendung vorgegeben. Sucht dieser beispielsweise Restaurants mit Hilfe einer hierfür geeigneten Anwendung, so stellt dies die situationsrelevante Aktivität des Nutzers dar. Für mobile Endgeräte kann diese des Weiteren noch stärker durch Sensortechniken wie eine Kamera, ein Mikrofon, einen Annäherungssensor, einen Gestensensor, einen Neigungssensor und/oder einen Beschleunigungssensor erfasst werden. Die Kamera und das Mikrofon halten Stimmungszustände fest (Sprachlautstärke, Gesichtsausdruck, Körperhaltung, Gefühlslage), wohingegen Annährungs-, Gesten-, Neigungs- und/oder Beschleunigungssensoren Bewegungen erfassen.

Eine Ortsbestimmung erfolgt unter direkter Einwirkung eines Nutzers, wenn dieser manuell seine Position preisgibt, oder durch ein automatisiertes Vorgehen. Für ein automatisiertes Vorgehen wird eine Ortung über Satellit, über das Mobilfunknetz, durch eine Auswertung von Funknetzsignalstärken, durch hybride Mischformen, durch spezielle Indoor-Verfahren oder durch das stationäre Internet vorgenommen (vgl. Lanzer 2012, S. 52 ff.).

Geräte, welche ein stationäres Internet verwenden (beispielsweise DSL/ISDN), werden über die vom Internetprovider vergebene IP-Adresse lokalisiert. Dies wird als Geotargeting bezeichnet. Die Problematik dieses Verfahrens liegt in dessen Ungenauigkeit, da für eine Lokalisierung die Position des Internetanbieters ermittelt wird und nicht die des Nutzers selbst (vgl. Aschermann 2013; Kreutzer 2012, S. 178).

Die Satellitennavigation verwendet Satellitensignale zur Bestimmung des aktuellen Aufenthaltsorts eines Nutzers. Hierfür steht dem gemeinen Bürger im Regelfall ein GPS-Satellit zur Verfügung, dessen Vorteile in einer hohen Genauigkeit liegen.

Weitere Anwendungsbeispiele stellen GLONASS oder das Galileo System dar, welche allerdings überwiegend im militärischen Bereich Verwendung finden. Innerhalb von Mobilfunknetzen wie GSM (2G), UMTS (3G) oder LTE (4G) wird durch eine Identifikation der Mobilfunkzelle die Position eines Nutzers bestimmt (vgl. Lanzer 2012, S. 54 ff.; Roth 2002, S. 252). Des Weiteren kommt eine Auswertung der Signalstärken von WLAN-Funknetzen für eine Ortung in Frage, welche sowohl außerhalb wie auch innerhalb von Gebäuden genutzt werden kann und bereits im Jahr 2004 erfolgreich von der Humboldt-Universität zu Berlin durch die Software Magic Map umgesetzt wurde (vgl. Ilbach et al. 2004, S. 1 ff.).

Bei hybriden Verfahren wie dem Assisted GPS (aGPS), wird eine GPS-Ortung durch Hilfsdaten der Mobilfunknetzortung unterstützt, woraus eine höhere Schnelligkeit der Positionsbestimmung resultiert (vgl. Eder 2010, S. 16 f.). Speziell für eine Indoor-Ortung haben sich ultraschall-, infrarot-, funk- und visuellbasierte Verfahren etabliert, welche allerdings aktuell noch nicht vollständig marktreif sind (vgl. Lanzer 2012, S. 54 ff.). Die Genauigkeiten einiger der genannten Technologien sind nach einer Studie von Konrad in Tabelle 3 zusammengefasst. Diese lassen sich, abgesehen vom Geotargeting, nur unter bestimmten Umwelt- und Wetterbedingungen erzielen.

Positionsbestimmungssysteme		Genauigkeit
Stationäres Internet	DSL/ISDN	Abhängig von der Position des Internetanbieters
Satellit	GPS	13 m
	GALILEO	1 m
	GLONASS	15 m
Mobilfunknetz	GSM	40 m – 50 m
	UMTS	50 m
Hybridstruktur	aGPS (unter GSM/UMTS Nutzung)	≤ 1 m
Innerhalb von Objekten	Funk	1 m – 13 m
	Infrarot	5 m – Raumgröße
	Ultraschall	≤ 1 m

Tabelle 3: Genauigkeiten von Positionsbestimmungssystemen, Quelle: In Anlehnung an Konrad 2008, S. 35 f.

Die Ermittlung der aktuellen Zeit wird durch eine GPS-Verwendung bereits durch das System gewährleistet. Bei Ortung eines Nutzers, unabhängig vom Verfahren, ist sie durch Abgleich mit der aktuellen Weltzeit berechenbar oder kann unter Verwendung von integrierten Systemuhren erhoben werden (vgl. Amberg et al. 2004, S. 38; Hein 2003, S. 32; Mesicek 2007, S. 49 f.).

Zur Erfassung von physikalischen Umgebungszuständen eignen sich von den in Tabelle 2 dargestellten Sensoren die Kamera, der Helligkeits-, der Temperatur- und Feuchtigkeitssensor, der Luftdrucksensor sowie der Geomagnet. Es sei ebenfalls erwähnt, dass Kontextinformationen nicht immer zwangsweise von der Anwendung selbst erhoben werden müssen, sondern des Weiteren auch extern beschafft und in die Anwendung integriert werden können. Darunter fallen beispielsweise Informationen zur Verkehrs- und/oder Wetterlage, Aktienkurse, Abrechnungswährungen, Informationen aus sozialen Netzwerken (z. B. Facebook, Twitter, Flicker) usw. (vgl. Bulander et al. 2005, S. 18 f.).

3 Kontextsensitives Marketing

Dieses Kapitel behandelt den Ansatz des kontextsensitiven Marketings. Dabei wird zunächst dessen Definition und Funktionsweise ausgearbeitet. Anschließend wird erläutert wie es sich in die Prozesse des CRM integrieren lässt, um einen verbesserten Dialog mit dem Kunden zu erzielen.

3.1 Definition und Funktionsweise

Der Begriff des kontextsensitiven Marketings findet sich erstmals in der angloamerikanischen Literatur im Jahr 2000. In dem Beitrag „Contextual Marketing – The Real Business of the Internet" wird dieses von Kenny und Marshall als Möglichkeit aufgefasst, passende Informationen und Nachrichten an den aktuellen Bedarfspunkt eines Nutzers zu liefern, resultierend aus einer rasanten Ausbreitung des Internets sowie der damit verbundenen, ständigen und ortsunabhängigen Erreichbarkeit der Kunden (vgl. Kenny/Marshall 2000, S. 119 f.). Diese Arbeit beinhaltet erste Überlegungen zu diesem Thema, welche allerdings nicht ausreichend zur Formulierung einer festen Definition sind, weshalb vorab der allgemeine Begriff des Marketings ausgearbeitet und dann in Bezug zur Kontextsensitivität gesetzt wird. Marketing allgemein wird nach Meffert als *„Planung, Koordination und Kontrolle aller auf die aktuellen und potenziellen Märkte ausgerichteten Unternehmensaktivitäten"* (Meffert 2000) definiert. Die Unternehmensaktivitäten im Marketing lassen sich frei nach McCarthy's vier P's als Maßnahmen der Produkt-, Preis-, Distributions- und Kommunikationspolitik identifizieren (vgl. McCarthy 1960). Durch Einsatz einer kontextsensitiven Anwendung werden diese Unternehmensaktivitäten zwar immer noch auf aktuelle und potenzielle Märkte ausgerichtet, allerdings werden diese durch einen vordefinierten Kontext ermittelt. Möchte ein Unternehmen beispielsweise 20- bis 22-jährige Männer in Berlin Mitte mit Werbematerialien erreichen, werden innerhalb einer kontextsensitiven Anwendung auch nur diejenigen angesprochen, für welche diese Kontextinformationen erhoben werden können. Auf Basis dieser Feststellungen ergibt sich folgende Definition:

„Das kontextsensitive Marketing ist ein IuK-Ansatz [Informations- und kommunikationstechnologischer Ansatz], welcher die Planung, Koordination und Kontrolle aller auf die aktuellen und potenziellen Märkte ausgerichteten Unternehmensaktivitäten unter einer Verwendung von Kontext umfasst." (Komposition des Marketingbegriffs nach Meffert 2000 und Kontextsensitivität nach Dey/Abowd 1999).

Auf Nutzerseite werden situationsrelevante Informationen und/oder Dienste bereitgestellt. Dies erfolgt entweder durch eine manuelle Einwirkung des Anwenders oder durch einen automatisierten Ablauf. Der erste Fall beschreibt das Pull-Prinzip, wohingegen ein automatisierter Ablauf als Push-Prinzip bezeichnet wird. Aufgrund der gesetzlichen Rahmenbedingungen ist eine Einwilligung des Nutzers für Push-Kampagnen notwendig, wohingegen diese bei Pull-Kampagnen bereits durch die selbstinitiierte Aktion des Anwenders gegeben ist (vgl. Eder 2010, S. 7; Lanzer 2012, S. 121).

3.2 Integration in die Prozesse des CRM

Das kontextsensitive Marketing erfüllt durch seine gezielte Ausrichtung auf Situationsvariablen eines Nutzers grundsätzlich die Anforderungen eines CRM nach einer kundenorientierten Ausrichtung der Geschäftsprozesse. Da es Informationen und/oder Dienste offeriert, ist es sowohl den Marketing- sowie unter Einschränkungen den Sales-Aktivitäten zuzuordnen. Innerhalb des Sales-Bereiches eignet es sich lediglich für einen Vertrieb von digitalen, immateriellen Produkten (Spiele, Navigationsdienste, Informationsdienste usw.), welche auf einen bestimmten Nutzerkontext ausgerichtet sind. Für die strategische/taktische Planungsphase eines Unternehmens rückt durch das kontextsensitive Marketing neben einer Zieldefinition, der Festlegung von Zielgruppen, einer Inhaltbestimmung und der Kanalwahl nun auch eine Definition des Zielkontexts in den Betrachtungsfokus (Lanzer 2012, S. 94 f. und 119 f.). Nach Auswahl eines Zieles der Neukundengewinnung, Kundenbindung oder Kundenrückgewinnung und der Definition der gewünschten Zielgruppe, ist hierfür der erforderliche Kontext zur Durchführung dieser Maßnahmen festzulegen. Verfolgt ein Unternehmen beispielsweise das Ziel einer Kundenbindung innerhalb einer Kampagne und wählt hierfür eine Zielgruppe von männlichen 25 Jahre alten Familienvätern in Berlin aus, so muss die Anwendung sowohl dazu in der Lage sein, das notwendige demografische Datenmaterial zu erheben, als auch festzustellen, ob der Nutzer bereits Kunde des Unternehmens ist. Für die Auswahl der Anwendung (Kanalwahl) ist außerdem der Inhalt zu berücksichtigen, welcher kommuniziert werden soll (Text, Audio, Video usw.). Das Vorliegen einer Zustimmung wird hierbei vernachlässigt, da diese im Falle von Pull-Kampagnen bereits gegeben ist und innerhalb von Push-Kampagnen im Regelfall durch eine selbstinitiierte Aktion des Nutzers impliziert wird (vgl. Leußer et al. 2011, S. 611 ff. und S. 618). Wird eine am Markt existierende Anwendung ermittelt, welche sämtliche Anforderungen an den festgelegten Zielkontext sowie den gewünschten Inhalt erfüllt, ist anschließend mit der operativen Planungsphase zu beginnen, um die Kampagne genauer zu spezifizieren. Ist keine Anwendung am Markt vorhanden, welche die Kontextvorgaben und die gewünschten Inhalte realisieren kann, muss in einer betriebsspezifischen Kosten-Nutzen-Analyse festgehalten werden, ob es sich als lohnenswert erweist, selbstständig eine kontextsensitive Anwendung zu erstellen. Falls dies zutrifft, ist nach der Erstellung ebenfalls mit der operativen Planungsphase fortzufahren. Abbildung 1 fasst die getroffenen Überlegungen zur Planungsphase von kontextsensitiven Marketingkampagnen zusammen.

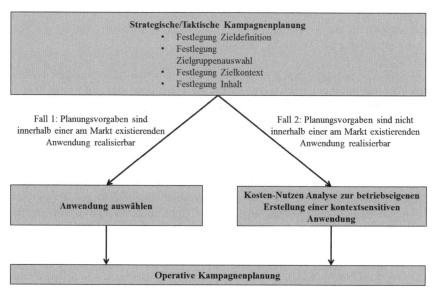

Abbildung 1: Planungsvorgehen kontextsensitiver Marketingkampagnen

4 Die Anwendungsbereiche des kontextsensitiven Marketings

Innerhalb dieses Kapitels werden existierende Anwendungen beschrieben, welche der Definition eines kontextsensitiven Marketings gerecht werden. Dazu werden zunächst verschiedene Anwendungsbereiche gebildet, in welchen die Anwendungen zusammengefasst werden. Anschließend werden die Anwendungen auf verschiedene Aspekte wie die erhobenen Kontextinformationen oder verwendete Kontextermittlungstechnologien untersucht, um deren kontextsensitives Funktionsprinzip zu verdeutlichen.

4.1 Klassifizierung der Anwendungsbereiche

Da sich ein kontextsensitives Marketing grundsätzlich auf allen Geräten realisieren lässt, welchen die in Abschnitt 2.3 dargestellten Sensor- und/oder Softwaretechnologien zur Ermittlung von Kontext zur Verfügung stehen, werden zunächst verschiedene Anwendungsbereiche gebildet. Diese richten sich nach dem Endgerät, auf welchem die kontextsensitive Anwendung verwendet wird, da hierfür Unterschiede hinsichtlich der angewandten Kontextermittlungstechnologien vorliegen. Neueren mobilen Endgeräten steht beispielsweise ein umfangreiches Sensorspektrum zur Verfügung, wohingegen diese in stationäre Geräte nur vereinzelt integriert sind (Webcam, Mikrofon, usw.).

Der erste Anwendungsbereich beinhaltet kontextsensitive Anwendungen, welche sich über das Internet nutzen lassen. Diese Anwendungen sind auf jedem Endgerät einsetzbar, welches in der Lage ist, eine Verbindung mit dem WWW herzustellen (z. B. stationäre Computer, Smartphones, Tablets usw.). Die Kontextermittlungstechnologien dieses Bereiches sind sowohl für mobile wie auch stationäre Endgeräte geeignet.

Innerhalb des zweiten Anwendungsbereiches werden kontextsensitive Anwendungen zusammengefasst, die speziell auf mobilen Endgeräten genutzt werden. Es ist aktuell ein Trend festzustellen, mobile Apps auch auf stationären Geräten einzusetzen, wobei diese dennoch für mobile Endgeräte konzeptioniert wurden und deshalb als eigenständiger Anwendungsbereich behandelt werden (vgl. Schuldt 2013).

Der dritte Anwendungsbereich bezieht sich auf eine Idee Marc Weisers mit dem Titel „Ubiquitous Computing", in welcher intelligente, miteinander vernetzte Computer unsichtbar in die Umgebung eines Anwenders integriert sind und diesen in seinem Alltag unterstützten (vgl. Weiser 1991). Aktuell wird hierzu auf dem Gebiet des Internet of Things (IoT) Forschung betrieben, welches eine Vision beschreibt *„in der das Internet in die reale Welt hinein verlängert wird und viele Alltagsgegenstände ein Teil des Internets werden."* (Mattern/Flörkemeier 2010, S. 107) In diesem Zusammenhang sei auch auf den von Cisco Systems begründeten Begriff des Internet of Everything (IoE) hingewiesen, welcher eine erweiterte Auffassung des IoT darstellt (z. B. sind auch Dienste ubiquitär nutzbar) und ebenfalls ein aktuelles Forschungsgebiet darstellt (vgl. Evans 2012). Es werden demzufolge für diesen Anwendungsbereich kontextsensitive Anwendungen ermittelt, welche in die Umgebung eines Nutzers integriert sind und diesem durch eine Verwendung von Sensortechniken situationsrelevante Marketingdienste bereitstellen.

Die im weiterführenden Verlauf zu untersuchenden, klassifizierten Anwendungsbereiche des kontextsensitiven Marketings sind daher:

(1) universelle Onlineanwendungen,
(2) Mobile Anwendungen,
(3) umgebungsintegrierte Anwendungen.

4.2 Universelle Onlineanwendungen

Innerhalb des Bereiches der universellen Onlineanwendungen wird zwischen einer kontextsensitiven Suchmaschinenwerbung, kontextsensitiven Werbeanzeigen auf Webseiten sowie kontextsensitiven Werbeanzeigen innerhalb sozialer Netzwerke unterschieden (vgl. Alpar 2013), welche im Folgenden näher analysiert werden.

Kontextsensitive Suchmaschinenwerbung

Suchmaschinenwerbung zielt darauf ab, Unternehmenswerbeanzeigen auf der ersten Suchergebnisseite einer Suchmaschine zu schalten, wo sie unter der Rubrik Werbung aufgeführt werden. Die Darstellung der Werbeanzeigen erfolgt in Textform mit Web-Link, welcher auf unternehmenseigene Webseiten weiterleitet. Vom Funktionsprinzip her stellt die Suchmaschinenwerbung ein kommunikationspolitisches Instrument dar, welches das Pull-Prinzip realisiert, da die Schaltung von Werbeanzeigen erst durch die Suchworteingabe eines Nutzers erfolgt. Die Kosten richten sich nach der Position der Werbeschaltung und den mit der Unternehmenswerbung assoziierten Suchworten. Will ein Unternehmen z. B. seine Werbeanzeige mit der Eingabe eines häufig genutzten Schlagwortes wie „Restaurant" verbinden und eine Position weit oben in der Liste erzielen, ist dies teurer als eine Verknüpfung einer Werbeanzeige mit einem seltener genutzten Wort und/oder einer Listenpositionierung weiter unten (vgl. Kreutzer 2012, S. 196 ff.).

Die Ausrichtung dieser Werbeanzeigen ist auf den Nutzerkontext der Kategorien Identität, Aktivität, Ort und der Zeit möglich. Die Identität eines Nutzers wird mittels aktiver wie auch passiver Profilierung bestimmt. Für eine aktive Profilierung können Profile innerhalb eines sozialen Netzwerkes herangezogen werden: für Google.de sind dies die Plattformen Google+ und/oder Googlemail, für Bing.de das Webportal MSN (vgl. Bethge/Stöcker 2012; Bing Ads 2014). Ist ein Nutzer in diesen Plattformen registriert, werden Informationen zu dessen demografischen Merkmalen (Alter, Geschlecht, Familienstand, Bildung, Beruf usw.), Präferenzen und Beziehungen zu anderen Nutzern gewonnen und zu einer individualisierten Anzeigenschaltung verwendet. Für eine passive Profilierung werden beim Öffnen einer Suchmaschine Cookies geschaltet. Diese werten das Surfverhalten eines Nutzers aus und ziehen dadurch Rückschlüsse auf Informationen wie dessen Alter, Geschlecht, Präferenzen usw. Die Aktivität wird direkt aus der Anwendungsnutzung impliziert, das im Fall der kontextsensitiven Suchmaschinenwerbung einer Ableitung aus dem eingegebenen Suchbegriff entspricht. Sucht ein Anwender beispielsweise nach Sportschuhen, so ist dies seine aktuelle Tätigkeit bzw. Aktivität. Unternehmen können dies nutzen, um ihre Anzeigen gezielt mit bestimmten Schlagworten zu verknüpfen. Bei stationären Geräten erfolgt die Standortermittlung eines Nutzers mittels Geotargeting, wohingegen für mobile Endgeräte eine exaktere Ortung über GPS, das Mobilfunknetz oder hybride Verfahren möglich ist. Ebenso können von einem Anwender manuell in der Suchmaschine hinterlegte Informationen herangezogen werden. Auch eine Ausrichtung auf die Tageszeit ist realisierbar, wodurch Unternehmensangebote auf Geschäftsöffnungszeiten oder Wochentagen abgestimmt werden können. Durch Bestimmung der Position eines Nutzers ist die Zeit im Regelfall problemlos aus der Weltzeit ableitbar (vgl. Bing Ads 2014; Google 2014a; Google 2014b; Google 2014c; Microsoft 2014).

Es ist anzumerken, dass die Realisierung der Kontextkategorien der Identität, der Aktivität, des Orts und der Zeit im Falle der Suchmaschinenwerbung optional ist, somit nicht zwingend erforderlich. Ein Unternehmen kann zwar eine oder mehrere Kategorien dieses Kontexts für eine Ausrichtung seiner Werbekampagnen verwenden, da die Anwendung über die notwendigen Funktionen verfügt, muss dies aber nicht. Innerhalb Deutschlands teilt sich der Suchmaschinenmarkt hauptsächlich unter den Akteuren Google mit 94,61 Prozent (Stand April 2014) und Bing mit 2,42 Prozent auf. Weitere Anbieter wie Search.com oder Ask.com sind nur unwesentlich am Markt vertreten (vgl. SEO-United 2014).

Für eine kontextsensitive Ausrichtung der Marketingkampagnen bieten die Betreiber einzelne Plattformen an. Für Google.de ist dies Google AdWords (vgl. Google AdWords 2014), wohingegen Bing.de das Produkt Bing Ads verwendet (vgl. Bing Ads 2014).

Kontextsensitive Werbeanzeigen auf Webseiten

Innerhalb des WWW existieren neben der textbasierten Werbung innerhalb von Suchmaschinen noch viele weitere Werbeformate wie Banner, Videos oder Popups. Für eine Auslieferung dieser Werbebotschaften auf bestimmten Internetseiten bieten sich spezielle Werbeplattformen an, welche die Funktion eines Mittlers zwischen einem Werbetreibenden und einem Partner bilden. Der Partner stellt Werberaum auf seiner Webseite zur Verfügung, wofür er vom Werbetreibenden eine Vergütung erhält; die Plattformen stellen dabei den Kontakt her und Instrumente zur Steuerung der Anzeigenschaltung bereit. Die Kampagnenreichweite hängt von den angemeldeten Partnern und Werbetreibenden innerhalb der jeweiligen Werbeplattform ab. Da die Anzeigenschaltung automatisiert ohne Fremdeinwirkung des Nutzers erfolgt, handelt es sich um ein kommunikationspolitisches Instrument nach dem Push-Prinzip (vgl. Alpar 2013; Kreutzer 2012, S. 214 ff. und S. 233 ff.).

Die Werbeplattformen bieten, wie auch die Suchmaschinenwerbung, eine Möglichkeit zur Ausrichtung der Werbeanzeigen auf den Identitäts-, Aktivitäts- Orts- und Zeitkontext eines Nutzers. Die Nutzeridentität wird mittels passiver Profilierung bestimmt; über Cookies werden dabei Informationen wie Alter und Geschlecht ermittelt. Die Aktivität wird durch den Einsatz eines Webcrawlers bestimmt, welcher den aktuellen Webseiteninhalt eines Nutzers ausliest und analysiert. Anschließend werden auf diesen Inhalt abgestimmte Werbeanzeigen eingeblendet. Besucht ein Anwender z. B. einen Internetauftritt zum Thema Fußball, so ist dies seine aktuelle Tätigkeit bzw. Aktivität. Wird diese vom Webcrawler festgehalten, könnten ihm daraufhin Anzeigen zu Fußballschuhen eingeblendet werden. Für den momentanen Standort des Anwenders ist zwischen einer Ortung innerhalb des stationären Internets mittels Geotargeting und einer Ortung für mobile Endgeräte durch GPS, das Mobilfunknetz oder hybride Mischformen zu unterscheiden (vgl. Google 2014d; Google 2014e; Google 2014f). Innerhalb des WWW ist Google mit seinem Produkt AdSense die am häufigsten genutzte kontextsensitive Werbeplattform. Weitere verschiedene kleinere Anbieter sind Contaxe.com, Affili.net, Adiro.de oder Mirago.com.

Kontextsensitive Werbeanzeigen innerhalb sozialer Netzwerke

Unter einem sozialen Netzwerk wird eine Plattform verstanden, welche den Kontaktaufbau und Informationsaustausch zwischen verschiedenen Nutzern ermöglicht. Im Vergleich zur Werbung innerhalb von Suchmaschinen oder auf

Webseiten werden keine Werbeflächen von Anbietern innerhalb eines Partnernetzwerkes oder einer Suchmaschine für eine kontextsensitive Werbeschaltung verwendet, sondern Werbeflächen innerhalb der einzelnen Netzwerke selbst. Die Schaltung erfolgt dabei automatisiert und entspricht damit dem Push-Prinzip (vgl. Kreutzer 2012, S. 364).

Innerhalb sozialer Netzwerke können Werbeanzeigen sowohl auf Identitäts-, Orts- und Zeitkontext eines Nutzers ausgerichtet werden. Die Identität eines Nutzers wird durch dessen Profil innerhalb des sozialen Netzwerkes bestimmt, woraus sich mittels aktiver Profilierung demografische Informationen wie Name, Alter, Geschlecht, Beziehungsstatus, der akademische Grad, Beruf oder Beziehungen zu anderen Nutzern ermitteln lassen. Ebenso können Informationen zu dessen Verhaltensweise (bevorzugte Unternehmen, Marken usw.) oder Interessen (Sport, Musik usw.) berücksichtigt werden. Der Kontexterhebungsumfang erhöht sich in Abhängigkeit von der Motivation des Nutzers, weitere Daten von sich selbst zu hinterlegen. Wie auch in den vorherigen zwei Anwendungen besteht die Option, Anzeigen auf den aktuellen Aufenthaltsorts eines Nutzers auszurichten. Hierfür werden manuell im Netzwerk hinterlegte Informationen zum Wohnort verwendet oder eine automatisierte Ortung vorgenommen. Die automatisierte Positionsbestimmung erfolgt für ein stationäres Gerät mittels Geotargeting, wohingegen bei mobilen Endgeräten wiederum eine Ortung durch GPS, das Mobilfunknetz oder hybriden Mischformen zur Verfügung steht. Wie auch innerhalb der vorherigen Anwendungen ist ebenfalls eine Erhebung des Situationsfaktors Zeit durch eine Lokalisierung des Nutzers realisierbar (vgl. Alpar 2013; Facebook 2014; Facebook 2014a; Neubert 2012). Anbieter, welche bereits die Schaltung kontextsensitiver Werbeanzeigen innerhalb ihrer Netzwerke anbieten, sind Facebook.de, Plus.google.com, Xing.com, Twitter.com und Linkedin.com.

4.3 Mobile Anwendungen

Innerhalb des Anwendungsbereiches der mobilen Anwendungen zeichnen sich speziell die Location Based Services durch eine Verwendung von Kontextinformationen aus. Über die letzten Jahre war ein starkes Wachstum von weniger als 10 (Stand 2005) bis auf über 180 LBS-Anwendungen (Stand 2013) zu verzeichnen (vgl. Goldmedia 2013, S. 12 und S. 24). Die Augmented Reality (AR) stellt dabei einen Spezialfall eines LBS dar; deshalb wird sie im Folgenden als eigenständiges Anwendungsgebiet dargestellt.

Location Based Services

LBS stellen einem Nutzer innerhalb einer mobilen App auf dessen aktuellen Aufenthaltsort zugeschnittene Informationen und/oder Dienste bereit, wodurch sie sich sowohl für Marketing- (kontextsensitive Werbung) wie auch Sales-Maßnahmen (Direktvertrieb von Medienprodukten) eignen (vgl. Goldmedia 2013, S. 8). Eine Kampagne ist, je nach Anwendungsform, nach dem Pull- oder dem Push-Prinzip umsetzbar. Bauer et al. haben die LBS im Jahr 2006 einer Kategorisierung unterzogen, welche zwischen Tracking-, Navigations-, Informations-, Kommunikations-, Unterhaltungs- und Transaktionsdiensten unterscheidet. Diese Kategorisierung wird in Tabelle 5 zusammengefasst.

Kategorie	Funktion
Trackingdienste	Ortung von Privatpersonen oder Objekten (Mobiltelefon, Fahrzeuge, usw.).
Navigationsdienste	Navigation zu bestimmten Zielen.
Informationsdienste	Übermittlung ortsbezogener Informationen.
Kommunikationsdienste	Ermöglicht eine Kommunikation zwischen Privatpersonen.
Unterhaltungsdienste	Bereitstellung von ortsbezogenen Spielen zur Unterhaltung eines Nutzers.
Transaktionsdienste	Ausführung von Transaktionen wie der Bereitstellung von ortsabhängigen Werbematerialien.

Tabelle 4: Location Based Services – Kategorien und Funktionen, Quelle: eigene Darstellung in Anlehnung an Bauer et al. 2006, S. 37

Innerhalb von Informationsdiensten besteht die Möglichkeit, unternehmenseigene Werbeangebote zu schalten. Ein Beispiel wäre eine Anwendung, welche Informationen zu umliegenden Hotels, Parks, Attraktionen usw. liefert, wodurch somit ebenfalls die Option besteht, ortsbasierende Werbebotschaften einzublenden. Einen innovativen Anwendungsfall beschreibt die App „Coupies", welche einem Nutzer positionsbezogene digitale Coupons bereitstellt. Die Einlösung innerhalb von Geschäften ist dabei direkt über das Smartphone mittels QR-Code oder NFC-Technologie möglich. Dafür fallen nur geringe Anschaffungskosten für die Ladenbesitzer an, da lediglich ein Coupies Touchpoint in Form eines Aufklebers vonnöten ist (vgl. Engel 2012, S. 8 ff.). Potenziell ist eine kontextsensitive Werbeschaltung nicht nur innerhalb von Informationsdiensten, sondern für jegliche LBS-Anwendung, durch deren Erhebung von Standortinformationen, möglich. Dies ist allerdings abhängig von der Bereitschaft eines Anbieters, Werbeanzeigen zu genehmigen.

In Bezug auf die verwendeten Kontextinformationen kommt vor allem dem aktuellen Standort und der aktuellen Zeit eines Nutzers eine übergeordnete Bedeutung zu, wobei auch weitere Kontextinformationen wie Identität, Aktivität oder Umgebung ermittelt werden können (vgl. Zipf 2004, S. 8 f.; vgl. Goldmedia 2013, S. 8-15).

Es ist anzumerken, dass speziell im Bereich der LBS nicht zwangsweise auf eine bereits existierende Infrastruktur zurückgegriffen werden muss, sondern diese mittels diverser Plattformen selbstständig für Unternehmen erstellbar ist (vgl. dazu z. B Tom Tom Developer Portal 2014). Somit ist prinzipiell eine umfangreichere Erhebung von Kontext möglich, wurde aktuell allerdings noch nicht bzw. lediglich in Einzelfällen umgesetzt (vgl. Lanzer 2012, S. 174-176). Für die Ermittlung der Identität kommt die MSISDN in Frage oder manuell innerhalb der App hinterlegte Informationen, welche mittels aktiver Profilierung gewonnen werden. Zur Eruierung der Aktivität eines Nutzers eignen sich die in neueren mobilen Endgeräten integrierte Kamera, das Mikrofon, der Annäherungssensor, der Gestensensor, der Neigungssensor und/oder der Beschleunigungssensor. Hierfür ist allerdings kritisch zu prüfen, was in Bezug auf die Privatsphäre eines Nutzers noch im Bereich des Realisierbaren liegt und ob die gesetzlichen Rahmenbedingungen zu deren Einsatz gegeben sind.

In Zusammenhang mit der Verwendung von LBS wird oft von „Geoslavery" gesprochen, da Kunden den Anbietern die Rechte an ihren Positionsdaten übertragen, weil sie sich einen Zusatznutzen von der Anwendung versprechen. Gerade deshalb erscheint eine weitere Integration von Sensortechniken als realistisches Zukunftsszenario, solange den Nutzern durch die Anwendungen ein Mehrwert geboten wird (vgl. Dobson/Fischer 2003, S. 47 ff.).

Für die Bestimmung des Orts stehen mobilen Endgeräten exakte Ortungsverfahren über Satellit, das Mobilfunknetz oder hybride Mischformen zur Verfügung. Auch die physikalische Umwelt kann durch Kamera, Helligkeitssensor, Temperatur- und Feuchtigkeitssensor, Luftdrucksensor sowie Geomagnet für eine Individualisierung mit einbezogen werden.

Augmented Reality

Augmented Reality (AR) wird von Blanken als „*ein in Echtzeit interaktiv, dreidimensional erlebbares, mit künstlichen Inhalten angereichertes Abbild der Realität*" *(Blanken 2011 zitiert in Anlehnung an Azuma 1997)* definiert. Mittels einer AR-Anwendung wird daher ein virtuelles Abbild der physikalischen Umwelt eines Nutzers erzeugt und durch computergenerierte Daten angereichert, wozu eine eingebaute Kamera sowie ein Positionsbestimmungssystem benötigt werden (vgl. Eder 2010, S. 31). Wird innerhalb der AR-Anwendung beispielsweise eine Sehenswürdigkeit durch die Kamera anvisiert, können Informationen eingeblendet oder hinzugefügt werden, wodurch auch kontextsensitive Werbebotschaften über umliegende Objekte realisierbar sind.

Für AR-Anwendungen kommt dem Nutzerkontext des Orts eine erhöhte Bedeutung zu. Die Positionsbestimmung erfolgt über Satellit, das Mobilfunknetz oder hybride Mischformen. Die physikalische Umgebung wird durch die Kamera festgehalten, welche innerhalb der AR-Anwendung um virtuelle Informationen ergänzt wird. Die Kategorien der Identität, der Aktivität und der Zeit sind durch dieselben Verfahren wie für die LBS potenziell integrierbar.

Das aktuell wohl am meisten diskutierteste Beispiel einer AR-Anwendung stellt Google Glass dar. Diese Datenbrille zeigt im Bereich des rechten Auges Informationen über die Umwelt an und wird mittels einer auf dem Smartphone installierten Google App in Betrieb gehalten. Sie ist daher kein eigenständiges Gerät, sondern dient lediglich der Darstellung von Inhalten, welche vergleichbar mit der Betrachtung eines 25-Zoll-Fernsehers aus 2,4 Meter Entfernung ist. Die Bedienung erfolgt über Sprachsteuerung. Aktuell dürfen Anwendungen für dieses Gerät, welches sich noch in der Prototypenphase befindet, keine Werbung enthalten. Dies kann sich allerdings bei Marktreife ändern.

Auch weitere Firmen wie Samsung, Epson, Brother oder Sony arbeiten momentan an einem gleichwertigen eigenen Produkt. Wie sich die Nachfrage und Akzeptanz entwickeln wird, bleibt allerdings offen, wobei aktuell viele kritische Meinungen im Hinblick auf die Privatsphäre geäußert wurden (vgl. Engelien 2014; Spiegel Online 2014; Spiegel Online 2014a; Spiegel Online 2014b; Spiegel Online 2014c). Weitere Anbieter von AR-Anwendung, welche nicht in Datenbrillenform umgesetzt wurden, sind: Junaio.com, Wikitude.com, Tripventure.net oder Ingress.de.

4.4 Umgebungsintegrierte Anwendungen

Dieser Abschnitt behandelt Anwendungen, welche im Sinne von Mark Weisers Vision des „Ubiquitous Computing" nahezu unsichtbar in die Umgebung eines Nutzers integriert sind und unter Verwendung von Kontext Marketingdienste bereitstellen. Da die meisten Anwendungen dieses Bereiches nur sehr vereinzelt vorhanden sind oder sich noch in der Entwicklungsphase befinden, können lediglich einige Ansätze dargestellt werden. Es wird im Folgenden auf einen kontextsensitiven Getränkeautomat sowie kontextsensitive Gewinnspiele näher eingegangen.

Kontextsensitiver Getränkeautomat

Ein kontextsensitiver Getränkeautomat schlägt seinen Kunden individualisierte Angebote, abhängig von Alter, Geschlecht, Temperatur und Tageszeit vor. Ist es beispielsweise besonders heiß, könnte ein Erfrischungsgetränk wie Limonade angeboten werden, wohingegen für kalte Jahreszeiten Tee in Frage käme. Zur Erhebung dieser Information wird ein 47-Zoll-Monitor mit integrierter Sensortechnik angewandt. Neben individualisierten Getränkeangeboten werden diese Automaten ebenso für eine Schaltung von Werbeanzeigen oder zu einer Zielgruppenanalyse verwendet. Speziell die Schaltung von Werbeanzeigen erscheint für Unternehmen, welche keine Getränke vertreiben, als interessante Option für eine kontextsensitive Platzierung von Werbebotschaften (vgl. Ryall 2010).

Innerhalb dieser Anwendung wird der Nutzerkontext für die Kategorien der Identität, des Orts, der Zeit und der physikalischen Umgebung ermittelt. Die Identität wird, wie auch für das kontextsensitive Fernsehgerät, mittels optischer Profilierung bestimmt. Dabei werden durch eine Kamera Körpermaße eines Nutzers festgehalten, um dessen Alter und das Geschlecht zu ermitteln. Es wird beispielsweise von Fällen berichtet, in welchen gestressten Geschäftsleuten koffeinhaltige Getränke offeriert wurden. Die Leistungen können außerdem auf die aktuelle Tageszeit und die Position ausgerichtet werden. Des Weiteren erfolgt eine Erhebung des Umgebungskontexts eines Nutzers, wofür durch Temperatursensoren die aktuelle Temperatur am Standort bestimmt wird. Diese Form einer kontextsensitiven Anwendung wird momentan nur begrenzt in Tokio, Japan, eingesetzt, wobei eine landesweite Einführung dieser Automaten geplant ist. Es bleibt abzuwarten, ob diese Anwendung auch innerhalb Deutschlands Verwendung finden wird (vgl. Hornyak 2010).

Kontextsensitive Gewinnspiele

Ein erstes Beispiel für ein kontextsensitives Gewinnspiel stellt die sogenannte Coca-Cola Vending Machine dar. Dabei muss eine Person bestimmte Tanzbewegung nachahmen, um einen Gewinn in Form von Gratis-Softgetränken zu erhalten (vgl. Coca-Cola Company 2012). Der ermittelte Nutzerkontext ist hierbei die Aktivität, das heißt die Tanzbewegungen des Nutzers. Ein weiteres Anwendungsbeispiel für ein kontextsensitives Gewinnspiel stellt eine von Mercedes-Benz in Berlin durchgeführte Kampagne mit dem Namen „Key to Viano" dar. Dafür wurden in U-Bahn-Stationen Reklametafeln mit Empfängern für Autoschlüsselsignale ausgestattet. Wurde nun ein Autoschlüssel beliebigen Modells in Reichweite dieser Reklametafeln betätigt, erschienen Filmclips, in welchen verschiedene Fahrgäste, wie z. B. eine Sambatruppe aus dem Mercedes-Benz-Modell „Viano" ausstiegen und dadurch den enormen Stauraum dieses Modells verdeutlichten. Mit etwas Glück erwischte ein Nutzer einen günstigen Zeitpunkt für das Betätigen seines Autoschlüssels und konnte dadurch eine exklusive Rundfahrt durch Berlin in Anspruch nehmen (vgl. Freshlabs 2012). Der erhobene Nutzerkontext ist hierbei ebenfalls die Aktivität eines Nutzers, nämlich das Betätigen des Autoschlüssels.

5 Zusammenfassung

Im Rahmen dieses Beitrags wurde speziell auf den Begriff Kontext und dessen Kategorien eingegangen. Ebenso wurden die aktuell am Markt vorhandenen kontextsensitiven Marketinganwendungen innerhalb von Anwendungsbereichen klassifiziert. Diese orientierten sich am Endgerät, auf welchem eine Nutzung der kontextsensitiven Anwendung erfolgt. Dabei wurde zwischen universellen Onlineanwendungen, mobilen Anwendungen sowie umgebungsintegrierten Anwendungen unterschieden und explizit auf die in jedem Bereich angewendeten bzw. möglichen Kontextinformationen eingegangen.

Da das kontextsensitive Marketing ein junges Forschungsgebiet darstellt, welches bisher in der Literatur nur vereinzelt aufgegriffen wurde (vgl. Bulander/Kölmel 2014; Kenny/Marshall 2000; Kriewald 2005), wurden erste Anwendungen dieses Ansatzes ermittelt. Für die Zukunft wird es entscheidend sein, welche weiteren kontextsensitiven Marketinganwendungen durch eine verstärkte Integration und Nutzung von Sensortechniken innerhalb der einzelnen Endgeräte entstehen. Ebenso ist es notwendig, Ergebnisse von Forschungsbereichen wie dem IoT oder IoE im Betrachtungsfokus zu haben. Wird dabei eine zunehmende

Vernetzung von physikalischen Objekten erzielt, entstehen weitere Möglichkeiten für innovative, kontextsensitive Anwendungen, die sich auch für das Marketing nutzen lassen. Bei allen dargestellten Anwendungsbereichen sind jedoch immer die technischen Möglichkeiten zur Nutzung von Kontextinformationen mit der Vereinbarkeit des aktuellen Datenschutzes abzugleichen. Hier werden auch weiterhin länderspezifische Unterschiede zu verzeichnen sein.

Literatur

Alpar, P. (2013): Kontextsensitive Werbung, abgerufen am 30.04.2014 unter: http://www.enzyklopaedie-der-wirtschaftsinformatik.de/wi-enzyklopaedie/lexikon/uebergreifendes/Kontext-und-Grundlagen/Markt/Online-Werbung/Kontextsensitive-Werbung.

Amberg, M./Figge, S./Wehrmann, J. (2002): Compass. Ein Kooperationsmodell für situationsabhängige mobile Dienste, Universität Erlangen-Nürnberg, abgerufen am 18.06.2014 unter: http://cs.emis.de/LNI/Proceedings/Proceedings16/GI-Proceedings.16-3.pdf.

Aschermann, T. (2013): IP Adresse lokalisieren – so klappt's, abgerufen am 16.04.2014 unter: http://praxistipps.chip.de/ip-adresse-lokalisieren-so-klappts_9466.

Azuma, R. T. (1997): „A Survey of Augmented Reality", in: Presence. Teleoperators and Virtual Environments, Bd. 6, Nr. 4, S. 355-385.

Bauer, H. H./Haber, T. E./Reichardt, T. (2006): Location Based Services. Große Potenziale für Direktmarketing, in: Direkt Marketing, Ausgabe 8.

Bethge, P./Stöcker, C. (2012): Neuer Algorithmus. Google sucht dich, abgerufen am 17.04.2014 unter: http://www.spiegel.de/netzwelt/web/neuer-algorithmus-google-sucht-dich-a-808170.html.

Bing Ads (2014): Bing Ads, abgerufen am 27.05.2014 unter: http://advertise.bingads.microsoft.com/.

Blanken, M. B. (2011): Mobile Augmented Reality. Neue Möglichkeiten im Bereich der visuellen Kommunikation, Masterarbeit, Universität Osnabrück, abgerufen am 31.05.2014 unter: http://www.kiwi.de/tl_files/downloads/Masterarbeit.pdf.

Brézillon, P. (2003): Using Context for Supporting Users Efficiently, in: Proceedings of the Hawaii International Conference Sciences (HICSS), Hawaii, S. 9.

Brown, P. J./Bovey, J. D./Chen, X. (1997): Context-aware Computing Applications: From the Laboratory to the Marketplace, in: IEEE Personal Communications, 4 (5), S. 58-64.

Bulander, R./Decker, M./Kölmel, B./Schiefer, G. (2005): Kontextsensitives Mobiles Marketing, in: König-Ries, B./Klein, M. (Hrsg.): Mobile Datenbanken. Heute, morgen und in 20 Jahren, Karlsruhe, S. 11-20.

Bulander, R./Kölmel, B. (2014): Angebote für jede Situation – Der Ansatz des kontextsensitiven Marketings, in: Halfmann, M. (Hrsg.): Zielgruppen im Konsumentenmarketing. Segmentierungsansätze – Trends – Umsetzung, Wiesbaden, S. 241-261.

Chen, G./Kotz, D. (2000): A Survey of Context-Aware Mobile Computing Research, Dartmouth College, Hanover/USA.

Coca-Cola Company (2012): Coca-Cola Vending Machine Gets People to Bust Some Moves, abgerufen am 12.06.2014 unter: http://www.coca-colacompany.com/stories/coca-cola-vending-machine-gets-people-to-bust-a-move.

Dey, A. K./Abowd G. D. (1999): Towards a Better Understanding of Context and Context-Awareness, in: Proceedings of the Conference on Human Factors in Computing Systems, Den Haag.

Dobson, J./Fischer, P. (2003): Geoslavery, in: IEEE Technology and Society Magazine, S. 47-52.

Duden (2014): Kontext, abgerufen am 30.12.2014 unter: http://www.duden.de/rechtschreibung/Kontext.

Eder, K. (2010): Kontextsensitive Werbeschaltungen in mobilen Anwendungen, Diplomarbeit, Fachhochschule Hagenberg.

Eggert, A. (2001): Konzeptionelle Grundlagen des elektronischen Kundenbeziehungsmanagements, in: Eggert, A./Fassott, G. (Hrsg.): eCRM – Electronic Customer Relationship Management, Stuttgart, S. 87-106.

Engel, T. (2012): Mobile Couponing. Mehrwerte und Anreize über das Smartphone, abgerufen am 11.06.2014 unter: http://krefeld.ihk.de/media/upload/emarketingday/imap/20120412/engel_mobile_couponing.pdf.

Engelien, M. (2014): Zukunft auf der Nase? Google Glass im Praxistest. Das kann die Datenbrille, in: Computer Bild, abgerufen am 24.04.2014 unter: http://www.computerbild.de/artikel/cb-Aktuell-Internet-Google-Glass-Datenbrille-7329363.html.

Evans, D. (2012): The Internet of Everything. How More Relevant and Valuable Connections Will Change the World, abgerufen am 30.06.2014 unter: http://www.cisco.com/web/about/ac79/docs/innov/IoE.pdf.

Facebook (2014): So verwendest du die standardmäßige Zielgruppenauswahl, abgerufen am 22.04.2014 unter: https://www.facebook.com/business/a/online-sales/ad-targeting-details.

Facebook (2014a): Zielgruppen für Werbeanzeigen, abgerufen am 08.06.2014 unter: https://www.facebook.com/help/www/453530464730606/.

Freshlabs (2012): Mercedes-Benz. Key to Viano, abgerufen am 12.06.2014 unter: http://www.freshlabs.de/project/mercedes-benz-key-to-viano/.

Goldmedia (2013): Location-based Services 2013. Vorstudie zu Angeboten, Nutzung und lokalen Werbemarktpotentialen ortsbezogener mobiler Dienste in Deutschland, abgerufen am 30.04.2014 unter: http://www.blm.de/apps/documentbase/data/pdf1/Goldmedia_Location_Based_Services_220213.pdf.

Google (2014): Anzeigen in Google Mail und ihre persönlichen Daten, abgerufen am 25.04.2014 unter: https://support.google.com/mail/answer/6603?hl=de.

Google (2014a): Zuordnung von Anzeigen zum geografischen Standort von Nutzern, abgerufen am 16.04.2014 unter: https://support.google.com/adwords/answer/2453995?hl=de&ref_topic=3119074.

Google (2014b): Benutzerdefinierte Anzeigenplanung verwenden, abgerufen am 27.05.2014 unter: https://support.google.com/adwords/answer/2404244?hl=de.

Google (2014c): Ihre Zielgruppen auf Websites erreichen, abgerufen am 27.05.2014 unter: https://support.google.com/adwords/answer/2404239?hl=de.

Google (2014d): Erreichen Sie die gewünschte Zielgruppe mit dem richtigen Targeting, abgerufen am 17.04.2014 unter: http://www.google.de/ads/displaynetwork/find-your-audience/targeting-tools.html.

Google (2014e): Anzeigenschaltung. Anzeigenschaltung für Nutzer an verschiedenen Standorten, abgerufen am 17.04.2014 unter: https://support.google.com/adsense/answer/9720?hl=de&ref_topic=1628432.

Google (2014f): Anzeigenausrichtung. Zuordnung der Interessenkategorien und demografischen Kategorien durch Google, abgerufen am 17.04.2014 unter: https://support.google.com/adsense/answer/140378?hl=de&ref_topic=2342

Google AdWords (2014): Google AdWords, abgerufen am 30.12.2014 unter: http://adwords.google.de

Greenberg, S. (2001): Context as a dynamic construct, in: Human-Computer Interaction 16, S. 257-268.

Hein, G. (2003): Positionierung und Lokalisierung des Anwenders, in: Siegel, G./Thielmann, H. (Hrsg.): Mobil mit digitalen Diensten, Tagungsband 22, Bonn, S. 32-47.

Hildebrand, V. G. (1997): Individualisierung als strategische Option der Marktbearbeitung. Determinanten und Erfolgswirkungen kundenindividueller Marketingkonzepte, Wiesbaden.

Holland, H. (2001): Customer Relationship Management – ein neuer Marketing-Ansatz, in: Holland, H. (Hrsg.): CRM im Direktmarketing. Kunden gewinnen durch interaktive Prozesse, Wiesbaden, S. 13-57.

Hornyak, T. (2010): Vending machine watches you, offers drink advice, abgerufen am 05.05.2014 unter: http://www.cnet.com/news/vending-machine-watches-you-offers-drink-advice/.

Hull, R./Neaves, P./Bedfort-Roberts, J. (1997): Towards Situated Computing, in: Proceedings of the 1st IEEE International Symposium on Wearable Computers, S. 146-153.

Ilbach, P./Hübner, T./Schweigert, M. (2004): Magic Map – Kooperative Positionsbestimmung über WLAN, Humboldt-Universität zu Berlin.

It-production (2013): Mit Google Glass im Lager kommissionieren, abgerufen am 25.04.2014 unter: http://www.it-production.com/index.php?seite=einzel_artikel_ansicht&id=60715.

Kenny, D./Marshall, J. F. (2000): Contextual Marketing. The Real Business of the Internet, in: Harvard Business Review 7/8, S. 119-125.

Kollmann, K. (2009): Das "Internet of Things" – Der kurze Weg zur kollektiven Zwangsentmündigung, abgerufen am 06.06.2014 unter: http://www.heise.de/tp/artikel/30/30805/1.html.

Konrad, J. (2008): Positionsbestimmungsverfahren für standortbezogene Dienste, Bachelorarbeit, Technische Universität Graz.

Kreutzer, R. T. (2012): Praxisorientiertes Online Marketing. Konzepte – Instrumente – Checklisten, 1. Aufl., Wiesbaden.

Kriewald, M. (2005): Das Kontextmarketing im mobilen Customer Relationship Management, Dissertation, Universität Kassel.

Lanzer, W. (2012): Kontextsensitive Services für mobile Endgeräte. Spezifizierung und Evaluation eines Steuerungsmodells im Mobile Marketing, 1. Aufl., Wiesbaden.

Leußer, W./Hippner, H./Wilde, K. D. (2011): CRM – Grundlagen, Konzepte und Prozesse in: Hippner, H./Hubrich, B./Wilde, K. D.(Hrsg.): Grundlagen des CRM. Strategie, Geschäftsprozesse und IT-Unterstützung, 3. Aufl., Wiesbaden, S. 15-55.

Leußer, W./Rühl, D./Wilde, K. D. (2011): IT-Unterstützung von Marketing Prozessen, in Hippner, H./Hubrich, B./Wilde, K. D.(Hrsg.): Grundlagen des CRM. Strategie, Geschäftsprozesse und IT-Unterstützung, 3. Aufl., Wiesbaden, S. 601-650.

Mattern, F./Flörkemeier, C. (2010): Vom Internet der Computer zum Internet der Dinge, in: Information Spektrum, Nr. 33, S. 107-121.

Mayrhofer, R./Radi, H./Ferscha, A. (2003): Recognizing and predicting context by learning from user behaviour, in: Proceedings of the International Conference on Advances in Mobile Multimedia (MoMM2003), Vol. 171, Jakarta, S. 25-35.

McCarthy, E. J. (1960): Basic Marketing. A managerial approach, Homewood.

Meffert, H. (1994): Marktorientierte Unternehmensführung im Umbruch – Entwicklungsperspektiven des Marketings in Wissenschaft und Praxis, in: Bruhn, M./Meffert, H./Wehrle, F. (Hrsg.): Marktorientierte Unternehmensführung im Umbruch, Stuttgart, S. 3-93.

Meffert, H. (2000): Marketing. Grundlagen marktorientierter Unternehmensführung. Konzepte – Instrumente – Praxisbeispiele, 9. Aufl., Wiesbaden.

Mesicek, S. (2007): Kontextsensoren im Mobilen Marketing, Magisterarbeit, Karl-Franzens Universität Graz.

Microsoft (2014): Datenschutz und Cookies. Onlinedatenschutzbestimmungen für Microsoft-Werbeanzeigen, abgerufen am 27.05.2014 unter: http://www.microsoft. com/privacystatement/de-de/MicrosoftOnlineAdvertising/Default.aspx.

Microsoft Windows (2014): Ortungs- und andere Sensoren. Häufig gestellte Fragen, abgerufen am 26.05.2014 unter: http://windows.microsoft.com/de-de/windows7/ location-and-other-sensors-frequently-asked-questions.

NBC News (2014): British Doctor Livestreams Cancer Surgery Using Google Glass, abgerufen am 25.05.2014 unter: http://www.nbcnews.com/science/science-news/ british-doctor-livestreams-cancer-surgery-using-google-glass-n113596.

Neubert, F. (2012): Werbung auf Facebook. So werden Kampagnen zum Erfolg, in: T3N Magazin, Nr. 26, abgerufen am 22.04.2014 unter: http://t3n.de/magazin/facebook-anzeigen-clever-werben-facebook-228533/.

Pascoe, J. (1998): Adding Generic Contextual Capabilities to Wearable Computers, in: Proceedings of the 2nd IEEE International Symposium on Wearable Computers, S. 92-99.

Pine, J. I. (1993): Mass customization, Boston.

Rauscher, B./Hess, T. (2005): Kontextsensitive Inhaltebereitstellung. Begriffserklärung und Analysegrundlagen, WIM-Arbeitsbericht, Nr. 3, Universität München.

Roth, J. (2002): Mobile Computing. Grundlagen, Technik, Konzepte, Heidelberg.

Ryall, J. (2010): Japanese vending machine tells you what you should drink, abgerufen am 02.05.2014 unter: http://www.telegraph.co.uk/news/worldnews/asia/japan/ 8136743/Japanese-vending-machine-tells-you-what-you-should-drink.html.

Ryan, N./Pascoe, J./Morse, D. (1997): Enhanced Reality Fieldwork: the Context Aware Archaeological Assistant, in: Gaffney, V./Van Leusen, M./Exxon, S. (Hrsg.): Computer Applications in Archaeology.
Samsung Tomorrow (2013): What You May Not Know About GALAXY S4 Innovative Technology, abgerufen am 08.04.2014 unter: http://global.samsungtomorrow.com/?p=23610.
Samulowitz, M. (2002): Kontextadaptive Dienstnutzung in Ubiquitous Computing Umgebungen, München.
Schilit, B./Adams, N./Want, R. (1994): Context-Aware Computing Applications, in: Proceedings of the 1994 First Workshop on Mobile Computing Systems and Applications , Washington DC, S. 85-90.
Schuldt, R. (2013): "BlueStacks" lässt Apps auch am Computer laufen, Die Welt, abgerufen am 10.06.2014 unter: http://www.welt.de/wirtschaft/webwelt/article112862919/BlueStacks-laesst-Apps-auch-am-Computer-laufen.html.
SEO-United (2014): Suchmaschinenverteilung in Deutschland, abgerufen am 26.05.2014 unter: http://www.seo-united.de/suchmaschinen.html.
Spiegel Online (2014): Glass: Google verkauft seine Datenbrille in den USA, abgerufen am 24.04.2014 unter: http://www.spiegel.de/netzwelt/gadgets/google-bringt-datenbrille-glass-in-den-usa-auf-den-markt-a-963820.html.
Spiegel Online (2014a): Wearables. Das Silicon Valley zweifelt an Google Glass, abgerufen am 24.04.2014 unter: http://www.spiegel.de/netzwelt/web/google-glass-silicon-valley-zweifelt-an-datenbrille-a-961413.html.
Spiegel Online (2014b): Galaxy Glass: Samsung entwickelt Smartphone Brille, abgerufen am 24.04.2014 unter: http://www.spiegel.de/netzwelt/gadgets/galaxy-glass-samsung-entwickelt-smartphone-brille-a-945827.html.
Spiegel Online (2014c): Angriff in San Francisco. Frau reißt Journalist Google Glass aus dem Gesicht, abgerufen am 14.04.2014 unter: http://www.spiegel.de/netzwelt/web/google-glass-erneuter-angriff-auf-glass-traeger-in-san-francisco-a-964262.html.
Statistisches Bundesamt (2011): Fast jedes zweite Unternehmen setzt auf elektronisches Kundenmanagement, abgerufen am 04.04.2014 unter: https://www.destatis.de/DE/PresseService/Presse/Pressemitteilungen/zdw/2011/PD10_009_p002.html.
Tom Tom Developer Portal (2014): Tom Tom Developer Portal, abgerufen am 30.12.2014 unter: http://developer.tomtom.com/.
Weiser, M. (1991): The computer for the 21st Century, in: Scientific American, S. 94-104.
Winters, P./Hafner, N. (2011): Ein Geben und Nehmen. Gegenseitigkeit in einer kundenkontrollierten Welt, CIAgenda.
Zipf, A. (2004): Mobile Anwendungen auf Basis von Geodateninfrastrukturen – von LBS zu UbiGIS, in: Bernard, L./Fitzke, J./Wagner, R. (Hrsg.): Geodateninfrastrukturen, Heidelberg.

Die Autoren

Prof. Dr. Rebecca Bulander lehrt Quantitative Methoden und Betriebswirtschaftslehre an der Fakultät für Technik im Studiengang Wirtschaftsingenieurwesen der Hochschule Pforzheim. Sie hat an der Hochschule Pforzheim Wirtschaftsingenieurwesen und an der FernUniversität in Hagen Betriebswirtschaftslehre studiert. Anschließend hat sie am Forschungszentrum Informatik (FZI) in Karlsruhe und an der Universität Karlsruhe (TH), heute Karlsruher Institut of Technology (KIT), am Institut für Angewandte Informatik und Formale Beschreibungsverfahren (AIFB) promoviert. Ihre Forschungsschwerpunkte sind Customer Relationship Management sowie Prozessmanagement und -modellierung.

Felix Fries hat Wirtschaftsingenieurwesen – International Management an der Fakultät für Technik der Hochschule Pforzheim studiert. Er setzte seine Schwerpunkte dabei im internationalen Kontext wie im Management of Foreign Trade oder International Marketing. Er absolvierte sein Praxissemester in einer Unternehmensberatung in Malaysia sowie ein Studienauslandssemester an der ISCTE Business School in Lissabon.

Kontakt

Prof. Dr. Rebecca Bulander
Hochschule Pforzheim
Tiefenbronner Str. 65
75175 Pforzheim
rebecca.bulander@hs-pforzheim.de

Felix M. Fries
Fasanenweg 20
73054 Eislingen
felix@fries-eislingen.de

QR-Codes an Schaufenstern und Fassaden im stationären Einzelhandel – eine Bestandsaufnahme in zwei Städten

Hendrik Schröder / Stefanie Hofmann / Sophie König

Inhalt

1 Die Bedrohung des stationären Einzelhandels durch den Wettbewerb 262
2 Das Wettbewerbspotenzial von QR-Codes 264
3 Die Merkmale von QR-Codes 264
4 Der Stand der Marketingforschung zu QR-Codes 265
5 Eine empirische Untersuchung in zwei Städten 266
5.1 Das Untersuchungsdesign 266
5.2 Die Ergebnisse der Untersuchung 267
5.3 Empfehlungen für stationäre Einzelhändler 272
6 Fazit 273

Literatur 273
Die Autoren 275
Kontakt 275

Management Summary

Viele stationäre Einzelhändler sehen sich einem starken Wettbewerbsdruck durch Onlineshops ausgesetzt. Eine Option, diesen Druck zu vermindern, ist, gleichfalls Onlineshops einzurichten. Eine weitere Option ist, andere Formen zu nutzen, um die digitale an die stationäre Welt anzubinden. Als eine Verbindungsbrücke lassen sich QR-Codes betrachten, die an den Schaufenstern und Fassaden im stationären Einzelhandel angebracht sind. Die Ergebnisse unserer Untersuchung zeigen für ausgewählte Gebiete zweier Städte, ob und wie stationäre Einzelhändler QR-Codes in ihren Schaufenstern und Fassaden platzieren und gestalten. Es werden Anforderungen herausgearbeitet, die die Wahrnehmung, die Funktionsfähigkeit und die Nutzung der QR-Codes gewährleisten sollen. Dass Einzelhändler an schlechteren Standorten sowie selbstständige Einzelhändler verstärkt QR-Codes nutzen, um sich im Wettbewerb zu behaupten, ist entgegen unseren Erwartungen nicht zu beobachten.

1 Die Bedrohung des stationären Einzelhandels durch den Wettbewerb

Der Ausgangspunkt unserer Überlegungen ist der Wettbewerb im Einzelhandel. Für die systematische Erfassung von Einflussfaktoren und die Ableitung von Aussagen über das Verhalten von Wettbewerbern eignet sich das Konzept der Wettbewerbskräfte nach Porter (vgl. 1997, S. 26). Die folgenden Ausführungen gehen auf vier Bereiche ein (Abbildung 1). Die Verhandlungsstärke der Hersteller soll hier nicht weiter betrachtet werden, da wir sie als nicht relevant für dieses Thema ansehen.

1. *Aktuelle Wettbewerber* treten mit neuen Betriebstypen oder Substitutionsleistungen auf. Neue Betriebstypen im stationären Bereich sind z. B. Pop-up-Stores bzw. Guerilla-Stores, also Geschäfte, die Waren und Dienstleistungen in einer begrenzten Menge für eine begrenzte Zeit anbieten. Im Onlinebereich heißen sie Live-Shops. So bietet z. B. 1dayfly.com jeden Tag ein anderes Produkt an. Als Substitutionsleistungen können der Lieferservice sowie die Verbindung der stationären mit der digitalen Welt angesehen werden. Durch den Lieferservice brauchen die Kunden nicht die Geschäfte aufzusuchen, bei denen sie ihre Ware bestellen. Digitale Module in den stationären Geschäften, wie z. B. ein iPad bei Emmas Enkel, erlauben ihnen dort den Zugang zu vielfältigen Informationen und, sofern als Option vorhanden, auch den Kauf der Ware.

2. *Neue Konkurrenten* sind in den Markt eingetreten oder haben das Potenzial, in den Markt einzutreten. Potenzielle Konkurrenten sind sowohl Einzelhändler als auch Hersteller. Bei den Einzelhändlern handelt es sich um sogenannte Online-Pure-Player, also Händler, die ausschließlich Onlineshops betreiben, und Multichannel-Retailer, die neben stationären Geschäften oder dem klassischen Versandhandel (Katalogversand) einen oder mehrere Onlineshops führen (vgl. Schröder 2005, S. 6-10). Hersteller können sowohl Onlineshops als auch stationäre Geschäfte für den Direktvertrieb an die Endkunden nutzen.

QR-Codes an Schaufenstern und Fassaden im stationären Einzelhandel

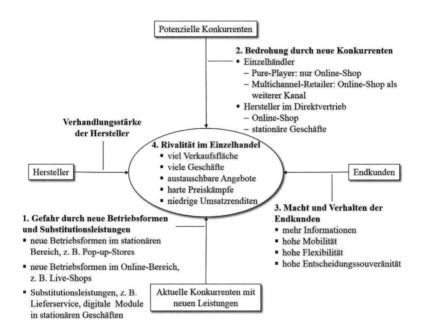

Abbildung 1: Wettbewerbskräfte im Einzelhandel (Quelle: in Anlehnung an Gröppel-Klein 1998, S. 29)

3. Die *Macht und das Verhalten der Endkunden* lassen sich mit folgenden Merkmalen beschreiben. Viele Endkunden haben vor allem durch den mobilen Zugang zum Internet an Informationsmacht gewonnen, die sie in den stationären Geschäften des Einzelhandels einsetzen, z. B. zur Forderung nach niedrigen Preisen. Sie sind mobil, was das Aufsuchen von Einkaufsstätten betrifft. Ein Beleg hierfür ist die Bereitschaft vieler Kunden, Zeit und Mühen auf sich zu nehmen, um weiter entfernt gelegene Einkaufszentren zu besuchen. Viele Endkunden sind flexibel, was den Wechsel von Geschäften und den Wechsel von Kanälen betrifft. Zudem zeichnen sich viele Kunden durch eine hohe Souveränität aus: Sie sind kritisch, lehnen nicht überzeugende Angebote ab und weichen auf andere Händler aus.

4. In vielen Branchen ist die *Rivalität im Einzelhandel* sehr hoch. Indikatoren hierfür sind viel Verkaufsfläche, die große Zahl an Einzelhandelsgeschäften, austauschbare Waren und Dienstleistungen, harte Preiskämpfe und niedrige

Umsatzrenditen. Insbesondere Betriebe des stationären Einzelhandels stehen unter einem hohen Wettbewerbsdruck.

2 Das Wettbewerbspotenzial von QR-Codes

Eine Möglichkeit, die Position im stationären Einzelhandel zu stärken, sind QR-Codes, die Händler an ihren Schaufenstern und Fassaden anbringen. Solche QR-Codes *erhöhen die Reichweite der Geschäfte*. Sie „sprechen" Kunden außerhalb der Öffnungszeiten an und Kunden, die das Geschäft nicht betreten wollen oder können.

QR-Codes verbinden die stationäre mit der digitalen Welt. Den Händlern öffnet sich ein digitaler Kanal, um ihren Kunden *weitere Informationen zu übermitteln und Umsätze zu tätigen*, sei es dadurch, dass die Kunden in das Geschäft kommen, sei es über einen eigenen Onlineshop.

QR-Codes haben das Potenzial, anonyme Kunden zu *„persönlich bekannten" Kunden* zu entwickeln. Wenn die Kunden bereit sind, ihre persönlichen Daten anzugeben und der Zusendung von Informationen einzuwilligen, so eröffnen sich den Händlern neue Wege der persönlichen Ansprache.

3 Die Merkmale von QR-Codes

Ein Quick-Response-Code (QR-Code) ist ein Quadrat, das sich aus verschiedenfarbigen Modulen zusammensetzt und eine Information codiert. In einen QR-Code lassen sich Grafiken integrieren. Sie können auf den QR-Code aufmerksam machen und einen inhaltlichen Bezug zum Absender herstellen. Mit einem Lesegerät, z. B. einem Smartphone, und einer QR-Code-Lese-Applikation kann das Quadrat eingescannt und decodiert werden.

Decodierung bedeutet, dass der Nutzer eine bestimmte Information erhält, z. B.

- eine Telefonnummer, die er anrufen kann,
- eine vorgefertigte SMS oder E-Mail, die er verschicken kann,
- einen Link (URL), der ihn zu einer Website führt (Landing Page),
- Geodaten über den Ort, an dem er sich befindet,
- einen Text oder eine elektronische Visitenkarte mit Kontaktdaten (vCard).

In allen Fällen erübrigt sich für den Nutzer das Eintippen von Zeichen (vgl. Dou/Li 2008, S. 62).

QR-Codes lassen sich online über Anbieter wie BeeTagg.com, goqr.me oder QRStuff.com erstellen. Darunter sind auch Dienste, die dem Ersteller des Codes Nutzungsstatistiken bieten. Wenn auf die eigene Website oder einen Onlineshop verlinkt werden soll, kann die Nutzung auch durch ein Webanalysesystem wie Google Analytics beobachtet werden (vgl. Westermann 2013, S. 76).

Ein dynamischer QR-Code erlaubt es, dass der Nutzer auch dann zu der richtigen Website weitergeleitet wird, wenn der QR-Code gleich geblieben ist, die codierte URL sich aber geändert hat. Die in der Datenbank hinterlegte Weiterleitungsadresse wird dann online über die QR-Server-Oberfläche geändert (vgl. ARSAVA GmbH & Foundata GmbH GbR 2014).

4 Der Stand der Marketingforschung zu QR-Codes

Nach Ergebnissen einer Studie von SKOPOS (Onlinebefragung von 1.000 Personen, als repräsentativ bezeichnet) haben 99 Prozent der Deutschen 2014 bereits einen QR-Code wahrgenommen. Durch die zunehmende Smartphone-Verbreitung stieg auch die Zahl von QR-Code-Nutzern in den vergangenen zwei Jahren von 14 Prozent auf 29 Prozent. Jedoch hat sich die Nutzung in der Gruppe der Smartphone-Besitzer nur wenig erhöht. Die Anzahl derer, die QR-Codes regelmäßig nutzen, reduzierte sich sogar leicht (vgl. SKOPOS 2014, S. 3-6).

Obwohl sich QR-Codes in vielen Formen in unserem Alltag finden, z. B. auf Konsumgütern, in Zeitungen und Zeitschriften sowie im öffentlichen Raum, hat sich die Marketingforschung bislang kaum damit beschäftigt. Die wenigen Studien stammen vor allem aus asiatischen Ländern, untersuchen verschiedene Werbeträger von QR-Codes und verwenden verschiedene theoretische Ansätze, wie z. B. die *Nutzenmaximierung* (Okazaki et al. 2012a), das *Elaboration Likelihood Model* (Narang et al. 2012), die *Diffusionstheorie* (Lo 2014) und das *Technologieakzeptanzmodell* (z. B. Jung et al. 2012; Shin et a. 2012). Entsprechend gehen unterschiedliche Variablen in die Beschreibung und die Erklärung des Nutzerverhaltens ein.

Okazaki et al. (2012b) untersuchten unter anderem die Wahrnehmung von QR-Codes auf einem Poster im Eingangsbereich eines Lebensmittelgeschäftes. Die Befragten äußerten Bedenken zum Datenschutz und zu den Transaktionen. Die

Autoren begründen diese Zurückhaltung mit dem *Einfluss der japanischen Kultur*.

Weitere Studien nehmen nicht die Nutzersicht ein, sondern analysieren die *Erscheinungsformen und Inhalte* der von den Firmen verwendeten QR-Codes (Okazaki et al. 2011; Okazaki et al. 2012b; Singh/Bamoriya 2013). Keine dieser Bestandsaufnahmen befasst sich mit QR-Codes in Schaufenstern und an Fassaden von Einzelhandelsgeschäften.

5 Eine empirische Untersuchung in zwei Städten

5.1 Das Untersuchungsdesign

Mit Bochum und Essen werden zwei Oberzentren verglichen. Die Wettbewerbsintensität zwischen und in den beiden Städten ist hoch. Bochum weist für 2013 einen Einzelhandelskaufkraft-Index von 98,4 und einen Zentralitätskoeffizienten von 119,3 aus, für Essen liegen diese Werte bei 103,2 und 118,8 (vgl. COMFORT Research & Consulting 2013; IHK Essen 2013). Für einschneidende Änderungen im Wettbewerb hat in Essen das 2009 eröffnete Einkaufszentrum „Limbecker Platz" gesorgt, mit 70.000 qm eines der größten innerstädtischen Shopping-Center in Deutschland (vgl. ECE Projektmanagement GmbH & Co. KG 2014). Bochum rangiert von der Bedeutung her als Einkaufsstadt hinter Essen und Dortmund (vgl. COMFORT Research & Consulting 2013).

Die *Untersuchungsorte* in diesen Städten waren ausgewählte Haupteinkaufsstraßen (Hauptlagen) und deren Nebenstraßen (Nebenlagen) sowie Shopping-Center und Bahnhöfe, die sich im Bereich dieser Straßen befinden. Die *Untersuchungseinheiten* waren alle Einzelhandelsgeschäfte. Bei den Geschäften des Einzelhandels (EH), die im Schaufenster oder an der Fassade mindestens einen QR-Code hatten, wurden zu jedem QR-Code folgende Daten erhoben:

- ein Foto des QR-Codes, einschließlich der Informationen in seinem unmittelbaren Umfeld,
- ein Foto des gesamten Schaufensters bzw. der Fassade,
- ein Screenshot des decodierten Inhaltes (z. B. eine Landing Page) und
- Informationen über den Einzelhändler (unter anderem Name, Art des Handelssystems).

Erhoben wurde in *zwei Wellen*: in Bochum im Januar und im März 2014, in Essen im Februar und im März 2014. Wir referieren hier die Ergebnisse der jeweils zweiten Erhebung.

5.2 Die Ergebnisse der Untersuchung

5.2.1 Zur Verteilung der QR-Codes in den Städten

Bei den Anteilen an EH-Geschäften mit QR-Codes und der Anzahl der QR-Codes pro Geschäft unterscheiden sich Bochum und Essen kaum (Tabelle 1).

EH-Geschäfte und QR-Codes		Bochum	Essen
Anzahl untersuchter EH-Geschäfte		445	536
EH-Geschäfte mit QR-Codes	Anzahl	63	80
	Anteil	14,2 %	14,8 %
Anzahl der QR-Codes		94	122
EH-Geschäfte mit ... QR-Code(s)	1	73,0 %	72,5 %
	2	12,7 %	15,0 %
	mehr als 2	14,3 %	12,5 %

Tabelle 1: QR-Codes an Schaufenstern und Fassaden in Bochum und Essen (Stand: März 2014)

Größere Unterschiede weisen die *Standortlagen* auf: Essener EH-Geschäfte in Nebenlagen haben einen geringeren Anteil an QR-Codes als andere Geschäfte in Essen und als Bochumer EH-Geschäfte in Nebenlagen (Tabelle 2).

EH-Geschäfte mit QR-Codes in ...	Bochum	Essen
Hauptlagen	18,8 % *	32,4 %
Nebenlagen	21,6 %	13,5 %
Einkaufszentren	31,8 %	24,4 %

* Lesebeispiel: 18,8 % aller EH-Geschäfte mit einer Hauptlage in Bochum haben einen QR-Code.

Tabelle 2: QR-Codes nach Standortlagen in Bochum und Essen (Stand: März 2014)

Angesichts der hohen Wettbewerbsdynamik in Essen wäre zu erwarten gewesen, dass sich diese Einzelhändler in Essen stärker bemühen, den „digitalen Anschluss herzustellen".

Betrachtet man die Anteile der *Filialisten* mit QR-Codes im Vergleich zu den *Nicht-Filialisten*, so überwiegen in beiden Städten die Filialisten: in Bochum sind es 20,6 Prozent, in Essen 18,7 Prozent (Nicht-Filialisten: 12,0 Prozent bzw. 11,4 Prozent). Bei der Anzahl der QR-Codes pro Geschäft gibt es kaum Unterschiede zwischen Filialen und Nicht-Filialen, das gilt für beide Städte.

Wie sich die QR-Codes auf die *Branchen* verteilen, zeigt Tabelle 3.

Branchen	Bochum	Essen
Bekleidung, Lederwaren	27,0 %	41,3 %
Elektronik, Videospiele	17,5 %	16,3 %
Lebensmittel	12,7 %	6,3 %
Haushalt, Dekoration	11,1 %	6,3 %
Kosmetik	7,9 %	10,0 %
Freizeit- und Sportartikel	7,9 %	5,0 %
Schmuck	6,3 %	11,3 %
Sonstige	9,5 %	3,8 %

Tabelle 3: Einzelhandelsbranchen mit QR-Codes in Bochum und Essen (Stand: März 2014)

5.2.2 Die Art und das Umfeld der QR-Codes

Die *Größe* der QR-Codes variiert in beiden Städten sehr stark: von 1,5 cm bis 35 cm Seitenlänge. Sowohl in Essen als auch in Bochum sind drei Viertel der QR-Codes schwarz-weiß, die übrigen in einer anderen zweifarbigen Kombination (z. B. grün-weiß oder rot-weiß) oder in drei Farben (z. B. schwarz-weiß-rot). In Bochum haben 13,8 Prozent, in Essen 9,8 Prozent der QR-Codes in der Mitte eine Grafik, z. B. ein Logo.

Die *Qualität*, mit der die QR-Codes angebracht sind, reicht von einem DIN-A4-Papier, das auf einem einfachen Drucker ausgedruckt und mit Klebestreifen an der Innenseite des Schaufensters oder der Glastür befestigt ist, bis zu selbstklebenden Folien, deren Gestaltung professionell wirkt.

Stark variiert auch das Verhältnis der QR-Codes zu ihrem *unmittelbaren Umfeld*, das z. B. aus Werbetexten und Website-URLs besteht und das den Nutzer zum Scannen motivieren soll. Einerseits werden QR-Codes als Element der Schaufenstergestaltung verwendet und sind deutlich größer als der Text, der z. B. auf eine Landing Page verweist. Andererseits sind sie ein kleiner, kaum wahrnehmbarer Bestandteil eines Werbeplakates.

Zwischen den Städten zeigen sich kaum Unterschiede, was das unmittelbare Umfeld betrifft, in dem sich die QR-Codes befinden. 90 Prozent aller QR-Codes sind von Werbetexten, Website-URLs etc. umgeben. Rund zehn Prozent dieser Angaben sind als Anreiz zum Scannen zu verstehen; sie verweisen am häufigsten auf Rabatte und Sonderangebote, danach auf Gewinnspiele sowie Sammel- und Treuepunkte.

5.2.3 Die Platzierung der QR-Codes

Rund 56 Prozent der QR-Codes sind im *Schaufenster* platziert, 29,8 Prozent bzw. 22,1 Prozent (Bochum bzw. Essen) auf einer *Glastür* und 10,6 Prozent bzw. 16,4 Prozent am *Türrahmen*. Es finden sich kaum QR-Codes an Fassaden oder Säulen der Geschäfte.

Auf welche Bereiche der Schaufenster sich die QR-Codes verteilen, zeigt Abbildung 2. Die horizontale bzw. vertikale Einordnung gibt an, in welchem horizontalen bzw. vertikalen Drittel des Schaufensters der QR-Code angebracht ist. Durch diese Darstellung sind verschieden große Schaufenster „normiert". Sehr hoch oder sehr tief angebrachte QR-Codes dürften kaum erkannt bzw. genutzt werden.

Nach dem Ort der Platzierung und den Aussagen der erhebenden Personen können in beiden Städten ungefähr drei Viertel der QR-Codes als gut sichtbar bezeichnet werden. Ob ein QR-Code als gut sichtbar eingestuft wird, liegt nicht nur an der Höhe seiner Position, sondern auch an seiner Größe. In Bochum sind die QR-Codes der Filialisten insgesamt etwas besser platziert (78,2 Prozent) als die der Nicht-Filialisten (73,5 Prozent), in Essen sind es die QR-Codes der Nicht-Filialisten (82,8 Prozent) im Vergleich zu denen der Filialisten (73,3 Prozent).

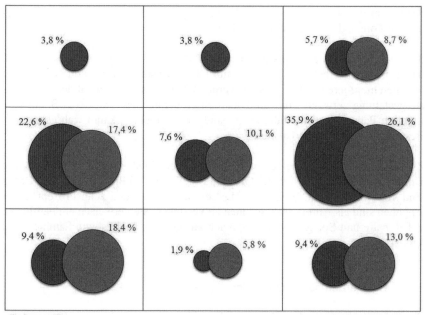

Bochum n = 53
Essen n = 69

Abbildung 2: Verteilung der QR-Codes in den Schaufenstern (Stand: März 2014)

5.2.4 Die Inhalte der QR-Codes

Zunächst ist festzustellen, dass in Bochum 12,9 Prozent und in Essen neun Prozent der QR-Codes *nicht funktionsfähig* waren. Entweder ließen sich die QR-Codes nicht scannen oder die verknüpften Inhalte nicht laden. Somit verbleiben in Bochum 81 und in Essen 111 QR-Codes für die weitere Betrachtung.
In Anlehnung an Okazaki et al. (vgl. 2012b, S. 106 f.) sind die *Inhalte* der decodierten QR-Codes nach folgenden Gruppen und Untergruppen ausgewertet worden:

- Informationen: Website der eigenen Geschäftsmarke, Karriere-Website des Einzelhändlers, Preisvergleichs-Website, Website fremder Marken,
- Kaufen: eigener Onlineshop, fremder Onlineshop,
- Soziale Medien: Facebook, Twitter, YouTube, yelp, foursquare,

- Download von Apps,
- Kundendaten, z. B. Registrierungsformular für Newsletter, Kundenkarte.

In Bochum überwiegen Seiten mit Informationen, in Essen sind sie ungefähr gleichauf mit Seiten, die zum Kaufen einladen (Tabelle 4).

Inhalte	Bochum (n = 81)	Essen (n = 111)
Informationen	50,6 %	34,2 %
• Website der eigenen Geschäftsmarke	25,9 %	21,6 %
• Website fremder Marken	17,3 %	9,0 %
• Karriere-Website	4,9 %	3,6 %
• Preisvergleichs-Website	2,5 %	0,0 %
Kaufen	13,6 %	31,5 %
• Eigener Onlineshop	12,4 %	31,5 %
• Fremder Onlineshop	1,2 %	0,0 %
Soziale Medien	24,7 %	26,1 %
Download von Apps	4,9 %	5,4 %
Kundendaten	6,2 %	2,7 %

Tabelle 4: Decodierte Inhalte der QR-Codes (Stand: März 2014)

Wenn die Nutzer bei sozialen Medien „landen", so ist dies meist Facebook. Andere Möglichkeiten der Decodierung wie Telefonnummern, mobile Visitenkarten, die Öffnung einer E-Mail oder SMS finden sich nicht. Die decodierten Inhalte beziehen sich ausschließlich auf URLs, das heißt Landing Pages.

In wenigen Fällen entspricht der angekündigte Inhalt nicht der tatsächlichen Landing Page. In deutlich mehr Fällen bleibt unklar, wohin der QR-Code führt (Bochum: 17,5 Prozent, Essen: 22,5 Prozent), weil kein Werbetext oder keine URL vorhanden war.

Beim mobilen Internet lässt sich die *Nutzerfreundlichkeit* der verlinkten Inhalte dadurch erhöhen, dass man die Darstellung den kleinen Bildschirmen anpasst und bei der Gestaltung auf eine einfache Bedienbarkeit mit der Touch-Funktion und auf eine leserfreundliche Textgröße achtet (vgl. Nielsen/Budiu 2013). In Bochum sind 49,4 Prozent der Websites mobil-optimiert, in Essen 75,7 Prozent. Allerdings finden sich darunter in Bochum zu 95 Prozent und in Essen zu 50 Prozent auch Websites, die der Händler nicht beeinflussen kann, weil er auf fremde Seiten verweist, wozu auch alle sozialen Medien gehören.

5.3 Empfehlungen für stationäre Einzelhändler

Die QR-Codes sollten dort platziert sein, wo sie die Nutzer schnell wahrnehmen können, entweder in Augenhöhe oder an anderer Stelle in auffälliger Größe.

Auch wenn das Maximum an Speicherkapazität 4.296 alphanumerische Zeichen beträgt, sollten eher weniger Zeichen pro QR-Code codiert werden, da die Lesbarkeit mit hoher Zeichendichte bei Smartphone-Kameras abnimmt (vgl. QRStuff.com 2011a). Für die Module sind kontraststarke Farben zu empfehlen. Andernfalls sind die Farben von den Lesegeräten schwer zu differenzieren, wie z. B. die Farben Hellblau und Weiß.

Die QR-Codes sollten mindestens 2,5 cm^2 groß sein. Zudem ist der Abstand zwischen dem Smartphone und dem QR-Code zu berücksichtigen. Als Daumenregel wird ein Verhältnis aus Größe zu Abstand von 10:1 empfohlen und 8:1 bei schlechten Lichtbedingungen oder wenig Kontrast (vgl. QRStuff.com 2011b). Die Oberfläche des Trägers, auf dem sich der QR-Code befindet, sollte nicht zu stark gebogen sein. So werden unlesbare QR-Codes vermieden.

Die Art der Smartphone-Kamera, der QR-Code-Lese-Applikation und der Lichtbedingungen, z. B. bei Dämmerung oder starker Sonneneinstrahlung, können den Erfolg des Scannens beeinflussen. Soweit möglich, sollte sich die Gestaltung der QR-Codes an die „schlechtesten" Voraussetzungen anpassen.

Hinweise auf die decodierten Inhalte der QR-Codes und Anreize zum Scannen erhöhen die Nutzungswahrscheinlichkeit von QR-Codes. Es ist sicherzustellen, dass der QR-Code auch zu den angekündigten Inhalten führt.

Wenn sich die mit den QR-Codes verknüpften Seiten nicht laden lassen, so kann dies daran liegen, dass der QR-Code nicht dynamisch ist. Darüber hinaus sollte die Landing Page mobil optimiert sein. Andernfalls steigt die Abbruchwahrscheinlichkeit der Nutzer.

Wenn ein Einzelhändler Werbematerialien von Dritten übernimmt, sollte er die Inhalte der QR-Codes prüfen. Will er zulassen, dass der QR-Code zu dem Onlineshop eines Herstellers führt oder zu der Seite mit einem Händlerverzeichnis und damit zum Wettbewerb?

6 Fazit

Für die Platzierung und die Gestaltung von QR-Codes im stationären Einzelhandel ergeben sich im Vergleich zu anderen Anwendungsbereichen, etwa in Printmedien, zusätzliche Anforderungen, um die Wahrnehmung, die Funktionsfähigkeit und die Nutzung der QR-Codes zu gewährleisten.

Die Vermutung, dass Einzelhandelsgeschäfte in Nebenlagen und Nicht-Filialisten einen höheren Anteil an QR-Codes aufweisen, um so Wettbewerbsnachteile zu kompensieren, können die Beobachtungen in den beiden Städten nicht stützen. Das kann daran liegen, dass diese Händler nicht über die Kompetenzen verfügen, um ihre Geschäfte „digital anzubinden", oder dass sie auf andere Instrumente im Wettbewerb setzen. Diesen Vermutungen gilt es in weiteren Untersuchungen ebenso nachzugehen wie dem Nutzungsverhalten der Endkunden.

Literatur

ARSAVA GmbH & Foundata GmbH GbR (2014): QR Code ändern, Typ „dynamischer QR Code" (nachträglich editieren). www.goqr.me/de/qr-codes/typ-dynamischer-qr-code-aendern.html (24.10.2014).

COMFORT Research & Consulting (2013): Städtereport Bochum // Braucht Bochum noch ein Shopping-Center. www.comfort.de/fileadmin/user_upload/marketing_ bis_2013/pm/Staedtereport_Bochum.pdf (24.10.2014).

Dou, X./Li, H. (2008): Creative Use of QR Codes in Consumer Communication. In: *International Journal of Mobile Marketing*, Vol. 3 (2), S. 61-67.

ECE Projektmanagement GmbH & Co. KG (2014): Über uns. www.limbeckerplatz.de/das-center/ueber-uns/ (24.10.2014).

Gröppel-Klein, A. (1998): Wettbewerbsstrategien im Einzelhandel. Chancen und Risiken von Preisführerschaft und Differenzierung. Wiesbaden: Deutscher Universitäts-Verlag.

IHK Essen (2013): Kaufkraft- und Umsatzkennziffern der Stadt Essen. www.essen.ihk 24.de/linkableblob/eihk24/standortpolitik/Zahlen_und_Fakten/Standortinformatione n/Essen/1024270/.10./data/Kaufkraft_UmsatzkennziffernE-data.pdf (24.10.2014).

Jung, J.-H./Somerstein, R./Kwon, E. S. (2012): Should I Scan or Should I Go? Young Consumers' Motivations for Scanning QR Code Advertising. In: *International Journal of Mobile Marketing*, Vol. 7 (3), S. 25-36.

Lo, H.-Y. (2014). Quick Response Codes Around us: Personality Traits, Attitudes Toward Innovation, and Acceptance. In: *Journal of Electronic Commerce Research*, Vol. 15 (1), S. 25-39.

Narang, S./Jain, V./Roy, S. (2012): Effect of QR Codes on Consumer Attitudes. In: *International Journal of Mobile Marketing*, Vol. 7 (2), S. 52-64.

Nielsen, J./Budiu, R. (2013): Mobile Usability. Berkeley: New Riders.
Okazaki, S./Hirose, M./Li, H. (2011): QR Code Mobile Promotion: An Initial Inquiry. In: Okazaki, S. (Hrsg.): Advances in Advertising Research (Vol. II). Breaking New Ground in Theory and Practice. Wiesbaden: Gabler, S. 405-420.
Okazaki, S./Li, H./Hirose, M. (2012a): Benchmarking the Use of QR Code in Mobile Promotion - Three Studies in Japan. In: *Journal of Advertising Research*, Vol. 52 (1), S. 102-117.
Okazaki, S./Navarro-Bailón, M. A./Molina-Castillo, F.-J. (2012b): Privacy Concerns in Quick Response Code Mobile Promotion: The Role of Social Anxiety and Situational Involvement. In: *International Journal of Electronic Commerce*, Vol. 16 (4), S. 91-120.
Porter, M. E. (1997): Wettbewerbsstrategie: Methoden zur Analyse von Branchen und Konkurrenten (Competitive strategy). 9. Aufl., Frankfurt/Main: Campus-Verlag.
QRStuff.com (2011a): What's A QR Code?. www.qrstuff.com/qr_codes.html (29.03.2014).
QRStuff.com (2011b): What Size Should A Printed QR Code Be?, www.qrstuff.com/blog/2011/01/18/what-size-should-a-qr-code-be (24.10.2014).
Schröder, H. (2005): Multichannel-Retailing – Marketing in Mehrkanalsystemen des Einzelhandels. Berlin, Heidelberg, New York: Springer.
Shin, D.-H./Jung, J./Chang, B.-H. (2012): The psychology behind QR codes: User experience perspective. In: *Computers in Human Behavior*, Vol. 28 (4), S. 1417-1426.
Singh, R./Bamoriya, H. (2013): QR Codes in Print Advertising: Elucidating Indian Vogue Using Content Analysis. In: *Management & Marketing. Challenges for the Knowledge Society*, Vol. 8 (2), S. 353-368.
SKOPOS (2014): Nutzung und Akzeptanz von QR-Codes. http://download.skopos.de/Eigenstudien/SKOPOS-QR-Codes-2014.pdf (24.10.2014).
Westermann, N. (2013): QR-CODEs im Mobile Marketing optimal einsetzen: Alles, was Sie wissen müssen, um QR-Codes in der Praxis erfolgreich einzusetzen. Berlin: epubli GmbH.

Die Autoren

Univ.-Prof. Dr. Hendrik Schröder ist Inhaber des Lehrstuhls für Betriebswirtschaftslehre, insbesondere Marketing und Handel, an der Universität Duisburg-Essen (www.marketing.wiwi.uni-due.de) und Leiter des Forschungszentrums für Category Management in Essen (www.cm-net.wiwi.uni-due.de). Seine Arbeitsgebiete sind Käuferverhalten, Handelsmanagement und Handelscontrolling, Kooperation von Industrie und Handel, Customer Relationship Management sowie Multichannel-Retailing und Onlineshops.

Dipl.-Kff. Stefanie Hofmann hat Wirtschafts- und Sozialwissenschaften an der Technischen Universität Dortmund studiert. Nach ihrem Abschluss 2010 war sie in Großbritannien im Online-Marketing einer britischen Schuhmarke tätig. Seit 2013 ist sie Wissenschaftliche Mitarbeiterin und Doktorandin am Lehrstuhl für Marketing und Handel an der Universität Duisburg-Essen und forscht im Bereich digitale Medien am Point of Purchase des stationären Einzelhandels.

Dipl.-Kff. Sophie König studierte an der Universität zu Köln Betriebswirtschaftslehre. Während ihres Studiums absolvierte sie verschiedene Praktika, im Handel, in der Industrie und in einer Unternehmensberatung. Seit 2012 ist sie wissenschaftliche Mitarbeiterin und Doktorandin am Lehrstuhl für Marketing und Handel an der Universität Duisburg-Essen. Sie forscht im Bereich Multichannel Retailing und untersucht insbesondere das Nutzungsverhalten der Kunden gegenüber dem Bestellkatalog.

Kontakt

Univ.-Prof. Dr. Hendrik Schröder, Stefanie Hofmann, Sophie König
Universität Duisburg-Essen
Fakultät für Wirtschaftswissenschaften, Campus Essen
Lehrstuhl für Marketing & Handel
Universitätsstr. 12
45141 Essen

hendrik.schroeder@uni-due.de
stefanie.hofmann@uni-due.de
sophie.koenig@uni-due.de
www.marketing.wiwi.uni-due.de

Alfred Gerardi Gedächtnispreis

Mit dem Alfred Gerardi Gedächtnispreis zeichnet der Deutsche Dialogmarketing Verband (DDV) herausragende Abschlussarbeiten aus, die an deutschsprachigen Hochschulen und Akademien verfasst wurden. Ziel des Wettbewerbs ist dabei die Förderung der wissenschaftlichen Auseinandersetzung mit den Themen des Dialogmarketings. Der Award wird derzeit in vier Kategorien ausgeschrieben: Diplomarbeiten Akademien, Bachelor- und Masterarbeiten von Hochschulen sowie Dissertationen. Konzipiert wurde der Preis im Gedenken an den 1985 überraschend verstorbenen damaligen DDV-Präsidenten Alfred Gerardi – im darauf folgenden Jahr wurde er erstmals vergeben. Seitdem wurden weit über 100 Abschlussarbeiten, vorrangig Dissertationen und Diplomarbeiten, ausgezeichnet.

Ausgezeichnet werden Arbeiten, die sich mit aktuellen Themen des Dialogmarketings befassen, etwas Neues aufgreifen und im Ergebnis einen Wissensfortschritt mit verwertbaren Ergebnissen für die Marketingpraxis erbringen. Selbstverständlich müssen die Arbeiten dabei auch wissenschaftlichen Ansprüchen genügen. Die Jury bilden namhafte Vertreter von Dialogmarketing-Agenturen und aus dem Hochschulbereich. Im Jahr 2014 waren dies unter dem Vorsitz von Bernd Ambiel (Ambiel Direkt-Marketing-Beratung), Robert Bidmon (Privatuniversität Schloss Seeburg), Norbert Briem M.A. (Jahns and Friends, Agentur für Dialogmarketing und Werbung AG), Prof. Dr. Gert Hoepner (Fachhochschule Aachen), Prof. Dr. Heinrich Holland (Hochschule Mainz), Michael Schipper (Schipper Company GmbH) und Prof. Dr. Lutz H Schminke (Hochschule Fulda).

Die Preisträger 2014

Im Jahr 2014 wurden die folgenden vier Gewinner ausgezeichnet und konnten Urkunden und Preisgelder in Höhe von insgesamt 8.000 Euro in Empfang nehmen:

Beste Masterarbeit (2 Preisträger)

What are the driving factors for customers to use webinars?
An empirical analysis of the characteristics of webinar users
and their use behaviour in todays' business environment.
Dominik Brockhaus, Universität Kassel
Betreuer: Prof. Dr. Rolf Wagner

Analyse der Nutzung mobiler Endgeräte im Kaufentscheidungsprozess –
Implikationen für das mobile Marketing von Konsumgüterherstellern
Beate Koch, Hochschule Mainz
Betreuer: Prof. Dr. Heinrich Holland

Beste Bachelorarbeit

Crowdsourcing: Auswirkungen von Prozesszufriedenheit und Sense of Virtual Community auf Unternehmensimage, Kundenloyalität und affektives Commitment
Fabian Schäfer, Hochschule Furtwangen
Betreuer: Prof. Dr. Matthias Schulten, Prof. Dr. Gotthard Pietsch

Beste Diplomarbeit Akademien

Entwicklung eines Dialogmarketing-Konzepts zur Kundengewinnung
für die Agenda Informationssysteme GmbH & Co. KG
Jasmin Hammerschmidt, BAW Bayerische Akademie für Werbung
und Marketing
Betreuer: Robert Bidmon

Über alle Details des Alfred Gerardi Gedächtnispreises informiert eine eigene Website www.aggp.de, über die stets die Informationen zur aktuellen Phase des Wettbewerbs (Ausschreibung, Teilnahmebedingungen, Einsendeschluss, Preisträger, Preisverleihung etc.) abgerufen werden können. Selbstverständlich ist der Wettbewerb auch auf Facebook (www.facebook.com/AlfredGerardi) und Twitter (twitter.com/alfred_gerardi) aktiv. Die „Bibliothek" des Wettbewerbs auf der Website gibt darüber hinaus einen (fast) vollständigen Überblick über die Einreichungen der vergangenen Jahrzehnte: Eine Kurzfassung der meisten Arbeiten kann direkt eingesehen werden, die komplette Arbeit kann bei Interesse gegen

Schutzgebühr auch bestellt werden. Sollten Arbeiten in Buchform veröffentlicht worden sein, so finden sich hier die bibliografischen Angaben.

Kontakt

Deutscher Dialogmarketing Verband e.V.
Hahnstraße 70
60528 Frankfurt
www.ddv.de
www.aggp.de
www.facebook.com/AlfredGerardi
twitter.com/alfred_gerardi
aggp@ddv.de

Dank an die Sponsoren

Platinsponsor:

Sponsoren und Verbandspartner:

Schweizer Dialogmarketing Verband

Medienpartner:

FISCHER'S ARCHIV
KAMPAGNEN PUR
www.fischers-archiv.de

**Marketing Review
St. Gallen**

**Sales Management
Review**

Der Alfred Gerardi Gedächtnispreis wird unterstützt durch: